Ulla Ebner

Zwischen den Welten

Ulla Ebner

Zwischen den Welten

Globalisierungskritik, rebellische Kunst und
interkulturelle Liebesgeschichten

Bloggingbooks

Impressum / Imprint
Bibliografische Information der Deutschen Nationalbibliothek: Die Deutsche
Nationalbibliothek verzeichnet diese Publikation in der Deutschen Nationalbibliografie;
detaillierte bibliografische Daten sind im Internet über http://dnb.d-nb.de abrufbar.
Alle in diesem Buch genannten Marken und Produktnamen unterliegen warenzeichen-,
marken- oder patentrechtlichem Schutz bzw. sind Warenzeichen oder eingetragene
Warenzeichen der jeweiligen Inhaber. Die Wiedergabe von Marken, Produktnamen,
Gebrauchsnamen, Handelsnamen, Warenbezeichnungen u.s.w. in diesem Werk berechtigt
auch ohne besondere Kennzeichnung nicht zu der Annahme, dass solche Namen im Sinne
der Warenzeichen- und Markenschutzgesetzgebung als frei zu betrachten wären und
daher von jedermann benutzt werden dürften.

Bibliographic information published by the Deutsche Nationalbibliothek: The Deutsche
Nationalbibliothek lists this publication in the Deutsche Nationalbibliografie; detailed
bibliographic data are available in the Internet at http://dnb.d-nb.de.
Any brand names and product names mentioned in this book are subject to trademark,
brand or patent protection and are trademarks or registered trademarks of their respective
holders. The use of brand names, product names, common names, trade names, product
descriptions etc. even without a particular marking in this works is in no way to be
construed to mean that such names may be regarded as unrestricted in respect of
trademark and brand protection legislation and could thus be used by anyone.

Coverbild / Cover image: www.ingimage.com

Verlag / Publisher:
Bloggingbooks
ist ein Imprint der / is a trademark of
OmniScriptum GmbH & Co. KG
Heinrich-Böcking-Str. 6-8, 66121 Saarbrücken, Deutschland / Germany
Email: info@bloggingbooks.de

Herstellung: siehe letzte Seite /
Printed at: see last page
ISBN: 978-3-8417-7220-6

Copyright © 2013 OmniScriptum GmbH & Co. KG
Alle Rechte vorbehalten. / All rights reserved. Saarbrücken 2013

Inhaltsverzeichnis

Vorwort 3
1. Unterwegs in Lateinamerika 5
   - Kolumbien: Das Dorf der Unbeugsamen 5
   - Als lebender Schutzschild in Kolumbien 6
   - "Wir werden dich lebendig verbrennen!" - Im Gespräch mit der dominikanischen Menschenrechtsaktivistin Sonia Pierre 9
   - Schauplatz Brasilien: Wie nachhaltig ist Agrotreibstoff? 13
   - Bei den Landbesetzern von Alagoinhas 17
   - Wunderheilungen und Exorzismen: Brasiliens evangelikale Pfingstkirchen 19
   - Samba Reggae: Die Musik der Unterdrückten 21
   - Carlinhos Brown: Der "Held" von Candeal 23
2. Im Nahen und im Fernen Osten 25
   - Yes Theatre – Geschichten aus einem palästinensischen Flüchtlingslager 25
   - "Not in my name": Unterwegs mit Israels Grenzgängerinnen 28
   - Breaking the Silence: Israelische Ex-Soldaten erzählen 31
   - Schuften für den Weltmarkt: Arbeiterbewegungen in Hongkong und China 34
   - No more iSlaves: Ausbeutung in der IT-Industrie 36
3. Afrika 38
   - Die Elektromülldeponie Europas 38
   - Positivo Mozambique: AIDS-Auklärung zum Tanzen 40
   - Aufklären statt totschweigen: AIDS-Bekämpfung in Mosambik 42
   - Schule unter Bäumen: Eine katholische Mission im mosambikanischen Busch 45
   - Afrika: Frieden ohne Frauen? 49
   - Reisetagebuch Südsudan: Unterwegs im Auftrag des Herrn - Thank you, Jesus, für den Allradantrieb und den weltbesten Fahrer. 53
   - Südsudan: Mehr Chancen für Menschen mit Behinderung 54
   - Südsudan: Warten auf das Erdöl 58
   - Hilfsgelder für die Taschen der Diktatoren? 60
   - Chronik einer angekündigten Hungersnot 62
   - Äthiopien: Hungerbekämpfung durch Ökotourismus 65
4. Zur globalen Umverteilung von unten nach oben 69
   - Die Jagd nach Rohstoffen 69
   - Europa-Indien: Der Kampf um die Märkte 73
   - Sozialklauseln in Handelsabkommen: Mehr als ein Feigenblatt? 75
   - Steuerflüchtlinge und ihre Oasen 78
   - James K. Galbraith: Der geplünderte Staat 81
   - No nos vamos, nos echan – Spaniens Jugend ohne Zukunft 84
   - "Hay vidas en juego" – Prekariat und Empörung auf der Iberischen Halbinsel 85
5. Leben, lieben und musizieren zwischen den Kulturen 87
   - Aufwachsen zwischen den Welten: Die Kinder der Entwicklungshelfer 87
   - Interkulturelle Beziehungskiste (1) Flirten zwischen den Kulturen 91
   - Interkulturelle Beziehungskiste (2) Lost in translation? 96
   - Interkulturelle Beziehungskiste (3) Beziehungskiller Fremdenrecht 99
   - Alles Karma: Wenn Westler der indischen Musik verfallen 104
6. Kultur ist politisch 107
   - Hip Hop (1) Wie alles begann 107
   - Hip Hop (2) Brasilien: Frauenrechte, Black Power und Antikapitalismus 110

- Hip Hop (3) Palästina: Worte schleudern statt Steine 113
- Hip Hop (4) Wien: Geschichten vom prekären Leben 117
- Clowngeschichten (1) Hofnarren und Hanswürste 120
- Clowngeschichten (2) Die Clownin 124
- Clowngeschichten (3) Globalisierungskritik mit roter Nase 126

7. Sinti und Roma: Europas ungeliebteste Minderheit **129**
- Romanistan: Ein Kulturprojekt gegen Antiziganismus 129
- Die Pendel-Bettler aus Hostice 131
- Ist Betteln ein Menschenrecht? 134
- Zwischen Fremdenhass und Förderung: Roma in Ungarn 137

Vorwort

Irgendwann hat sich "normales Reisen", also als Touristin irgendwo hinfahren, brav alle Sehenswürdigkeiten fotografieren und weiterziehen, ein wenig schal angefühlt. Schuld daran war das Aufnahmegerät. Wenn man mit einer journalistischen Mission unterwegs ist, führt man plötzlich Gespräche mit Menschen, die man nie getroffen hätte und sieht Seiten eines Landes, die man nie gesehen hätte: die 80-jährige Friedensaktivistin in Israel, den christlichen Piloten im Südsudan, der im Auftrag von "Lord Jesus" unterwegs ist, der Landbesetzer in Brasilien, der kaum lesen und schreiben kann, aber mir eine intelligente und differenzierte Analyse der Regierungszeit von Ex-Präsident Lula liefert. Zum Glück teilt mein Liebster dieses Interesse und hat mich auf vielen Reisen und zu vielen Interviews begleitet. Und zum Glück mahnt er manchmal streng ein, dass ein wenig Entspannen zwischendurch im Urlaub aber auch nicht schadet.

Ich habe mich immer schon für die Welt interessiert. Warum sie ist, wie sie ist, wer davon profitiert, dass sie so ist und wer dabei verliert. Die Antworten machen mich manchmal richtig wütend. Schreiben hilft. Deshalb bin ich (freie) Journalistin geworden - was zwar ein unglaublich spannender, aber oft auch frustrierender, weil brotloser Job ist. Manche der Texte in meinem Blog sind so - oder etwas kürzer - in irgendeinem Printmedium gedruckt worden, andere sind so - oder etwas länger - im Radio gelaufen. Andere habe ich einfach so für mich gebloggt: Geschichten, die in kein klassisches Medium passen, Geschichten, die ich aus der Radiosendung oder aus dem Printartikel raus kürzen musste. Gerade Radio ist ein sehr flüchtiges Medium. Die Dinge werden einmal gesagt, einmal gehört und dann sind sie auch schon wieder weg. Weil ich aber manches bewahren wollte, hab ich begonnen, einen Blog zu schreiben. Ich gebe zu, als ich von Bloggingbooks gefragt wurde, ob ich nicht aus meinem Blog ein Buch machen möchte, habe ich mich zunächst gewundert. Dass man Gedrucktes digitalisiert, um es einem breiteren Publikum zugänglich zu machen, erschien mir immer schon logisch. Umgekehrt hab ich das zum ersten Mal gehört. Aber, warum nicht?

Dieses Buch ist also eine Sammlung ausgewählter Texte aus meinem Blog "Radio zum Nachlesen": http://ullaebner.wordpress.com/ Es enthält Geschichten von unterwegs - aus Lateinamerika, Afrika, dem Nahen und dem Fernen Osten. Wenn man viel reist bzw. Kontakt zu Menschen aus anderen Teilen der Welt hat, stößt man zwangsläufig immer wieder auf "kulturelle Missverständnisse". Man versteht manchmal nicht, wie Dinge in anderen Kulturen funktionieren, wie Menschen dort ticken, weshalb sie anders auf uns reagieren, als wir es erwartet haben - sei es beim Flirten, beim Erlernen eines Musikinstruments, im alltäglichen Leben. Ich habe das selbst oft erlebt und mit vielen Menschen über ihre Erfahrungen in einer fremden Kultur gesprochen: mit EuropäerInnen in anderen Kontinenten, mit MigrantInnen in Europa. Einige der Beobachtungen sind hier nachzulesen. Ich wünsche viel Spaß dabei und hoffe, dass manches auch ein wenig zum Nachdenken anregt.

Ulla Ebner

1. Unterwegs in Lateinamerika

• Kolumbien: Das Dorf der Unbeugsamen

Seit fast 50 Jahren tobt in Kolumbien ein bewaffneter Konflikt. Linke Guerillagruppen kämpfen gegen die kolumbianische Armee und gegen rechtsgerichtete paramilitärische Einheiten. Zwischen die Fronten geraten oft Kleinbauern, die im Konfliktgebiet leben. 600.000 Menschenleben hat der Krieg bereits gefordert, vier Millionen Menschen wurden vertrieben. Sie flüchten in die Städte, wo die Armenviertel anwachsen. In der nordwestlichen Provinz Antioquia hat eine Gruppe von Kleinbauern beschlossen, sich nicht von ihrem Land vertreiben zu lassen.

Malen gegen das Vergessen
Doña Brígida González malt Bilder aus Wasserfarben: hellblauer Himmel, giftgrüne Hügel. Daneben schwarze Strichmännchen mit Gewehren, am Boden liegen acht Menschen in roter Blutlache. "Wir müssen uns immer an diese Gräueltaten erinnern, damit sich die Geschichte nicht wiederholt", erklärt die kleine rundliche Frau mit den weißen Zöpfen und lächelt dabei sanft. Sie ist Gründungsmitglied der Friedensgemeinde San José de Apartadó: einer neutralen Zone mitten in der Konfliktzone Urabá, im Nordwesten Kolumbiens. In den umliegenden Wäldern kämpft die linke Guerilla FARC gegen die kolumbianische Regierungsarmee und rechte Paramilitärs. Von Gräueltaten weiß Doña Brígida genug zu berichten. In den 1990er Jahren übernahmen paramilitärische Gruppen die Kontrolle in der Region und verbreiteten Angst und Schrecken unter der Zivilbevölkerung. Sie folterten, mordeten und vertrieben Kleinbauern systematisch von ihrem Land. "Sie kamen in unser Dorf und sagten: ihr habt fünf Tage Zeit zu verschwinden. Dann bringen wir einen nach dem anderen um", erzählt Berta Tuberquia. Gemeinsam mit 1.300 anderen Kleinbauern und -bäuerinnen beschloss sie damals, friedlichen Widerstand zu leisten. Die Bauern taten sich zusammen, bebauten in Großgruppen gemeinsam Feld für Feld und erklärten sich zur neutralen Zone. Heute erstreckt sich die Friedensgemeinde San José de Apartadó über ein weites, hügeliges Areal im tropischen Urwald Kolumbiens. Die meisten der zugehörigen Siedlungen sind nur zu Fuß oder mit dem Pferd erreichbar. Handgemalte Tafeln an den Eingängen listen die Regeln für die Mitglieder auf: einmal pro Woche an Gemeinschaftsarbeiten teilnehmen, Waffen verboten, keine Informationen an eine der kriegsführenden Gruppen weitergeben, keinen Alkohol trinken.

"Die Guerilla hat ihre Wurzeln verloren"
Die bewaffneten Gruppen ließen sich davon zunächst wenig beeindrucken. Knapp 200 Aktivisten der Friedensgemeinde wurden seit ihrer Gründung im Jahr 1997 ermordet - darunter auch kleine Kinder. Die Täter wurden so gut wie nie bestraft. Etwa 90 Prozent der Taten wurde von Paramilitärs verübt, der Rest von der Guerilla, erzählt Bauer Montoya. Jede Seite habe die Bauern verdächtigt, mit der jeweils anderen unter einer Decke zu stecken. Der alte Mann trägt einen schwarzen Cowboyhut und hackt mit seiner Machete eine rote Kakaopflanze auf. Stolz zeigt er uns die

Ulla Ebner

üppigen Plantagen der Gemeinde: Bananen, Zuckerrohr, Kaffee, Bohnen. Das alles wächst hier ohne chemische Düngemittel. Was ihm Sorgen bereitet: Neuerdings versprühen Militärflugzeuge hier giftige Herbizide. Sie wollen benachbarte Koka-Plantagen vernichten, erwischen dabei aber auch Felder der Friedensgemeinde. "Vor 30 Jahren haben wir Bauern alle mit der Guerilla sympathisiert", erzählt Montoya. Doch die habe ihre Wurzeln längst verloren, kritisiert er: "Es geht ihr nur noch um Macht und Geld und sie ist im Drogenhandel aktiv". Den Handel mit Kokain wollen auch die Paramilitärs kontrollieren. Diese privaten Söldnerarmeen werden von Drogenkartellen und Großgrundbesitzern finanziert, ihnen wird ein Naheverhältnis zum kolumbianischen Militär nachgesagt. "Wir sehen die Paramilitärs hier oft gemeinsam mit den Regierungssoldaten marschieren", berichtet Montoya.

Bodenschätze und Vertreibungen
Fast 50 Jahre dauert der bewaffnete Konflikt in Kolumbien bereits. Laut Schätzungen der Vereinten Nationen hat er 600.000 Menschenleben gefordert, vier Millionen Menschen wurden vertrieben. Die Region Urabá, im Nordwesten des Landes ist besonders umkämpft: Hier führt die Drogenschmuggelroute vorbei, Richtung Golf von Urabá. Außerdem gibt es Erdöl, Kohle und Coltan - ein Mineral, das in der IT-Industrie sehr begehrt ist. "Die Regierung will uns hier weghaben, weil sie es auf die Bodenschätze abgesehen hat", ist Friedensaktivistin Doña Brígida überzeugt. Um die Kleinbauern zu schützen, schickt der Internationale Versöhnungsbund - eine international tätige Friedensorganisation - Menschenrechtsbeobachter nach Kolumbien. Diese kommen meist aus den USA und Österreich. Die bewaffneten Gruppen machen einen großen Bogen um jene Dörfer, in denen Ausländer stationiert sind. Kolumbien ist besorgt, um seinen internationalen Ruf. Doch die internationalen Menschenrechtsbeobachter können nicht überall zugleich sein. Im Februar 2005 waren sie nur fünf Stunden Fußmarsch entfernt, als Paramilitärs im Dorf Mulatos auftauchten und acht Menschen massakrierten. Unter den Opfern: der damalige Sprecher der Friedensgemeinde, Eduardo Guerra, und seine Kinder. Doña Brígida hält all diese Ereignisse mit Wasserfarben fest. "Wir müssen uns immer an die Menschen erinnern, die ihr Leben für unsere Gemeinde gegeben haben", sagt die alte Dame, "denn sie geben uns die Kraft, weiter Widerstand zu leisten."

***

• Als lebender Schutzschild in Kolumbien

"Freiwillige gesucht für einen einjährigen Friedenseinsatz". Immer wieder hat sie diese Anzeige des Internationalen Versöhnungsbundes (IFOR) gesehen, erzählt Elisabeth Rohrmoser: "Aber sie hat mich irrsinnig abgeschreckt. Denn da stand, man ist selbst für sein Leben verantwortlich". Bei weiteren Recherchen zur kolumbianischen Friedensgemeinde San José de Apartadó stellte sie fest: in dem Gebiet sind Landminen vergraben und es existiert eine Reisewarnung des österreichischen Außenministeriums. "Ich hab mir gedacht: Nein, das ist mir zu heftig. Ich geh doch nicht wohin, wo ich mein Leben aufs Spiel setze." Und dann ging sie doch. Zehn Monate hat die Waldviertlerin Elisabeth Rohrmoser im Bergdorf La Union, in den Urwäldern Kolumbiens verbracht. Als

Zwischen den Welten

Menschenrechtsbeobachterin im Auftrag des Internationalen Versöhnungsbundes. Ich kenne Elisabeth schon seit Jahren. Als ich von ihren Kolumbien-Plänen erfuhr, war ich mir nicht sicher: Ist sie unglaublich mutig oder sagenhaft naiv? Aber auf gar keinen Fall dachte ich damals, dass ich ein Jahr später mit ihr gemeinsam in die Konfliktzone reisen würde.

Tiere oder Kriegsgeräusche?

"Ohne die internationale Unterstützung wäre unsere Gemeinde längst ausgelöscht worden. Einige von uns würden gar nicht mehr existieren – so wie viele ehemalige Mitstreiter, die ermordet wurden", sagt Javier Sanchez Higuita, Mitglied der Friedensgemeinde San José de Apartadó. Er lebt mit seiner Familie im Bergdorf La Unión. Um nach La Unión zu gelangen, braucht man eine gute Kondition oder ein Pferd. Das Dorf liegt auf einem Hochplateau mitten im grünen Dschungel Kolumbiens. Die Luftfeuchtigkeit ist unbeschreiblich. Straße führt keine hier herauf. Vom Weg abkommen sollten man auch nicht – denn im Wald sind Landminen vergraben. "Die erste Woche war wirklich sehr hart", erinnert sich Elisabeth Rohrmoser. Nächtelang lag sie wach, konnte die vielen unbekannten Geräusche nicht einordnen. "Ich habe damals zum Beispiel Tiergeräusche anders interpretiert und mir eingebildet, da ist gerade ein Kampf im Gang. Ich hatte Angst."

Spinnen unter der Dusche

La Unión ist eines von mehreren abgelegenen Dörfern, die zur Friedensgemeinde San José de Apartad´ gehören. Diese erstreckt sich über ein weitläufiges, hügeliges Areal mit mehreren Ansiedlungen. Schon in den ersten Tagen ihres Aufenthalts beginnt Elisabeth Rohrmoser, einen Internetblog zu schreiben, um all die neuen Eindrücke zu verarbeiten:

In den letzten Nächten habe ich kaum geschlafen. Es ist schwer, mich sicher zu fühlen in dem Holzhaus. Wir haben Militärs am Weg gesehen. Hubschrauber fliegen quasi jeden Tag in der Nähe. Es ist die ganz normale Kriegssituation. Gina und Emily schlafen mit Ohrenstöpseln. Ich will so viel wie möglich mitkriegen. Aber wenn das so weitergeht, werde ich das auch mit den Stöpseln versuchen. (Blogeintrag, 8.9.2011)

Zur selben Zeit sind noch zwei US-amerikanische Beobachterinnen in La Unión. Nach wenigen Wochen weiß Elisabeth Rohrmoser Bescheid, wo sich gerade die FARC – die linke Guerilla – in den Wäldern verschanzt hält, wo Einheiten der Regierungsarmee sind und wo Lager der rechtsgerichteten paramilitärischen Truppen. Die Ausländer scheinen für alle bewaffneten Gruppen tabu zu sein. Elisabeths Angst verflüchtigt sich. Mit anderen Dingen hat sie noch länger zu kämpfen. Zum Beispiel mit den hygienischen Bedingungen im Dorf: "Es hat mich schon gestört, mich in der Anwesenheit von Spinnen zu duschen, auch die Gerüche und die Tatsache, dass wir unseren Müll selbst verbrennen müssen."

Vertreibungen und Massaker

Im Dorf laufen Kühe, Pferde und Schweine frei herum. Die Hähne beginnen zu krähen, bevor die Sonne aufgeht. Die drei Menschenrechtsbeobachterinnen sind in einem einfachen kleinen Holzhaus untergebracht. Privatsphäre gibt es da kaum. Wäsche wird mit der Hand gewaschen. Zu trinken gibt es abgekochtes oder gefiltertes Quellwasser. Häufig hat es einen starken Eigengeschmack. Wird hier oben jemand ernsthaft krank, wird er von den Dorfbewohnern in einer Hängematte den Berg hinunter getragen.

Im Moment frage ich mich, ob ich wirklich so leben will. Ob ich mir von allen wunderbaren Orten, die es auf der Welt gibt, dieses Dorf aussuche, weil es mich braucht? Weil es internationale Präsenz braucht? (Blogeintrag, 8.9.2011)

Die Bewohner der Friedensgemeinde San José de Apartadó lieben ihre Berge und Wälder, ihre üppigen Kakao- und Bananenplantagen. Um nichts auf der Welt wollen sie sich von hier vertreiben lassen. Sie kooperieren mit keiner der bewaffneten Gruppen – und werden deshalb von allen als Feinde betrachtet. Noch dazu gibt es hier Bodenschätze. Paramilitärs haben in der Vergangenheit mehrere Massaker in Dörfern der Friedensgemeinde angerichtet – auch Regierungssoldaten sollen daran beteiligt gewesen sein. Die Täter wurden nie bestraft.

Schreckliche Dinge möchten gerne vergessen werden. Wir wollen hinsehen auf die Geschichte dieses Dorfes. Es gibt so viele verlassene Häuser, in denen einst Leute wohnten, die gehen mussten oder getötet wurden. Jeder im Dorf hat so viel zu erzählen. Ich darf das alles aufsaugen und weitertragen. Ich will es schaffen, mich auf das Hören der Leute zu konzentrieren, anstatt auf die Kriegsgeräusche. (Blogeintrag, 9.9.2011)

Die internationalen Menschenrechtsbeobachterinnen dokumentieren alles und informieren ausländische Botschaften: Wann es Kampfhandlungen gegeben hat, wo Hubschrauber geflogen sind, welche Drohungen gegen die Friedensgemeinde ausgesprochen wurden.

Die Gefahr der ersten Reihe
"Wir haben viele Jahre hart gekämpft. Aber immer noch ist es so: Wir, die wir in der ersten Reihe stehen sind besonders gefährdet", erzählt Berta Tuberquia. Sie ist Mitglied des Consejo, des Gemeinderats der Friedensgemeinde, "oft sind wir müde und haben Angst. Doch es macht uns Mut, zu wissen: wir haben die Unterstützung der internationalen Gemeinschaft." Die Führungspersonen der Friedensgemeinde erhalten immer wieder Morddrohungen. Wann immer sie weite Wege zurücklegen müssen, bekommen sie Begleitschutz. Alle ein bis zwei Wochen musste Menschenrechtsbeobachterin Elisabeth Rohrmoser weite Wanderungen durchs Gelände unternehmen. Mit Schaudern erinnert sie sich an eine Begleitung kurz vor Weihnachten – zum Höhepunkt der Regenzeit. "Der Weg war total aufgeweicht, die Gummistiefel blieben volle Länge im Gatsch stecken. Wir sind sieben Stunden gegangen. Ich hatte blutige Blasen, weil Schlamm und Steine in meinen Stiefeln waren." Damals begleitete sie Padre Javier Giraldo in das abgelegene Dorf Mulatos. Dieses war im Jahr 2005 Schauplatz eines Blutbades. Paramilitärs hatten damals acht Menschen, darunter den Gründer Luis Eduardo Guerra und zwei seiner Kinder, massakriert. Der Jesuitenpater Javier Giraldo ist ebenfalls Gründungsmitglied der Friedensgemeinde San José der Apartadó und unterstützt diese nach wie vor, obwohl er nicht hier lebt. Zu Weihnachten hält er die Messe an diesem symbolträchtigen Ort.

Zwischen den Welten

Respekt vor den Gringos

Elisabeth Rohrmoser hat an der Universität Innsbruck einen Masterlehrgang in Friedens- und Konfliktforschung absolviert. Für ihren Einsatz in Kolumbien wurde sie in einem mehrwöchigen Training vorbereitet – unter anderem in den USA. In Rollenspielen hat sie diverse brenzlige Situationen eingeübt. Seit zehn Jahren schickt der Internationale Versöhnungsbund Freiwillige in die kolumbianische Friedensgemeinde San José de Apartadó – die meisten kommen aus den USA oder aus Österreich. Davor waren kolumbianische Menschenrechtsbeobachterinnen in La Unión stationiert – Nonnen, die von der Diözese Apartadó geschickt worden waren: "Doch vor ihnen hatten die Bewaffneten keinen Respekt. Sie massakrierten uns trotzdem", erzählt der Kleinbauer Huevito, "Mit den internationalen Beobachtern ist das anders: die Militärs haben Angst, dass sie im Ausland Bericht erstatten und dann vielleicht ausländische Gelder wegbleiben. Wenn sie uns am Feld treffen, fragen sie immer: Sind die Gringos im Dorf? Und – egal ob es stimmt oder nicht – wir sagen immer: ja, sie sind da." Die permanente Bestätigung durch die Dorfbewohner und -bewohnerinnen habe ihr die meiste Kraft gegeben, erzählt Elisabeth Rohrmoser: "Ich habe sehr bald gespürt, wie sehr die Menschen es schätzen, dass ich da bin. Dieser direkte Kontakt zu den Menschen ist mir sehr abgegangen, als ich später ins politische Team nach Bogotá gewechselt habe." Seit ein paar Monaten ist Elisabeth Rohrmoser wieder zurück in Österreich. Doch ihre Nachfolgerin – eine 37-jährige Oberösterreicherin – hat bereits das Holzhaus in La Unión bezogen.

Links:
- Friedensaktivistin. Blog von Elisabeth Rohrmoser: http://friedensaktivistin.blogspot.co.at/
- Internationaler Versöhnungsbund: http://www.versoehnungsbund.at/
- Friedensgemeinde San José de Apartadó: http://www.cdpsanjose.org/

- **"Wir werden dich lebendig verbrennen!" - Im Gespräch mit der dominikanischen Menschenrechtsaktivistin Sonia Pierre**

Sie kamen einst als Zuckerrohrschneider aus Haiti in die Dominikanische Republik und leben dort seit Jahrzehnten in Elendssiedlungen rund um die großen Zuckerrohrplantagen – ohne Papiere, ohne Schulen für ihre Kinder, ohne Zugang zum dominikanischen Gesundheitssystem. Menschenrechtsorganisationen prangern die miserable Situation der haitianischen Migranten und ihrer Nachkommen immer wieder an. Die lauteste davon ist MUDHA (Mujeres Dominico-haitianas adelante), eine Organisation dominiko-haitianischer Frauen. Gründerin und Leiterin von MUDHA war knapp drei Jahrzehnte lang die streitbare Sonia Pierre. Sie erhielt zahlreiche Menschenrechtspreise: 2010 überreichten ihr Hillary Clinton und Michelle Obama den "Women of Courage Award", der ehemalige haitianische Präsident René Preval schlug sie zum Ritter. Doch in ihrer Heimat, der Dominikanischen Republik, galt die unermüdliche Kämpferin für die Menschenrechte der Dominiko-HaitianerInnen als Staatsfeindin Nummer Eins. Ich lernte sie 1999 in Santo Domingo kennen. Damals hatte ich gerade mein Studium beendet und wollte unbedingt ein Praktikum in Lateinamerika machen. Egal wo, egal was. Schließlich sortierte ich in der

Ulla Ebner

Dominikanischen Republik die Unterlagen einer MUDHA-Anwältin, die sich bemühte, dominiko-haitianischen Kindern Papiere zu beschaffen. 2011 besuchte Sonia Pierre - wieder einmal - Wien. Es sollte das letzte mal sein, dass wir uns begegneten.

Ein Heer an Staatenlosen
Viele Nachkommen haitianischer Migranten und Migrantinnen in der Dominikanischen Republik haben offiziell keinen Namen und keine Staatsbügerschaft, denn die dominikanischen Behörden verweigern ihnen die Papiere, sagt Sonia Pierre, Leiterin von MUDHA. Dabei hätte – laut dominikanischer Verfassung – jedes Kind, das im Land geboren wird, ein Anrecht auf einen dominikanischen Pass, es sei denn, die Eltern sind nur auf der Durchreise. Und das sind die haitianischen Zuckerrohrschneider und ihre Familien definitiv nicht. Doch für die dominikanische Regierung gelten sie auch nach Jahrzehnten noch als "Durchreisende". Offiziell lebt im Karibikstaat eine halbe Million haitianischer Einwanderer. Schätzungen zufolge dürften es aber doppelt so viele sein, das heißt: zehn Prozent der gesamten Bevölkerung. Sonia Pierre ist selbst Tochter haitianischer Zuckerrohrschneider und wuchs in einem Batey auf – so nennt man in der Dominikanischen Republik die Elendssiedlungen rund um die Zuckerrohrplantagen. In den Bateyes selbst gibt es keine öffentlichen Schulen. Die Kinder müssen oft täglich 10 bis 30 Kilometer zurücklegen. „Und dann kann es passieren, dass sei plötzlich nicht zur Abschlussprüfung zugelassen werden, weil sie keine gültigen Dokumente haben", erzählt Sonia Pierre. Aus der Traum, einmal etwas Besseres zu werden als Zuckerrohrschneider, wie ihre Eltern. Die Perspektivenlosigkeit der Jugendlichen hat schwerwiegende Folgen. Viele von ihnen werden kriminell.

Treue gegen AIDS?
Frustration, Arbeitslosigkeit, Gewalt, Drogen und steigende AIDS-Raten. Die Probleme in den Bateyes sind zahlreich. MUDHA versucht, den Kindern der Migranten Papiere zu besorgen, organisiert informellen Unterricht für jene, die nicht in den staatlichen Schulen aufgenommen werden und bildet in den Dörfern Gesundheits-Beraterinnen aus, die über Hygiene und sexuelle übertragbare Krankheiten bescheid wissen. Dabei arbeitet MUDHA mit der gesamten Dorfgemeinschaft zusammen, auch mit kirchlichen Basisorganisationen.
Ein Großteil der Dominiko-Haitianer ist katholisch. Aber auch evangelikale Pfingstkirchen breiten sich in den Armenvierteln aus. Das kann bei Workshops zum Thema HIV/AIDS manchmal schwierig sein, erklärt Sonia Pierre, denn die fundamentalischen Christenprediger lehnen das Kondom ab, sie fordern Treue und Enthaltsamkeit: „Ein evangelikaler Pastor – er ist ein Freund von mir – hat früher immer gesagt: Man muss die HIV-Positiven aus der Gemeinschaft ausschließen, weil sie Sünder sind. AIDS kommt ja von der Untreue. Aber inzwischen hat er seine Einstellung geändert."

Steigen die Preise, steigt der Rassismus
Früher, in den 1970ern kamen katholische Befreiungstheologen aus Europa, erzählt Sonia Pierre. Sie waren die ersten, die in den Bateyes arbeiteten, Sozialprojekte starteten und auf die Situation der Dominiko-Haitianer aufmerksam machten. Leider mussten viele von ihnen mittlerweile das Land wieder verlassen. Extremistische Nationalisten hatten Hass-Kampagnen gegen sie gestartet

und auch die dominikanische Amtskirche hält nichts von Befreiungstheologie. Und auch von den haitianischen Migranten nicht: „Von der Kirchenspitze haben wir nie Unterstützung bekommen. Ganz im Gegenteil. Der Kardinal ist keiner von der Basis. Er hält nichts von den Einwanderern und kritisiert uns öffentlich dafür, dass wir mit ihnen arbeiten", berichtet Sonia Pierre. Ein solcher Befreiungstheologe war der belgische Priester Pedro Ruquoy. Er war selbst in ein Batey gezogen, um direkt bei den Armen zu leben. Mit ihm gemeinsam verklagte sie die dominikanische Regierung vor dem interamerikanischen Menschenrechtsgerichtshof. Der Grund: willkürliche Massendeportationen nach Haiti, bei denen Familien auseinander gerissen wurden. Immer wenn in der Dominikanischen Republik eine Krise ausbricht, wenn der Benzinpreis steigt oder Lebensmittel teurer werden, bricht eine Welle des Rassismus aus, erzählt Sonia Pierre. Und dann wird massenhaft abgeschoben.

Familien werden auseinandergerissen
Bis an die Zähne bewaffnete Militärs gehen in die Bateyes und holen willkürlich Leute raus, so die Menschenrechtsaktivistin. Die Menschen werden dann nur mit dem, was sie am Leib tragen, über die Grenze nach Haiti gekarrt: „Oft erwischen sie auch nur die Kinder und die enden dann irgendwo allein auf den Straßen Haitis, während ihre Eltern noch in der Dominikanischen Republik sind." Ausgesucht wird nach der Hautfarbe, denn Haitianer haben ja meist eine dunklere Haut. Auch Dominiko-Haitianer mit gültigen Papieren sind nicht vor Deportationen geschützt. Es soll auch schon vorgekommen sein, dass versehentlich Dominikaner mit dunklerer Haut außer Landes geschafft wurden. Das war nicht das einzige Mal, dass Sonia Pierre die dominikanische Regierung vor den interamerikanischen Menschenrechtsgerichtshof brachte. So wurde die Republik etwa in einem Präzedenzfall verurteilt, weil sie zwei Kindern zu Unrecht die Dokumente verweigert hatte. Doch verbessert hat sich die Situation der Dominiko-Haitianer durch die Urteile nicht, beklagt Sonia Pierre. Mit Hilfe einer Verfassungsänderung will die Regierung jetzt sogar Dominiko-Haitianern mit gültigen Papieren diese nachträglich wieder aberkennen. Auch ihr wurde gedroht, dass man ihr den dominikanischen Pass wieder wegnimmt.

Blutige Puppen vor der Haustür
Im Jahr 2004 wurde Sonia Pierres Mitstreiter Padre Ruquoy zur Persona non grata erklärt und musste – nach 30 Jahren – die Dominikanische Republik verlassen. Zuvor hatte es mehrere Anschläge auf ihn gegeben. Auch Sonia Pierre ging vorübergehend ins Exil, weil sie ständig bedroht wurde. Vielen Dominikanern gilt sie als Netzbeschmutzerin und Staatsfeindin Nummer Eins: „Sie haben an meine Haustür geschrieben: Wenn du nicht abhaust, werden wir dich lebendig verbrennen. Sie legten mir blutige Puppen vor die Tür, in denen Messer steckten. Und sie riefen mich an: Wir werden deine Tochter vergewaltigen. Wir sind eine Gruppe von Männern und wir beobachten sie. Sie wussten genau, was sie anhatte. Ich wurde fast verrückt und musste eine zeitlang das Land verlassen." Der interamerikanische Menschenrechtsgerichtshof und Amnesty International verlangten von der Dominikanischen Regierung, für Sonia Pierres Schutz zu sorgen. Diese wollte ihr daraufhin Polizisten zur Seite stellen. Doch denen traut sie nicht über den Weg, sagt Sonia Pierre: „Das ist, wie wenn du Graf Dracula eine Blutbank bewachen lässt. Ich wollte, dass mir die Regierung Bodyguards zahlt, die ich selber aussuche. Aber da sagten sie: Dafür haben

wir kein Geld."

Kurze Phase der offenen Herzen
Nach dem schrecklichen Erdbeben in Haiti vergangenes Jahr hatte der Rassismus gegenüber Haitianern kurz einmal Pause, erzählt Sonia Pierre. Plötzlich ging eine Welle der Solidarität und Hilfsbereitschaft durch das Land. Die Menschen spendeten. Hilfstrupps aus der Dominikanischen Republik fuhren nach Haiti. Doch haitianische Flüchtlinge wurden nicht ins Land gelassen. Ganz im Gegenteil: „Sie öffneten die Grenzen – aber nur in eine Richtung. Die Leute konnten ihre Familien in Haiti besuchen, aber als sie zurück wollten, waren die Grenzen zu." Innerhalb kürzester Zeit wurden die Militär-Checkpoints an der Grenze vervielfacht. Ein Jahr später, war die Stimmung in der Bevölkerung längst gekippt. Die Haitianer waren wieder die Feinde und Massendeportationen voll im Gange. „Das war sehr traurig, denn wir waren schon so voller Hoffnung", klagt Sonia Pierre.

Sexuelle Gewalt in den Zeltlagern
Die Organisation MUDHA engagierte sich auch beim Wiederaufbau in Haiti, in der Kleinstadt Leogane. Es ging einerseits darum, Einkommen für die Frauen zu schaffen. Besonders wichtig aber war die psychosoziale Arbeit. Viele Monate lang lebten die Menschen dort in Zeltlagern. Großteils Frauen und Kinder, denn viele der Männer waren ins Landesinnere gegangen, um Arbeit zu suchen. Um sechs Uhr früh brennt die Sonne bereits so stark auf die Zelte, dass es drinnen über 40 Grad hat, erzählt Sonia Pierre. Erst ab elf Uhr nachts wird es wieder erträglich. Das größte Problem in den Zeltlagern ist die sexuelle Gewalt. Der Großteil der Frauen – und auch der Kinder – ist bereits vergewaltigt worden. Manchmal mehrmals in einer Nacht. Diese Vergewaltigungsepidemie ist tragischer als die Cholera, sagt Sonia Pierre.

Hoffen auf Häuser
Am schlimmsten dabei sei die Stigmatisierung der Opfer: „Denn in einem kleinen Dorf kennt jeder jeden. Das heißt: wenn ich vergewaltigt werde, kann ich nicht darüber sprechen. Wenn mein Mann das erfährt, wird er mich nicht mehr respektieren. Wenn sich herumspricht, dass meine Tochter vergewaltigt wurde, dann will es plötzlich jeder mit ihr machen." Und daher schweigen die Frauen über das, was ihnen angetan wurde. MUDHA arbeitete mit der lokalen Polizei zusammen. Diese patrouillierte gelegentlich durch die Zeltlager. Nur: Auch die Polizisten lebten in provisorischen Unterkünften. Wo sollten sie die gefassten Verbrecher hinsperren? In ein Zelt? MUDHA organisierte die Frauen in Wachtrupps und gibt ihnen Trillerpfeifen, damit sie Alarm schlagen können. Flugzettel wurden verteilt mit der Botschaft: die Gewalt zerstört unsere Gesellschaft von innen. Das dürfen wir nicht zulassen.

Kämpferin für Menschenrechte
Seit ihrem 13. Lebensjahr kämpft Sonia Pierre für die Menschenrechte der Dominiko-Haitianer. Damals war in dem Batey, in dem sie aufgewachsen war, ein Streik ausgebrochen. Die Plantagenarbeiter forderten höhere Löhne, besseres Essen und eine Renovierung ihrer Elendshütten. Sonia engagierte sich als Übersetzerin und Sprecherin – und landete im Gefängnis. Später hatte sie die Chance, nach Kuba zu gehen und eine Ausbildung als Sozialarbeiterin zu

machen. „Und dann wusste ich, jetzt gehe ich zurück in mein Land, denn dort wartet viel Arbeit auf mich." Trotz Morddrohungen, schwerer Krankheiten und sonstiger Rückschläge lässt sich die 48-jährige nicht unterkriegen. „Jedes Mal, wenn ich einen Alten sehe, der ohne Pensionsanspruch im Batey krepiert, wo er sich ein Leben lang für den dominikanischen Staat abgerackert hat und jedes Mal, wenn ich eine Frau sehe, die für das Überleben ihrer Familie kämpft, dann sage ich zu mir: Ich kann mir den Luxus nicht leisten, mich auszuruhen."

Nachtrag:

Am 4. Dezember 2011 starb Sonia Pierre in Villa Altagracia (Dominikanische Republik) an einem Herzinfarkt. Zuvor war im Oktober 2011 in der Dominikanischen Republik erneut eine Hetzkampagne gegen sie losgetreten worden. Sonia Pierre und ihre Familie erhielten zahlreiche Morddrohungen. Der Anlass war eine Vorladung der dominikanischen Regierung vor den Interamerikanischen Gerichtshof. Sonia Pierre wurde nur 48 Jahre alt.

Link:
- MUDHA: http://www.kiskeya-alternative.org/mudha/

***

• Schauplatz Brasilien: Wie nachhaltig ist Agrotreibstoff?

In Brasilien boomt die Biotreibstoffproduktion. Können diese Treibstoffe aus Pflanzen helfen, die Armut zu bekämpfen und den Klimawandel zu bremsen? Oder sind sie schuld an hohen Lebensmittelpreisen, Landflucht und Umweltzerstörung? Experten sind sich uneinig.

Zwischen Hungerlohn und Sozialhilfe

Die Kleinstadt Aracoiaba im nordöstlichen Bundesstaat Pernambuco ist umringt von Zuckerrohrplantagen. Die Unterkünfte am Stadtrand bestehen aus Brettern, Pappe und Wellblech. Müll liegt auf der Straße. Schweine suchen darin nach Essbarem und es riecht ziemlich streng. Die Erntesaison ist vor kurzem zu Ende gegangen. Einige Männer lungern auf der Straße herum und trinken billigen Cachaca – den lokalen Zuckerrohrschnaps. Die Zuckerrohrplantagen rundherum sind fast die einzige Einkommensquelle hier, erzählen sie. Doch Arbeit bieten sie nur sechs Monate im Jahr. Das restliche halbe Jahr sind die meisten hier arbeitslos und leben von Sozialhilfe – das sind in Brasilien oft nur 20 Euro pro Monat – bzw. von Nahrungsmittelpaketen, die Kirchen, Firmen oder Politiker als Almosen verteilen. Wer kann, fährt jetzt in den Süden, in das Hauptanbaugebiet für Zuckerrohr. Denn dort beginnt die Erntesaison genau dann, wenn sie im Nordosten vorbei ist. Manchmal kommen Personalfirmen vorbei, um Arbeiter für den Süden anzuheuern.

Benzin vom Acker

Der Zuckerrohranbau boomt seit einigen Jahren in Brasilien. Nicht weil die Menschen sich jetzt süßer ernähren, sondern weil man aus Zuckerrohr den Agrotreibstoff Ethanol erzeugt, quasi „Bio-Benzin". Brasilien ist der zweitgrößte Hersteller von Ethanol – nach den USA – sowie der weltgrößte Exporteur. Bereits in den 1970er Jahren – zu Zeiten des großen Ölschocks begann Brasilien, Ethanol als Treibstoff einzusetzen. Der große Boom startete aber erst 2003: Da kamen in Brasilien die sogenannten Flex-Fuel-Autos auf den Markt. Sie fahren sowohl mit herkömmlichem Benzin, wie auch mit Ethanol. 90 Prozent der Neuwagen sind bereits Flex-Fuel und auf allen brasilianischen Tankstellen gibt es neben Benzin und Diesel auch eine Zapfsäule für Ethanol – hier ganz einfach „Alkohol" genannt. Derzeit gehen nur 10-20 Prozent des brasilianischen Ethanols in den Export. Doch Brasilien möchte gerne mehr exportieren. In die USA zum Beispiel, aber auch in die EU. Die Interessensvertretung der Zuckerrohrproduzenten (UNICA) hat auch Büros in Washington und Brüssel. Und in den kommenden Jahren soll eines in Asien eröffnet werden. Auch die Chinesen investieren bereits in den brasilianischen Zuckerrohrsektor.

Agrotreibstoffe gegen Klimawandel?
Große Hoffnungen in Agrotreibstoffe setzt auch die Europäische Union. Zumindest bis vor kurzem. Als Maßnahme gegen den Klimawandel hat die EU beschlossen, dass bis zum Jahr 2020 in jedem Mitgliedsstaat zehn Prozent der Treibstoffe aus erneuerbaren Quellen stammen müssen, darunter eben auch Biodiesel und Ethanol. Die brasilianische Zuckerrohrindustrie sitzt bereits in den Startlöchern. Wenn aber Agrotreibstoffe importiert werden, so müssen diese aus nachhaltiger Produktion kommen, sagt die EU. Denn viele Treibstoffe aus Entwicklungsländern sind diesbezüglich stark in Verruf geraten, vor allem Biodiesel aus Palmöl. Brasilianisches Ethanol gilt da als vergleichsweise sauber: Schweden und die Niederlande importieren es bereits heute und auch die US-Umweltbehörde hat ihm ein gutes Zeugnis ausgestellt. Bei der Interessensvertretung der brasilianischen Zuckerrohrindustrie (UNICA) macht man sich überhaupt keine Sorgen: Selbstverständlich wird der brasilianische Agrotreibstoff Ethanol alle Nachhaltigkeitskriterien der EU erfüllen, betont Pressesprecher Adhemir Altieri.

Gottseidank ist alles fürchterlich
NGOs und Wissenschafter sehen das anders. Problem Nummer Eins: Arbeitsbedingungen. Nach wie vor wird ein großer Teil des Zuckerrohrs händisch geerntet und diese Arbeit gehört zu den härtesten überhaupt. 12 Stunden oder länger sind die Arbeiter am Feld, in brütender Hitze. „Wenn du das 40 Jahre lang machst, bist du quasi tot. Du hast überhaupt keine Widerstandskraft mehr", erklärt mir ein 63-jähriger Zuckerrohrschneider in Pernambuco. Seine Schienbeine sind voller tiefer Narben von Schnittwunden und es fehlt die Kuppe des linken Daumens – die hat er sich versehentlich mit der Machete abgehackt. „Heute passieren weniger Unfälle, denn mittlerweile bekommen wir vom Plantagenbesitzer Schutzkleidung", sagt er und fügt hinzu: „Gottseidank, heute ist alles fürchterlich. Aber es ist besser als früher."

Todesfälle und Schuldknechtschaft
Mitunter kommt es sogar zu Todesfällen durch Überanstrengung, erzählt Antonio Canuto von der brasilianischen Landlosenpastoral CPT, einer kirchlichen Organisation, die sich mit Konflikten auf dem Land beschäftigt. Besonders schlimm ist es im südlichen Bundesstaat Sao Paulo – denn dort

wird zunehmend auf Ernte-Maschinen umgestellt. Das heißt für die Arbeiter, sie müssen mit dem Tempo der Maschinen mithalten, um konkurrenzfähig zu sein. In den 1980ern schnitt ein Arbeiter durchschnittlich sechs Tonnen pro Tag. Heute sind es bereits zwölf. Die Männer, die dort im reichen Süden das Zuckerrohr schneiden, sind großteils Arbeitsmigranten aus dem armen Nordosten, erklärt Luisa Mendonca von der Menschenrechtsorganisation Rede Social (Soziales Netzwerk), und das macht sie leichter ausbeutbar: Wenn sie auf der Plantage ankommen, sind sie bereits verschuldet, denn sie müssen der Personalfirma den Transport bezahlen und oft auch ihr Werkzeug. Bezahlt werden sie nicht pro Stunde, sondern pro Tonne. Laut Mendonca betrügen viele Firmen die Arbeiter auch noch beim Abwiegen. Wenn eines Tages die gesamte Ernte von Maschinen gemacht wird, erledigt sich das mit den Arbeitsbedingungen ohnehin von selbst, sagt Adhemir Altieri von der UNICA. Für die Wanderarbeiter bedeutet das dann allerdings: arbeitslos statt ausgebeutet.

Zerstörung von Ökosystemen
Problem Nummer Zwei: Umweltzerstörung. Die Zuckerrohrplantagen breiten sich vor allem im Cerrado aus – einer 2.000 km2 großen Savanne in Zentralbrasilien. Der Cerrado ist das zweitgrößte Ökosystem in Brasilien, nach dem Amazonasregenwald und besonders reich an Artenvielfalt. Er ist Quellgebiet für viele große Flüsse und eine der ältesten Vegetationen Brasiliens. Durch Brände und Abholzungen ist bereits knapp die Hälfte des ursprünglichen Pflanzenbewuchs im Cerrado zerstört worden. Erst vor wenigen Wochen hat die brasilianische Regierung angekündigt, strengere Schutzmaßnahmen zu ergreifen.

Problem Nummer Drei ist absurderweise genau das, weshalb man Biotreibstoffe eigentlich einsetzen möchte: der Klimawandel. Mehrere wissenschaftliche Studien der letzten Jahre haben gezeigt, dass diese Biotreibstoffe gar nicht so gut für das Klima sind, wie ursprünglich angenommen. So kam z.b. eine Forschergruppe rund um David Lapola von der Universität Kassel zu dem Ergebnis: Das brasilianische Ethanol könnte den Klimawandel noch weiter anheizen, weil es zur Zerstörung des Amazonas-Regenwaldes beiträgt. Zwar wird im Amazonas kaum Zuckerrohr angebaut – wie die UNICA nicht müde wird zu betonen. Doch die Zuckerrohrindustrie verdrängt Viehzüchter und Sojaproduzenten. Und die dringen dann immer weiter in die Amazonasregion vor. Inzwischen stellte sogar der EU-Forschungsrat fest: Viele Agrotreibstoffe erzeugen sogar mehr CO_2 als fossile Treibstoffe – rechnet man diese indirekten Landnutzungsänderungen mit hinein. Die EU-Kommission gab sich zunächst große Mühe, die eigenen Forschungsergebnisse vor der Öffentlichkeit zu verheimlichen – bis die Nachrichtenagentur Reuters die Herausgabe der Studie durchsetzte. Denn einigen europäischen Politikern waren die Erkenntnisse der Wissenschafter nicht besonders angenehm. Und vor allem nicht der Agrarindustrie. Schließlich lobbyiert nicht nur die brasilianische UNICA in Brüssel – auch so manche europäische Agrarunternehmen witterten ein fettes Geschäft.

Lula: Everybody's Darling?
In Brasilien setzt man vorerst weiter auf Ethanol. Und falls die EU nicht will, gibt es immer noch die USA und China. Und sollte es hier bei der brasilianischen Regierung eine Trendwende geben, dann

wohl nicht aufgrund von Bedenken der Klimaforscher, sondern weil vor der brasilianischen Küste unlängst Öl gefunden wurde. Der ehemalige Präsident Ignacio Lula da Silva hat in seiner Amtszeit (2003-2011) die Agro-Industrie im allgemeinen – und den Ethanolsektor im besonderen – unterstützt um das Wirtschaftswachstum anzukurbeln. Bei der Interessensvertretung der Zuckerrohrproduzenten ist man halbwegs zufrieden mit der Politik des linken Arbeiterpräsidenten.

„Präsident Lula hat im Ausland immer positiv über das brasilianische Ethanol gesprochen. Natürlich haben wir kein – wie soll ich sagen – besonderes Naheverhältnis zu dieser Regierung. Aber bei vielen Themen sind wir uns einig", erklärt Adhemir Altieri von der UNICA. Lulas Nachfolgerin Dilma Rousseff führt diese Politik weiter.

Kritik aus der Landlosenbewegung
Präsident Lula kam selbst aus der Gewerkschaftsbewegung. Das Entwicklungsmodell, das viele dort vertreten, ist das der nachholenden Entwicklung, sprich: Industrialisierung und Wachstum um jeden Preis. Fragen des Umwelt- oder Klimaschutzes stehen weiter hinten auf der Agenda. Weniger glücklich mit Lulas Agrarpolitik sind jedoch die sozialen Bewegungen – Lulas ureigenste Klientel. Vor allem nicht die Landlosenbewegung. Ihnen hat der Arbeiterpräsident zu Beginn seiner Amtszeit eine umfassende Landreform versprochen. Auf die warten sie noch heute. „Nein, es war nicht das, was wir uns erwartet haben. Lula hat uns Landarbeitern viel versprochen und das meiste ist nicht passiert. Aber wir sehen auch: die Schuld liegt nicht bei der Regierung Lula. Sie hatte einfach nicht genug Macht, um sich gegen die konservativen Abgeordneten durchzusetzen. Die sind gegen eine Landreform. Sie sagen: Wir brauchen ein anderes Entwicklungsmodell. Nämlich das der großen Agrounternehmen. Wenn Lula gekonnt hätte, hätte er es sicher anders gemacht", sagt der Kleinbauer Almir Jesus de Oliveira von der Landlosenbewegung in Bahia. Trotz allem ist er der Meinung, dass die Regierung Lula die beste Regierung war, die Brasilien je hatte.

Links:
- UNICA: http://www.unica.com.br/
- Landlosenpastoral CPT: http://www.cptnacional.org.br/
- Rede Social: http://www.cptnacional.org.br/

***

• Bei den Landbesetzern von Alagoinhas

Land ist in Brasilien so ungleich verteilt, wie kaum wo auf der Welt. Es gibt ein paar wenige Großgrundbesitzer und Millionen von Landlosen, die in bitterer Armut leben. Diese haben eine Bewegung gegründet und besetzen Grundstücke, die niemand bebaut.

Großgrundbesitzer lassen Land brach liegen
„Das hier ist eine historische Landbesetzersiedlung", erklärt uns der Landlosenaktivist Adailton de Oliveira. „Ja, eine historische Siedlung", wiederholt sein Vater Valdemir. Der alte Mann nickt gedankenverloren mit dem Kopf. „Hätten wir dieses Land damals nicht erkämpft, dann gäbe es die ganzen anderen Siedlungen rundherum gar nicht. Wir waren die Pioniere." Das Assentamento Alagoinhas liegt im Landesinneren des Bundesstaates Bahía in Nordostbrasilien, ca. 30 Kilometer von der Stadt Jacobina entfernt. Wir befinden uns hier im sogenannten Sertão, einer halbwüstenartigen Landschaft. 47 Familien leben in Alagoinhas. Seit mittlerweile 15 Jahren. Als „Assentamento" bezeichnet man Siedlungen bzw. Ländereien, die ursprünglich von Landlosen besetzt wurden, aber mittlerweile bereits rechtmäßig in deren Besitz übergegangen sind. Die brasilianische Verfassung sieht nämlich vor, dass fruchtbares Land, das brach liegt, den ursprünglichen Besitzern weggenommen und an Kleinbauern verteilt werden kann. Aber natürlich wird die Regierung hier nicht von selbst aktiv, sondern erst, wenn es einen Konflikt gibt", erklärt uns der österreichische Landlosenaktivist Thomas Bauer. Der Vorarlberger lebt seit 15 Jahren in Bahia und arbeitet hier für die Comissao Pastoral da Terra (CPT), eine kirchliche Organisation, die Landlose in ihrem Kampf um Grund und Boden unterstützt.

Landbesitz ist in kaum einem Staat so ungleich verteilt, wie in Brasilien: Zehn Prozent der Bevölkerung besitzen 80 Prozent der Fläche. Daneben sind Millionen von Familien in ruralen Gebieten landlos. Dies bestätigt uns auch der lokale Sekretär für Landwirtschaft. Auf unsere Frage, ob es hier große Plantagen gibt, lacht er: „Nein, große Plantagen gibt es hier nicht. Aber es gibt riesengroße Grundstücksbesitze, die kaum bebaut werden. Und auf der anderen Seite gibt es sehr viele Kleinbauern und Landarbeiter die wenig, bis gar kein Land besitzen."

Der Kampf gegen die Doktoren
Um eine Enteignung zu erzwingen, besetzen besitzlose Landarbeiter und Landarbeiterinnen mitunter brachliegende Grundstücke. Sie errichten dort provisorische Zeltlager und versuchen, über die Gerichte ein Zwangsenteignung zu erreichen. In diesem Stadium der Landesetzung spricht man von einem „Acampamento". „Zwei Jahre haben wir hier im Zeltlager ausgeharrt", erzählt Almir Jesus de Oliveira, der Bruder von Adailton. Die Anwältin der Diözese hat ihnen bei den rechtlichen Formalitäten geholfen. „Das war nicht einfach, denn das Land gehörte drei Doktoren. Wenn man sich mit lokalen Großbauern, den Fazendeiros, anlegt, ist das schon nicht ganz ohne. Aber dann erst Doktoren... Diese Familie hatte sehr viel Einfluss in der Region und ein

Heer von Anwälten." Die lokalen Gerichte in Jacobina schmetterten den Antrag auf Enteignung ab. Aber die Anwältin der Landlosen brachte den Fall bis nach Brasilia. Die Gerichte der Hauptstadt sprachen das Land schließlich den Besetzern und Besetzerinnen zu.

„In diesen zwei Jahren waren wir sehr stark von Spenden abhängig. Wir bauten ein paar Grundnahrungsmittel an, aber konnten ja nicht die gesamte Fläche bewirtschaften", berichtet Almir. Bei den Großgrundbesitzern der Umgebung bekamen sie keine Arbeit mehr. Denn wer Land besetzt steht quasi auf der schwarzen Liste. Zum Glück gab es damals in Jacobina noch den Padre José, einen österreichischer Pfarrer, sagt Adailton: „Er hat in der Messe Lebensmittelspenden eingesammelt und dann persönlich zu uns gebracht." Heute weht ein konservativer Wind aus der katholischen Kirche. Sozial engagierte Priester und Befreiungstheologen sind nicht mehr so gern gesehen. Padre José wurde aus Jacobina abberufen.

Zeltstädte am Straßenrand
Das Acampamento von Alagoinhas verlief aber noch verhältnismäßig rasch, erklärt uns Thomas Bauer. Häufig leben die Menschen sechs bis neun Jahre in Zeltlagern, bis ihnen das Land zugesprochen wird. Erschwert wurden das Landbesetzen durch ein Gesetz, das der vorige Präsident Fernando Henrique Cardoso erlassen hat: Ländereien, die besetzt sind, können nicht mehr so ohne weiteres enteignet werden. Seither campieren Landbesetzer eben jahrelang am Straßenrand, neben dem Grundstück, das sie beanspruchen. Die Bewegung der Landlosen entstand in Brasilien in den 1980ern während der Militärdiktatur. Die größte dieser Organisationen ist die Bewegung der Landarbeiter ohne Land (MST). Diese ist in verschiedenen Regionen Brasiliens aktiv. Aber hier in Bahia weniger verbreitet. Almir und sein Bruder sind Aktivisten der lokalen Landlosenbewegung CETA. Die MST habe ein Problem, erklärt er uns: Der ehemalige Präsident Luiz Inácio Lula da Silva (2003-2011), der selbst aus der Arbeiterbewegungen kommt, hat viele hohe MST-Funktionäre in die Regierung geholt. Das habe die MST zahnlos gemacht. Denn sie tue sich jetzt schwerer, die Regierung zu kritisieren.

Die ersten Landlosen mit Uniabschluss
Wir sitzen im Haus seiner Mutter und trinken schwarzen Kaffee mit Zucker. Almir erzählt uns, dass er am Abend noch in die Schule gehen wird. Almir ist 37 Jahre alt. In seiner Kindheit konnte er nur wenige Jahre zur Schule gehen, weil er schon sehr früh arbeiten musste. Aber jetzt will er das nachholen. In seiner Klasse sitzen an die 40 Erwachsene aus der Gegend. Etwa drei Viertel der Menschen in dieser Region können weder lesen noch schreiben, erklärt uns Thomas Bauer. Aber für die Aktivisten und Aktivistinnen der Landlosenbewegung hat Bildung einen hohen Wert. „Die mächtigen Eliten hätten gerne, dass wir dumm bleiben, damit sie uns leichter ausbeuten können", sagt Almir. Die Landlosenbewegung in Bahia hat sogar eigene Universitätslehrgänge für Landlose durchgesetzt. An der öffentlichen Universität von Salvador, der Hauptstadt Bahias, können fleißige junge Menschen aus den Assentamentos unter anderem Pädagogik, Landwirtschaft und technische Studien absolvieren. Vor kurzem hat der erste Jahrgang die Universität abgeschlossen. Demnächst werden in Salvador die Diplome verliehen, im Rahmen eines Riesenevents. 3.000 Besucher und Besucherinnen werden erwartet. Auch Almir und sein Bruder Adailton werden nach

Salvador fahren. Schließlich kommen drei der Absolventen aus Alagoinhas: „Das sind die ersten Landlosen hier mit Universitätsdiplom. Für uns ist das ein historischer Moment."

***

• Wunderheilungen und Exorzismen: Brasiliens evangelikale Pfingstkirchen

Auf unserer 2-monatigen Reise durch Brasilien haben sie uns ständig verfolgt: an jeder Ecke in den Armenviertel sieht man ihre Tempel, in jedem Hotelzimmer kann man auf mindestens einem Kanal 24 Stunden lang ihren Predigern lauschen. Die Rede ist von den evangelikalen Pfingstkirchen. Zwar ist Brasilien immer noch das Land, in dem weltweit die meisten Katholiken leben, aber die katholische Kirche hat ernsthafte Konkurrenz bekommen: Evangelikale Pfingstkirchen versprechen ihren Gläubigen Reichtum, Gesundheit und Seelenheil – für eine entsprechende Spende. Ihre Anhängerschaft steigt. Und auch das Vermögen dieser Kirchen. In der zentralbrasilianischen Stadt Goiania haben wir uns schließlich in so eine Freikirche gewagt und eine Messe besucht.

20 Reais gegen Krankheiten

"Ich prophezeie euch allen: Ihr werdet geheilt werden!", ruft der Prediger im weißen Gewand exstatisch ins Mikrophon. Vor dem Altar drängeln sich die Gläubigen. Manche haben Fotos ihrer kranken Angehörigen mit, manche weinen, andere zucken, wie in Trance. Auf Kommando rufen sie "Amen" oder "Hallelujah" oder begeben sich in stille Meditation. Assistentinnen in blauen Business-Kostümen gehen durch die Reihen und legen Betenden die Hand auf die Stirn. In der evangelikalen Kirche Igreja Universal de Reino de Deus (Universalkirche des Königreich Gottes) in Goiania, der Hauptstadt des Bundesstaates Goias im Landesinneren Brasiliens, findet heute eine Heilungsmesse statt. Für eine Spende von nur 20 Reais (etwa zehn Euro) wird Gott alle Krankheiten besiegen – sei es Krebs, AIDS oder eine Unterleibszyste – verspricht der Prediger. Die katholische Kirche in Brasilien hat harte Konkurrenz bekommen. Waren vor 50 Jahren noch mehr als 90 Prozent der Brasilianer und Brasilianerinnen katholisch, so sind es heute nur noch etwa 70 Prozent. Dafür sprießen evangelikale Heilskirchen aus dem Boden, wie die Pilze. An jeder dritten Ecke sieht man einen kleinen Tempel der Igreja Universal, der Assembleia de Deus (Versammlung Gottes) oder der Igreja Mundial do Poder de Deus (Weltkirche der Macht Gottes). Je ärmlicher die Wohngegend, desto mehr evangelikale Tempel.

Scharlatanerie und Geldwäsche

Als einflussreichste dieser Kirchen gilt die Igreja Universal. Sie wurde 1977 vom Theologen Edir Macedo in Rio de Janeiro gegründet und soll mittlerweile weltweit an die 15 Millionen Mitglieder haben. Macedo wurde bereits in den 1990ern wegen Scharlatanerie und Betrug angeklagt. Seit August 2009 läuft ein Verfahren gegen ihn und neun weitere Mitglieder der Führungsebene wegen Veruntreuung, Geldwäsche und Steuerhinterziehung. Es geht hier um Spendengelder in der

Höhe von 1,5 Milliarden Euro. Pastoren sollen starken Druck auf Gläubige ausgeübt haben, damit sie Spenden an die Kirche machen. Große Geldmengen seien geflossen, aber auch Immobilien. Die Igreja Universal besitzt einen eigenen TV-Sender, mehrere Radiostationen sowie Tourismusunternehmen. Ihr Haupttempel in Rio de Janeiro umfasst eine Fläche von 45.000 Quadratmetern und bietet Platz für 15.000 Gläubige.

Seelenheil und Wohlstand
Anders als die katholische Kirche verheißen die Evangelikalen den Gläubigen das Glück nicht erst im Jenseits, sondern bereits im Diesseits: Wohlstand, Gesundheit und Erlösung verspricht etwa die Igreja Mundial in ihrer Fernsehwerbung. Für eine Spende an die Kirche, versteht sich. Die Pfingstkirchen in Brasilien lassen die katholische Kirche vergleichsweise liberal erscheinen: Schuld an allem Übel in der Welt seien die Miniröcke und die Jeans, die die Frauen tragen, verkündet ein evangelikaler Fernsehprediger. Vom Bikini ganz zu schweigen. Gott hat die Frauen erschaffen, um feminin zu sein. Doch was tun die? Sie benehmen sich wie Männer, kleiden sich wie Männer und – man stelle sich vor – sie übernehmen sogar die Jobs von Männern.

Göttliche Politik?
Evangelikale Abgeordnete beeinflussen auch die Politik. Vor allem in der republikanischen Partei Brasiliens. Evangelikale Abgeordnete verhindern immer wieder eine Liberalisierung des Abtreibungsverbotes sowie mehr Rechte für Homosexuelle. Aber auch in anderen Parteien sind sie vertreten: So gehört zum Beispiel die prominente Grünpolitikerin und ehemalige brasilianische Umweltministerin Marina Silva einer evangelikalen Gruppe an. Sie erreichte bei den Präsidentschaftswahlen 2010 überraschenderweise fast 20 Prozent der Stimmen. Das lag wohl nicht nur an ihrem Engagement für die Umwelt. Evangelikale Prediger machten von der Kanzel aus Wahlwerbung für Marina Silva.

Der Prediger in Goiania bittet die Gläubigen auf die Bühne. Sie mögen durch ein überdimensionales neon-beleuchtetes Schlüsselloch ins Reich des Herrn marschieren. Dann stimmt er ein Lied an, aus dem kirchlichen Soundsystem werden Gitarre, Bass und Schlagzeug zugespielt: evangelikale Popmusik. Die Gläubigen schwenken die Arme in der Luft und singen lauthals mit. Dann werden die Spendenkörbe aufgestellt.

***

• Samba Reggae: Die Musik der Unterdrückten

So ganz unkompliziert ist es ja nicht, in Brasilien Interviewtermine zu organisieren. Zumindest nicht für MitteleuropäerInnen ohne eigenes Telefon und Internet. Man schreibt E-Mails, bekommt keine Antwort. Man klopft an Türen, bekommt (oft falsche) E-Mail Adressen oder Telefonnummern in die Hand gedrückt. Man ruft an – nachdem man endlich einen funktionierenden Münzfernsprecher gefunden hat: die Person ist nicht da. Man möge doch später anrufen. Man ruft später an: die Person ist schon wieder weg. Aber mit genügend Beharrlichkeit klappt es dann doch. Irgendwann hat man den Chef persönlich dran und plötzlich wird alles ganz unkompliziert: Kommts einfach in zwei Stunden vorbei. Und so konnten wir uns an einem Tag gleich mit zwei Größen des Samba Reggae in Salvador da Bahía unterhalten: João Jorge, dem Präsidenten von Olodum und Viviam Queiros, Direktorin von Didá.

Im Wartezimmer von Olodum
Das Haus von Olodum liegt im historischen Stadtzentrum von Salvador de Bahia, dem sogenannten Pelourinho. Und wenn man in die Büroräumlichkeiten kommt, merkt man sofort: hier ist man nicht zu Gast bei Musikern, sondern bei politischen Aktivisten.Wir haben dann schließlich 1,5 Stunden Zeit, die Bilder an den Wänden zu studieren. João Jorge ist nämlich eine spontane Besprechung dazwischen gekommen. Er lässt uns bitten, zu warten. Und so betrachten wir eben Nelson Mandela, Stefe Biko und Marcus Garvey. Sowie die zahlreichen goldenen Schallplatten, die hier hängen. Nie im Leben würde es mir in Österreich einfallen, 1,5 Stunden auf einen Interviewpartner zu warten. Aber hier scheint die Zeit ohnehin still zu stehen. Es hat 40 Grad im Schatten. Man starrt in die Luft, verfällt in einen tiefen meditativen Zustand und plötzlich ist es ganz viel später und plötzlich steht João Jorge vor uns: ein stattlicher Herr mit Rastazöpfen und grau meliertem Bart. Hoch gebildet. Ein Aktivist des Movimento Negro (Schwarzenbewegung) der ersten Stunde. Als wir den Fotoapparat auspacken, wird sofort der Haargummi entfernt und werden die Zöpfe fotogerecht in Szene gesetzt.

Ein Rhythmus für Menschenwürde
„Für uns ist Samba Reggae ein Weg, um gegen Unterdrückung und für Gleichheit und Menschenwürde zu kämpfen", erklärt er uns. Der Samba Reggae entstand in den frühen 1980ern. Damals befand sich die brasilianische Militärdiktatur in ihrer Endphase und diverse soziale Bewegungen wurden stark: die Bewegung der Landlosen, die Frauenbewegung und das Movimento Negro, die Bewegung der Schwarzen. Bahia ist jener Bundesstaat mit dem größten Anteil an afrobrasilianischer Bevölkerung. Denn im Hafen von Salvador befand sich der Mercado Modelo, einer der größten Sklavenmärkte des Kontinents. Der politische Aktivist und Musiker Neguinho do Samba (was übersetzt ungefähr so viel heißt wie: der kleine Schwarze des Samba) erschuf damals einen neuen Rhythmus: er vermischte brasilianischen Samba mit jamaikanischem Reggae. Das Ergebnis war eine Art Offbeat Samba. Gespielt wird das Ganze von großen Percussiongruppen, so genannten Blocos Afro. Neguinho selbst ist im Oktober 2009 verstorben.

Doch sein Samba Reggae blieb DER Rhythmus des Movimento Negro in Bahia. Eine der ersten Gruppen, die diesen Ryhthmus spielte, war Olodum.

Weltstars, Karneval und Bildung
„Olodum ist nicht in erster Linie Musikgruppe. Bedeutend für uns ist nicht Geld, Ruhm und Erfolg, sondern Bildung und Bewusstseinsarbeit", sagt João Jorge. Er selbst hat nie getrommelt, sondern war immer im organisatorischen Bereich von Olodum tätig. Olodum besteht einerseits aus einer Band: der Banda Olodum. Diese tourt durch die Welt, spielt auf diversen Festivals, nimmt CDs auf, bekommt goldene Schallplatten und musiziert mit Stars wie Paul Simon und Michael Jackson. Daneben gibt es den Bloco Olodum, eine riesige Perkussionsgruppe, die vor allem im Karneval durch die Straßen von Salvador zieht. Das Herzstück ist aber die Olodum-Schule, erklärt João Jorge. Hierher kommen Kids aus den unterprivilegierten Schichten Salvadors. Sie bekommen kostenlos Unterricht im Trommeln, Tanzen, Musik, aber auch beispielsweise Informatik. Bewusstseinsarbeit über schwarze Identität spielt eine große Rolle: in den 1,5 Stunden Wartezeit bekamen wir ein Comic zu lesen, das die Geschichte eines Sklavenaufstandes aus Perspektive der Sklaven erzählt. „Die Geschichte wurde von der weißen Elite geschrieben", sagt João. Aber es sei wichtig für die afrobrasilianische Bevölkerung, ihre eigene Geschichte zu erzählen. Das Sozialprojekt von Olodum finanziert sich durch die Einnahmen der Band, Förderungen und Spenden.

Frauen tanzen, Männer trommeln
Nach dem Vorbild von Olodum entstanden in Salvador zahlreiche ähnliche Projekte: Afro-Blocos mit sozialer Komponente. Lange Zeit ging es hier aber fast nur um Männer und Buben. Nicht, dass es Frauen offiziell verboten gewesen wäre, zu Olodum oder anderen Schulen zu kommen. Aber nur wenige trauten sich hin. Frauen tanzen, Männer trommeln. So war das früher, erklärt uns Viviam Queiros, Direktorin der Gruppe Didá. Das Projekt Didá funktioniert im Grund ganz ähnlich, wie Olodum: Es gibt eine Bühnenband (Banda Feminina Didá), einen Karnevalsblock und eine Schule. Die Unterschied: Hier sind ausschließlich Frauen am Werk. Das Projekt wurde ebenfalls von Neguinho do Samba ins Leben gerufen. Und zwar im Jahr 1993. Viviam Queiros war von Anfang an dabei: „Meine Brüder haben bei Olodum gespielt. Aber ich wäre nie auf die Idee gekommen, selbst zu trommeln". Bis eben Neguinho gekommen ist und sie überredet hat, bei seinem neuen Projekt für Frauen mitzumachen.

Die Männerdomäne wird geentert
Viviam ist die personifizierte Leidenschaft. Ein Energiebündel mit feurigen Augen, strahlendem Lächeln und blondgefärbte Rastazöpfen. In ca. einer Stunde sollte sie auf der Bühne stehen. Sie ist noch nicht umgezogen und noch nicht geschminkt. Trotzdem gibt sie uns völlig entspannt ein Interview. Und sie nimmt sich kein Blatt vor den Mund. „Die Männer in ihrer Macho-Welt haben das damals für gar keine gute Idee gehalten", sagt sie. Die Väter und Ehemänner waren besorgt, die Frauen würden dann ihre häuslichen Pflichten vernachlässigen. Ihr Vater war zunächst der Meinung, der Pelourinho mit den vielen Touristen und Drogenhändlern sei kein Ort für ein anständiges Mädchen. Und die männlichen Musiker hatten Angst vor der weiblichen Konkurrenz.

„Sie haben gesagt, Frauen könnten nicht spielen, die großen Trommeln seien viel zu schwer für uns und lauter so Blödsinn." Mittlerweile hat sich die Gruppe Didá etabliert und mittlerweile gibt es auch immer mehr Frauen in den anderen Afro Blocos, auch bei Olodum.

Die Sklavin Anastacia
Wir haben großes Glück: Es ist Freitag. Und da hält Didá immer öffentliche Probe ab. Zuerst ziehen die Nachwuchsmusikerinnen des Blocos durch die Straßen. Eine Caixa-Spielerin tänzelt leichtfüßig mit Stöckelschuhen über das Kopfsteinpflaster im Pelourinho, die Surdo-Spielerinnen lassen die Hüften kreisen, als wären die großen Metalltrommeln, die sie um die Mitte gebunden haben, aus Luft. Vorne weg eine Tänzerin in einem weiten Jutekleid. Sie trägt eine Maske vor dem Mund. Sie repräsentiert die Sklavin Anastacia, hat uns Viviam erklärt. Die Legende erzählt, dass diese schwarze Sklavin magische Kräfte gehabt haben soll. Die Weißen hatten Angst vor ihr. Sie setzten ihr eine eiserne Maske auf, damit sie keine Zauberformeln mehr sprechen konnte. Anastacia starb am Wundbrand. Verursacht durch die Maske. In vielen Teilen Brasiliens wird sei heute als Heilige verehrt. Für Didá ist sie Mahnmal für die Unterdrückung von Schwarzen und Mahnmal für die Unterdrückung von Frauen.

Links:
- Olodum: http://olodum.com.br/
- Olodum Schule: http://www2.uol.com.br/olodum/

• Carlinhos Brown: Der "Held" von Candeal

Das Armenviertel Candeal in der nordostbrasilianischen Stadt Salvador da Bahia hat einen berühmten Sohn: den Musiker Carlinhos Brown. Dieser fördert dort seit mehr als zehn Jahren Sozialprojekte um die Lebensumstände im Viertel zu verbessern.

Geschichten der Bewohner
„Für die Menschen hier in Candeal ist Carlinhos Brown so etwas wie ein Prinz", erzählt uns die Sozialarbeiterin und Philosophin Tatiana de Macedo, „gut, bescheiden und hilfsbereit sind die Eigenschaftswörter, die man am öftesten zu hören bekommt, wenn man hier mit den Leuten über ihn spricht." Candeal ist ein Stadtviertel in der Drei-Millionen-Metropole Salvador, der Hauptstadt des Bundesstaates Bahia in Nordostbrasilien. Und Carlinhos Brown ist hier so etwas, wie ein Volksheld. Doch, Heldenverehrung hin oder her: das Viertel mit seinen 5.500 Bewohnern und Bewohnerinnen hat dem Musiker tatsächlich einiges zu verdanken. Candeal war ursprünglich ein Quilombo, eine Siedlung von entlaufenen Sklaven und wurde schließlich zu einem der zahlreichen Slumbezirke von Salvador. Tatiana de Macedo betreibt hier Stadtteilforschung mit Kindern und Jugendlichen. Alte und neue Fotos werden gesammelt, Interviews mit den Bewohnern und Bewohnerinnen geführt. In einem Buch soll dann dokumentiert werden, wie sich das Viertel im Laufe der Zeit verändert hat. Und diese Geschichten sind stark verwoben mit dem Leben von Carlinhos Brown.

Ulla Ebner

Vom Slumbewohner zum Superstar
Carlinhos Brown ist heute einer der Superstars der reichhaltigen Musikszene von Salvador da Bahia. Im spanischsprachigen Raum kennt man ihn als „Carlito Marrón". Seinen Künstlernamen hat er zu Ehren von Soullegende James Brown und des Black Panther-Aktivisten H. Rap Brown angenommen. Seine Musik ist eine Mischung aus allen möglichen „schwarzen" Stilrichtungen: dem Samba-Reggae (dem Rhythmus der Afrobrasilianer in Salvador), Funk, Soul, Rock, aber auch ein wenig Salsa. Berühmt wurde er mit der Band Tribalistas und der Percussiongruppe Timbalada, die vor allem bei den Karnevalsumzügen von Salvador in Erscheinung tritt. Salvador hat eine reiche Tradition an sogenannten Afro Blocos. Das sind große Percussiongruppen, die zu Karnevalszeiten durch die Straßen ziehen, aber daneben meist auch eine Bühnenband haben. Sie entstammen dem „Movimento Negro", der Schwarzenbewegung Bahias. Carlinhos Brown heißt mit bürgerlichem Namen Antônio Carlos Santos de Freitas und wurde 1962 in eben diesem Stadtviertel geboren. Damals war Candeal eine ärmliche Enklave umringt von Wohngegenden der Mittelschicht, ein Slum, in den sich viele nicht hinein wagten. Carlinhos Mutter war Wäscherin.

Eine Straße für Bob Marley
Als Ruhm und Geld kamen, hat sich der Musiker dafür eingesetzt, die Lebensbedingungen in seinem Geburtsviertel zu verbessern. Er rief den Verein Pracatum ins Leben. Das erste Projekt wurde im Jahr 1997 gestartet und widmete sich der Verbesserung der Infrastruktur. Es wurden Sponsoren gefunden, um die heruntergekommenen Häuser zu sanieren. Auch die Regierung des Bundesstaates Bahia beteiligte sich. Würdige Wohnverhältnisse mit Wasser- und Abwasserversorgung sind der erste sichtbare Schritt zu einem besseren Leben und einer Aufwertung des Viertels. Wir besuchen die Rua Bob Marley. In dieser Straße stehen zahlreiche hübsche Reihenhäuschen in vielen bunten Farben, die im Rahmen des Programms saniert wurden. Aber auch Bildung spielt eine Rolle. Pracatum betreibt unter anderem eine Sprachschule, wo Spanisch und Englisch unterrichtet wird und organisiert Kurse für Radioproduktionen.

Ghettosquare und Musikschule
Für den Künstler Carlinhos Brown sind Kunst und Kultur wichtige Instrumente, um ein Viertel aufzuwerten und Menschen eine neue Perspektive zu geben. Während die meisten der Afro-Blocos in Salvador ihre Veranstaltungslokale im historischen Stadtzentrum, dem Pelourinho, haben, ließ er das Haus von Timbalada, den sogenannten „Ghettosquare", hier in Candeal bauen. Dieser lockte eine Zeit lang Konzertbesucher aus der ganzen Stadt an. So viele, dass die Kapazitäten nicht ausreichten und Timbalada sich schließlich doch ein anderes Quartier suchen mussten. Nur etwa hundert Meter weiter befindet sich die Musikschule Pracatum. Sie wurde speziell für Kinder und Jugendliche aus einfachen Verhältnissen ins Leben gerufen, die sich keine teuren Privatuniversitäten leisten können. Im Vorraum ein lebensgroßes Plakat ihres Gründers: Carlinhos Brown. Ganz in weiß gekleidet, streckt er den Besuchern die ausgestreckte Hand entgegen.

Stärkung des schwarzen Selbstbewusstseins
Hier treffen wir Daniela Aguiar. Ihre Eltern sind Gemüsehändler, erzählt sie uns. Sie hat hier

Gesang studiert, aber auch Gitarre und Klavier. Heute ist Daniela Aguiar Backgroundsängerin von Carlinhos Brown und hat ihn auf Tourneen in zahlreiche Länder begleitet. 2008 wurde sie von der deutschen Rock-Band Scorpions für deren Brasilientour engagiert. „Ohne Pracatum wäre mein Leben wohl ganz anders verlaufen", sagt sie. Aber abgesehen von der künstlerischen Ebene hat sie hier noch um ganz etwas anderes gelernt: Früher war sie extrem schüchtern, erzählt die bildhübsche junge Frau. Und sie habe Probleme mit ihrer afrobrasilianischen Herkunft gehabt. Wie viele Afro-Brasilianerinnen habe sie damals stets versucht, ihre krausen Haare zu glätten, damit sie aussehen, wie die Haare der Weißen. „Aber hier bei Pracatum habe ich gelernt, dass meine kulturellen Wurzeln auch etwas Schönes haben. Mein Selbstbewusstsein als Afro-Brasilianerin wurde gestärkt, und auch mein Selbstbewusstsein als Frau und als Mensch überhaupt." Das Projekt Pracatum gilt als Musterbeispiel für erfolgreiche Stadtteilarbeit. Vor allem, weil die Bevölkerung an der Projektplanung beteiligt wurde. „Man muss die Arbeit von Carlinhos Brown hier wirklich wertschätzen", sagt Sozialarbeiterin Tatiana de Macedo, „es ist viel passiert und ich bin stolz darauf, an diesem Projekt mitarbeiten zu können."

***

2. Im Nahen und im Fernen Osten

- **Yes Theatre – Geschichten aus einem palästinensischen Flüchtlingslager**

Das palästinensische Yes Theatre ermöglicht es Kindern und Jugendlichen, mit Hilfe von Theaterspielen traumatische Erfahrungen zu verarbeiten und Möglichkeiten zur gewaltfreien Konfliktbearbeitung zu erlernen. Auf diese Weise möchte das Yes Theatre dazu beizragen, dass aus Jugendlichen Hoffnungsträger für die palästinensische Gesellschaft werden, die die Spirale der Gewalt durchbrechen können. Im Oktober 2010 war das Yes Theatre zu Gast beim Festival Salam.Orient in Wien.

Müll, Siedler, Militärkontrollen
"Austria is nice, no garbage, no settlers, no checkpoints" – Österreich ist schön. Da hat man soviel Platz zum Herumlaufen. Da gibt es keine aggressiven Siedler, keine israelischen Soldaten, kein Schlangestehen an Militär-Checkpoints. Muhamed, Muath, Wa'ad – 13 und Muhamed, 16 Jahre alt, spielen auf der Bühne „Jugendliche aus einem palästinensischen Flüchtlingslager". Die vier Jugendlichen spielen sich selbst. Alle vier stammen aus dem Flüchtlingslager Al Fawwar, im besetzten Westjordanland, etwa zehn Kilometer südwestlich von der Stadt Hebron. Sie gehören zur palästinensischen Theatergruppe Yes Theatre und haben ein Gastspiel in Wien.

Die Freiheit, Wut auszudrücken
„Für mich ist das schönste beim Theaterspielen diese Freiheit auf der Bühne. Sie gibt uns Kraft und Mut. Wir können dort unsere ganze Wut ausdrücken und unsere Probleme. Wir zeigen unser Leben und was in uns vorgeht", erzählt der 13-jährige Muath. Man muss nicht unbedingt Arabisch

können, um das Stück zu verstehen. Viel passiert durch Pantomime. Dazwischen erklärt ein Erzähler die Rahmenhandlung – und die wird auf Deutsch übersetzt. „Wir haben dieses Stück nach Europa gebracht, damit die Leute hier das Leben in den Flüchtlingslager verstehen", erklärt Ihab Zahdeh. Er ist professioneller Schauspieler und Theater-Trainer. „Die Leute in Europa sollen wissen, wie sehr wir leiden, wie wir unseren Alltag bewältigen. Denn wir haben wirklich ein sehr schweres Leben dort in Palästina. Wir konzentrieren uns in den Stücken immer auf das Alltagsleben. Wir lassen die Kinder improvisieren und dann nehmen wir ihre Geschichten auf: Szenen aus ihrem Zuhause, der Straße, der Schule. Und daraus machen wir Stücke."

Ja zum guten Leben
Ihab Zahdeh selbst stammt aus der Stadt Hebron, einer der konfliktreichsten Städte im Westjordanland. Denn mitten in der arabischen Altstadt gibt es jüdische Siedlungen. Um diese zu schützen, wird das Stadtzentrum vom israelischen Militär kontrolliert. Hass regiert auf beiden Seiten. Dort ist seit mittlerweile drei Jahren das Yes-Theatre angesiedelt. Die Trainer bilden Lehrer und Lehrerinnen in Theaterpädagogik aus und veranstalten Theaterworkshops für Schüler und Schülerinnen – meist getrennt nach Geschlechtern. Denn die meisten palästinensischen Familien hätten Probleme mit gemischten Gruppen. „Wir nennen unser Theater Yes Theatre, denn wir wollen ja sagen zu all den guten Dingen. Wir sagen ja zu Menschen, die eine eigene Meinung haben und diese laut sagen – auch wenn sie nein zu schlechten Dingen sagen. Das Yes Theatre sagt ja zum guten Leben, zur Gesundheit, zum Frieden, zu Jugendlichen – Buben und Mädchen", sagt Zahdeh.

Ein Leben in der Warteschlange
Gearbeitet wird mit Jugendlichen aus der Stadt Hebron und vor allem auch mit solchen aus dem nahegelegenen Flüchtlingslager Al Fawwar. Für Theater-Trainer Ihab Zahdeh ist es wichtig, dass diese Jugendlichen einander kennenlernen, sich austauschen und ihre Realitäten miteinander vergleichen. Al Fawwar ist zwar nur zehn Kilometer von Hebron entfernt, trotzdem kann die Anreise für die Kids Stunden dauern. Denn unterwegs müssen sie mehrere Checkpoints des israelischen Militärs überqueren. Schlangestehen gehört zum Alltag von Palästinensern und Palästinenserinnen, erzählt einer der jungen Schauspieler: „Es gibt so viele Checkpoints im Westjordanland, dass wir sie gar nicht zählen können. Wenn ich meine Großeltern besuchen fahre, dann müssen wir so an die 180 Checkpoints überqueren. Wenn man mit dem Auto unterwegs ist, dann muss man manchmal ein bis zwei Stunden warten. Dann kommen 30 Soldaten und sagen: Alle raus! Und dann müssen alle an der Wand stehen. Die Soldaten kontrollieren alles: unsere Taschen und Rucksäcke. Und wenn alles durchsucht ist, dann dürfen wir vielleicht durch. Aber vielleicht schicken sie uns auch zurück."

Schüsse auf spielende Kinder
Im israelisch-arabischen Konflikt 1948 besetzte Israel den Gaza-Streifen und das Westjordanland. Damals wurden 750.000 Palästinenser von ihrem Zuhause vertrieben. Bis heute gelten 4,7 Millionen Palästinenser als Flüchtlinge. Ein Drittel von ihnen lebt nach wie vor in Flüchtlingslagern. Seit über 60 Jahren. Das Lager Al Fawwar ist etwas mehr einen Viertel Quadratkilometer groß: 520

mal 520 Meter. Dort leben mittlerweile 8.000 Menschen. Jungfamilien bauen weitere Stockwerke auf die Häuser ihrer Familien, auf den Dächern wird Gemüse angebaut, Müll liegt überall auf den engen Gassen. Eine Szene aus dem Stück: Die Jugendlichen spielen auf der Straße Fußball. Bis einer von einem Auto angefahren wird. Das passiert auch im echten Leben sehr häufig, erzählt der Darsteller Wa'ad: „Wir wollten in dem Stück nicht irgendwie übertreiben. So ist unser Leben – und noch schlimmer. Es ist überall eng im Lager. Wir haben keinen Platz zum Spielen. Die einzigen freien Flächen sind die Straßen. Und dort spielen Kinder, dort fahren Autos und dort verkaufen Händler ihre Waren." Der heute 16-jährige Muhamed wollte einmal den engen Straßen des Lagers entkommen und am Hügel spielen, ganz in der Nähe der Mauer. Israel hat ja im Jahr 2002 begonnen, eine Mauer rund um das Westjordanland zu bauen – und dafür viel internationale Kritik geerntet. „Diese Mauer ist ein sehr großes Problem für uns", erzählt er, „sie hat den Palästinensern viel Land weggenommen. Und in der Nähe der Mauer ist es sehr gefährlich. Wenn man da zu nahe kommt, wird gleich geschossen. Ich hab einmal in der Nähe der Mauer gespielt und dann hat mir ein Soldat ins linke Bein geschossen."

„Wir trainieren keine Schauspieler"
Für die Theater-Trainer des Yes-Theatre ist ihre Kulturarbeit in erster Linie eine Form von Sozialarbeit, erzählt der zweite Lehrer der Gruppe, Muhamed Titi: „Wir bringen den Kids nicht bei, Schauspieler zu sein. Wir bringen ihnen bei, sich selbst auszudrücken. Sie sollen entdecken, was in ihnen steckt – und das sollen sie der Welt zeigen." Muhamed Titi stammt selbst aus dem Flüchtlingslager: „Als Kind hatte ich dort auch viele Probleme. Aber als ich dann begann, Theater zu spielen, habe ich mich selbst gefunden. Ich habe seltsame Dinge entdeckt und schöne Dinge. Natürlich können wir den Kindern keine großen Hoffnungen machen. Aber so Schritt für Schritt sollen sie lernen, dass die Zukunft besser werden könnte, dass es etwas gibt, wofür es sich auszahlt, zu leben." Wenn Kinder und Jugendliche tagtäglich mit Gewalt konfrontiert werden, dann kennen sie selbst auch keine anderen Handlungsmöglichkeiten. Gerade in der tristen Situation des Flüchtlingslagers bestehe die Gefahr, dass sie mit extremistischen Gruppen sympathisieren. Es gebe sogar Theatergruppen, die versuchten, die Kinder zu fanatisieren, erzählt Muhamed Titi. Doch das Yes Theatre möchte genau das Gegenteil erreichen, betont Ihab Zahdeh: „Wir sind gegen Gewalt – das ist eines der wichtigsten Ziele des Yes Theatre. Daran arbeiten wir seit wir das Theater 2007 gegründet haben. Wir lehnen Gewalt ab, wir wünschen uns eine friedliche Generation – nicht eine Kopie ihrer Eltern und Großeltern, die alle gleich denken. Eine neue Generation mit neuen Ideen. Jeder einzelne soll seine eigene Meinung haben, seinen eigenen Weg. Ohne Gewalt." Die Strategie scheint aufzugehen: Er hege überhaupt keinen Hass gegen Israelis, sagt der 13-jähriger Darsteller Muhamed ganz von sich aus: „Wir haben überhaupt kein Problem mit den Menschen in Israel. Unser Problem sind die Soldaten. Denn die marschieren jeden Tag in unser Lager, nehmen jemanden fest oder bringen jemanden um. Manchmal kommt auch der Hubschrauber und schießt auf uns. Aber mit den israelischen Zivilisten – nein, mit denen haben wir kein Problem."

Link:
- Yes Theatre: http://www.yestheatre.org/pages/main?lan=ge

Ulla Ebner

• "Not in my name": Unterwegs mit Israels Grenzgängerinnen

Schlangestehen. Daran sind die PalästinenserInnen im von Israel besetzten Westjordanland gewöhnt. Auf alltäglichen Wegen zur Universität, zur Arbeit oder aufs Feld müssen sie zahlreiche Checkpoints passieren. Man weiß nie, wie lange man für die 20 Kilometer von A nach B braucht und ob sie einen auch wirklich nach B lassen. Die Frauen der israelischen NGO „Machsom Watch", fahren Tag für Tag zu den Checkpoints ins Westjordanland, um zu dokumentieren, was dort an Schikanen und Menschenrechtsverletzungen passiert. Im Jahr 2008 hat eine (österreichische) Freundin von mir in Tel Aviv einen Israeli geheiratet. Ich habe die Gelegenheit genutzt, mir das Land anzuschauen und israelische FriedensaktivistInnen zu treffen. Das hat beinahe eine voreheliche Krise zwischen meinen Freunden ausgelöst. Der Zukünftige nahm es durchaus persönlich, dass ich nach Ramallah wollte, dass ich mit den Aktivistinnen von Machsom Watch zu den Checkpoints fuhr und mit Aktivisten von "Breaking the Silence" in die Stadt Hebron im Westjordanland. Ich wolle damit - wie er meinte - nur wieder Israel schlecht machen, so wie alle europäischen Journalisten. Er selbst war noch nie in den besetzten Gebieten.

Ein ungleiches Paar

"Ich hasse diesen Checkpoint", sagt Sarah schon beim Aussteigen. Es handelt sich hier nur um eine kleine Straßensperre mit vier Soldaten. "Warum, was ist so besonders an diesem Checkpoint", will ich wissen. Ob die Soldaten hier irgendwie unangenehmer seien, als woanders? "Nein", entgegnet Sarah, "aber ich hasse sie alle." Die Machsom Watch-Aktivistin hasst alle Checkpoints und alle Soldaten - und die Soldatinnen ganz besonders, denn die seien oft noch übellauniger als ihre männlichen Kollegen. Sie rümpft verächtlich die Nase und dreht sich demonstrativ weg, als ihre Kollegin Tami sich freundlich mit den jungen Rekruten unterhält. Sie sind wie Tag und Nacht und doch beste Freundinnen. Alle paar Wochen fahren die Aktivistinnen Sarah und Tami gemeinsam auf Checkpoint-Tour. Beide Frauen sind über 80 Jahre alt. Sarah stammt ursprünglich aus Brasilien. Sie ist eine linke Feministin und wünscht sich eine Revolution, die den Kapitalismus zu Fall bringt. Tami wiederum ist alles andere als eine linke Ideologin. Als 17-jährige schloss sie sich der israelischen Untergrundbewegung Palmach an. Diese kämpfte gegen die britischen Besatzer für einen unabhängigen jüdischen Staat Israel. Nachdem dieser gegründet worden war, kämpfte sie 1948 im Unabhängigkeitskrieg gegen die Arabischen Länder, die den neuen Staat angriffen. Heute sei ihr geliebtes Israel selbst eine Besatzungsmacht, kritisiert Tami: "Jahrelang war ich der Meinung, dass da etwas falsch läuft in der Art und Weise, wie wir die Palästinenser behandeln. Und da beschloss ich etwas zu tun." Viele Freunde habe sie dadurch verloren, erzählt Tamil. Gerade die ehemaligen Kampfgenossen hätten wenig Verständnis für ihr Engagement für die Palästinenser.

Die täglichen Hindernisse

„Machsom" bedeutet soviel wie „Hindernis" und ist die hebräische Bezeichnung für diese Checkpoints. Jeden Morgen und jeden Nachmittag, also zu den Hauptverkehrszeiten, fahren Teams von 2-4 Frauen ins Westjordanland und klappern Checkpoint für Checkpoint ab. Sie stellen sich dorthin, beobachten die Lage, dokumentieren alles - von kleinen alltäglichen Schikanen bis hin zu gröberen Zwischenfällen - und veröffentlichen die Protokolle auf ihrer Webseite. "Einmal habe ich beobachtet, wie ein Offizier einen Buben geschlagen hat", erzählt Tami, "das habe ich natürlich sofort bei der Militärpolizei gemeldet." Die Checkpoints sind immer wieder wegen Menschenrechtsverletzungen ins Gerede gekommen. Vor einigen Jahren gab es mehrere aufsehenerregende Fälle, wo hochschwangere Frauen, die sich auf dem Weg ins Krankenhaus befanden, nicht rechtzeitig durchgelassen wurden und ihre Kinder ohne ärztliche Hilfe am Checkpoint zur Welt bringen mussten. Einige der Säuglinge starben dabei. Heute passiere so etwas zum Glück nicht mehr, sagt Tami. Mittlerweile umfasst die Organisation Machsom Watch vier Regionalgruppen mit insgesamt 300 bis 400 Aktivistinnen. Sie alle arbeiten ehrenamtlich. Und sie alle sind weiblich: "Männer sind nicht erlaubt. Das hat nichts mit Feminismus zu tun. Wir glauben einfach, dass Frauen umgänglicher sind und es daher nicht so viele Konflikte gibt. Natürlich funktioniert das in der Praxis nicht immer", erzählt Tami.

Die eingezäunte Stadt
Wir haben die Grenze zum Westjordanland nahe der palästinensischen Stadt Qualquilya überquert. Im Jahr 2003 hat Israel begonnen eine Mauer bzw. Absperrungen mit elektrisch geladenem Stacheldrahtzaun rund um das Westjordanland zu bauen. Diese Mauer hält sich jedoch nicht an die Grenzen aus dem Jahr 1967, sondern schneidet tief in die Palästinenserregion hinein. Die Stadt Qalquilya mit seinen 43.000 Einwohnern und Einwohnerinnen ist rundherum abgesperrt und kann nur an einer Stelle verlassen werden. Wir fahren auf einer gut ausgebauten mehrspurigen Schnellstraße. Hier dürfen nur Fahrzeuge mit israelischem Kennzeichen fahren. „Apartheid Straßen" nennen das Tami und Sara. Die guten Straßen führen zu den jüdischen Siedlungen, erklären sie mir. Palästinenser müssen auf den kleinen Landstraßen mit den Schlaglöchern fahren. Auf so eine kleine Landstraße biegen wir schließlich ab und kommen zum nächsten Checkpoint auf unserer Route. Es ist einer der größeren, einer der an einen Grenzübergang erinnert. Es ist brütend heiß. Die etwa 18/19-jährigen Soldaten sitzen hier in voller Montur und schwer bewaffnet – oder lehnen lässig an der Wand und schauen den palästinensischen Studentinnen mit ihren grell-bunten Kopftüchern nach. Trotzdem wirken sie alle nervös und angespannt. Die Schlange ist heute nicht so lange wie sonst, erklärt mir Tami. Was sie am meisten nervt: wenn blutjunge Soldaten Palästinenser anschreien, sie sollen eine schöne, gerade Schlange bilden: "Ich meine, hast du schon einmal gesehen, wie wir Israelis in der Schlange stehen? Was glauben wir, dass wir denen in punkto Schlangestehen beibringen könnten?"

(Ein paar Tage später werde ich an Tamis Worte denken, als ich am Busbahnhof in Tel Aviv verzweifelt versuche, einen Bus Richtung Jerusalem zu erklimmen. Da ist Ellbogentechnik gefragt. Es gelingt mir erst beim dritten Bus.)

Prügel von den Siedlerinnen
Die Checkpoints sollen die Sicherheit Israels garantieren. Sie wurden seit der zweiten Intifada in den Jahren 2000 bis 2005 eingerichtet. Damals hatten die Palästinenser und –innen zum Volksaufstand gegen die israelische Besatzungsmacht aufgerufen. Selbstmordattentäter und auch vereinzelte Attentäterinnen zündeten Sprengkörper in israelischen Städten. Tami bezweifelt allerdings, dasse diese Checkpoints heute tatsächlich so wichtig für die Sicherheit Israels seien.

Schließlich befinden sie sich ja nicht nur an der Grenze zwischen Israel und dem Westjordanland, sondern in erster Linie innerhalb des palästinensischen Territoriums: "Die Sicherheitskontrollen gehören an die Grenze zu Israel. Bei den meisten Checkpoints hier geht es nur darum, unsere Macht zu demonstrieren." Und um die jüdischen Siedlungen zu bewachen.

In den Palästinensergebieten haben sich in den vergangenen drei Jahrzehnten zahlreiche jüdische Siedler niedergelassen. Diese Siedlungen sind permanenter Streitpunkt bei den Friedensverhandlungen. Manche der Siedler und Siedlerinnen sind jüdische Zuwanderer aus Osteuropa oder Äthiopien, die wegen der niedrigen Grundstückspreise in die besetzten Gebiete ziehen, aber zum größeren Teil sind es ultra-rechte religiöse Fanatiker. Immer wieder kommt es zu gewalttätigen Konflikten zwischen ihnen und der palästinensischen Bevölkerung. Die Siedler werden von der Armee beschützt. Die meisten Checkpoints liegen in der Nähe von jüdischen Siedlungen. "Das sind ganz fürchterliche Leute", knurrt Sarah, als wir an einer illegalen jüdischen Siedlung vorbei fahren. Die Siedler haben dort eine Art Zeltlager errichtet. "Meine Freunde fragen mich oft, ob ich nicht Angst habe, ins Westjordanland zu fahren. Sie glauben, alle Araber seien Terroristen. Aber wenn ich vor irgendetwas Angst habe, dann sind es die Siedler", sagt Sarah. Tami wurde einmal von einer Gruppe Siedlerfrauen verprügelt. Sarah bislang nur beschimpft: "Ein Teenager hat mich angeschrien, dass ich eine Verräterin sei und mit Arabern lebe. Wenn er ein Gewehr hätte, würde er mich erschießen. Aber ich hab ihn nur ausgelacht."

Verstörte junge Menschen
Während ich mich beim nächsten Checkpoint mit Sarah über den Kapitalismus unterhalte, spricht Tami mit den Soldaten. Es habe ein Problem mit einem palästinensischen Bauern gegeben, erzählt sie uns. Der Mann lebt in einem Dorf in der Nähe, doch sein Feld liegt auf der anderen Seite des Checkpoints, quasi in einer anderen Zone. Der Mann selbst habe einen gültigen Passierschein, aber die Passiergenehmigung für den Traktor sei abgelaufen. Daher hätten ihm die Soldaten nicht erlaubt, auf sein Feld zu fahren. Bis er eine neue Genehmigung bekomme, könne ein Jahr vergehen, erzählen die Aktivistinnen. Bis dahin sei die Ernte längst verrottet. Kein Einzelfall. Im Gegensatz zu Sarah hegt Tami keinerlei Aggressionen gegen die jungen Soldaten und Soldatinnen. Die ehemalige Guerilla-Kämpferin und Soldatin behandelt diese beinahe großmütterlich. Auch die jungen Rekruten und Rekrutinnen seien Opfer der Besatzung, sagt sie: "Es ist nicht einfach für diese jungen Leute. Während der Intifada wurden sie öfter angegriffen. Sie haben immer sehr viel Angst. Viele kommen aus dem Militärdienst extrem verstört oder auch extrem gewalttätig heraus."

Link:
- Machsom Watch: http://www.machsomwatch.org/en

***

• Breaking the Silence: Israelische Ex-Soldaten erzählen

Schlafstörungen - auch damit müssen Palästinenser und Palästinenserinnen in einigen der besetzten Gebiete leben. Dann man kann nie wissen, wann israelische Soldaten mitten in der Nacht ins Haus stürmen, die Familie aus den Betten reißen und die Wohnung durchwühlen. „Es geht darum, die palästinensische Bevölkerungen spüren zu lassen, dass sie immer unter Beobachtung steht" erklärt der ehemalige Soldat Yehuda Shaul, „der israelischen Bevölkerung wiederum will die israelische Regierung allerdings weismachen, dass es sich um eine Besatzung mit Samthandschuhen handelt." Yehuda Shaul ist Mitbegründer der israelischen NGO "Breaking the Silence". Diese Gruppe von Ex-Soldaten hat es sich zur Aufgabe gemacht, ihre Landsleute darüber aufzuklären, wie tatsächlich der Alltag in den besetzten Palästinensergebieten aussieht. So organisieren sie zum Beispiel geführte Exkursionen nach Hebron - einer der konfliktreichsten Städte im Westjordanland.

Spaziergung durch eine Geisterstadt

In der Altstadt von Hebron war früher ein lebendiger arabischer Markt. Heute gleicht das Zentrum einer Geisterstadt. Die Rollläden der ehemaligen Geschäfte sind geschlossen. Auf die meisten sind blaue Judensterne gesprüht. Aber es gibt auch schlimmere Schmiereien in Hebron: „Araber in die Gaskammern" zum Beispiel. Man sieht kaum Menschen auf der Straße – abgesehen von den Soldaten und den Siedlern, die uns verfolgen. "Palästinenser dürfen gar nicht auf dieser Straße hier gehen", erklärt unser Guide Michael Menkins von Breaking the Silence. Normalerweise sind die jüdischen Siedlungen im Westjordanland abseits der arabischen Städte – meist strategisch auf Hügeln gelegen. In Hebron allerdings haben sich die Siedler mitten im historischen arabischen Stadtkern angesiedelt. Der Grund: Hier liegt die sogenannte Höhle der Patriarchen, wo angeblich Abraham, Sara, Isaak, Jakob und Lea begraben sind. Sie gilt Juden wie Moslems gleichermaßen als heilig.

In den 1980ern wurden die ersten jüdischen Siedlungen im Zentrum von Hebron gebaut. Während der zweiten Intifada sind die Spannungen eskaliert. Palästinensische Terroristen haben Attentate auf Soldaten, sowie auf Siedler und Siedlerinnen verübt. Michael Menkins erzählt von einem besonders tragischen Fall, wo ein palästinensischer Scharfschütze ein Siedlerbaby in den Armen der Mutter erschossen hat. Deshalb hat die Armee sterile Zonen rund um die jüdischen Siedlungen eingeführt. Es gibt zwei Abstufungen: In der ersten Stufe dürfen Palästinenser und Palästinenserinnen nicht mit dem Auto fahren – auch nicht wenn sie dort wohnen. In der zweiten Stufe dürfen sie auch zu Fuß nicht durchgehen. Die Menschen, die hier in dieser Straße wohnen, müssen ihre Häuser über das Dach verlassen – und über eine Feuerleiter nach hinten hinaus. Großeinkäufe sind eine logistische Herausforderung. Michael Menkins war selbst während seiner Militärzeit in Hebron stationiert. Ursprünglich hatten sich die Gründer von Breaking the Silence geschworen, nach Ende ihres Militärdienstes nie wieder einen Fuß nach Hebron zu setzen, erzählt er: "Sehen Sie, die Menschen da oben haben ihre Fenster vergittert, um sich vor der Gewalt der jüdischen Siedler zu schützen. Da ist ein Judenstern auf die Tür dieser palästinensischen Familie gesprüht und sie können nicht aus ihrem eigenen Haus hinaus gehen. Das ist der Grund, weshalb ich fast jede Woche wieder hierher zurück komme. Denn das ist für mich als Israeli und als Jude einfach inakzeptabel."

"Shoot back"
Etwa 25 Menschen nehmen an der Führung durch Hebron teil - sowohl Ausländer, wie auch Israelis. Wir werden von etwa 100 Polizisten und Polizistinnen begleitet, die uns vor einer Gruppe fanatischer jüdischer Siedler abschirmen. Sie haben Megaphone und wollen damit die Führung stören: Sie beschimpfen Michael Menkins, beschimpfen uns alle - wir seien Linke und steckten außerdem mit den Terroristen der radikal-islamischen Hamas unter einer Decke. Die Polizeiabordnung geleitet uns zum Haus eines Palästinensers. Er ist Mitglied einer Friedensorganisation in Hebron, die mit Breaking the Silence und anderen israelischen NGOs zusammen arbeitet. Eigentlich wäre eine längeres Gespräch geplant gewesen, aber die Polizei erlaubt uns nur zehn Minuten. Der Mann erzählt uns frustriert von seinem Alltag in Hebron: "Wir haben hier eine DVD, wo man sehen kann, wie Siedler Araber attackieren und die Polizei zuschaut." Er selbst war früher Lehrer, erzählt er uns. Aber weil er sich politisch engagiert, durfte er nicht mehr unterrichten. Jetzt arbeitet er in einem Café, um Geld zu verdienen. Die Friedensinitiative, für die er ehrenamtlich tätig ist, hat eine besondere Strategie entwickelt: Menschenrechtsverletzungen werden mit der Kamera öffentlich gemacht und ins Netz gestellt. "Unsere Strategie heißt: Shoot back. Unsere Videokameras sollen die Gewehre und Steine ersetzen. Wir wollen die Konfliktkultur unserer Kinder verändern."

Manchmal tauchten Fragen auf...
Was ihn als Soldat am meisten gestört habe, seien die gewalttätigen Siedler gewesen, erzählt Yehuda Shaul: "Aber du hast den Befehl, dich nicht einzumischen. Die Mission der Armee ist es ja, die Siedler zu beschützen. Nicht die Palästinenser." Shaul ist ebenfalls Mitbegründer von Breaking the Silence. Den Großteil seiner dreijährigen Militärzeit verbrachte er in Hebron - noch dazu während der Zweiten Intifada (2000-2005). Wir treffen uns in Jerusalem zum Interview. "Ich habe damals alles getan, was man als Soldat so tut in den besetzten Gebieten: Ich stand bei Checkpoints, habe Leute verhaftet, Hausdurchsuchungen gemacht. Von Zeit zu Zeit sind ein paar Fragen aufgetaucht. Aber die hast du schnell verdrängt. Schließlich hast du hier eine Mission und es gibt Befehle", erzählt er. Yehuda Shaul kommt, wie er selbst sagt, eher aus dem „rechten" Teil der israelischen Gesellschaft. Er wurde in Jerusalem geboren und ging in einer jüdischen Siedlung im Westjordanland zur Schule. In der Armee war er zunächst einfacher Rekrut und später Commander. "Deine Nachtschichte dauert von zehn Uhr Abends bis sechs Uhr Früh", erinnert sich Yehuda Shaul an seine Zeit in Hebron, "du beginnst damit, dass irgendwo in der Altstadt von Hebron in ein Haus hineinkrachst. Die Häuser werden ganz willkürlich ausgewählt. Es ging gar nicht darum, dass der Geheimdienst dort ernsthaft Terroristen vermutete. Du rennst irgendwo rein, weckst die Familie auf, schießt ein paar mal in die Luft. Dann rennst du ans andere Ende der Altstadt und machst dort das gleiche."

"Und plötzlich dachte ich wie ein Zivilist"

Aus einer militärischen Logik heraus mache all das Sinn, was für normale Zivilisten und Zivilistinnen unmenschlich erscheint, erklärt Yehuda Shaul. Es sei wichtig, die Menschen in den besetzten Gebieten spüren zu lassen, dass sie immer und überall kontrolliert und überwacht werden. Als Soldat höre man sehr schnell auf, Palästinenser als menschliche Wesen zu betrachten: "Ich gebe dir ein Beispiel: Du bist mit einer Patrouille in der Altstadt von Hebron unterwegs. Da siehst du plötzlich ein verdächtiges Bündel liegen. Jetzt hast du drei Möglichkeiten: erstens: du schießt aus sicherer Entfernung darauf. Ist es eine Bombe wird sie explodieren. Option zwei: du rufst den Bombenspezialisten, der 20 Minuten braucht, bis er hier ist. Die dritte Möglichkeit: du schnappst dir den erstbesten Palästinenser, der vorbeigeht und befiehlst ihm, es aufzuheben. Was glaubst du, was wir normalerweise gemacht haben?" Sie hätten noch schlimmere Dinge getan, über die er gar nicht mehr sprechen wolle, sagt Yehuda. Gegen Ende seines Militärdienstes habe er plötzlich begonnen, sein gehorsames Soldatenhirn abzuschalten und sein Zivilistenhirn zu aktivieren: "Ich bin eines Tages so dagesessen und habe darüber nachgedacht, was ich nach dem Militärdienst mit meinem Leben machen möchte. Und da kam die Erleuchtung. Zum ersten Mal nach Jahren habe ich nicht wie ein Soldat gedacht, sondern wie ein Zivilist. Ich sah die Besatzung nicht mehr von innen, sondern von außen. Und das war ein schrecklicher Moment." Plötzlich konnte er viele der Aktionen, an denen er teilgenommen hatte, vor sich selbst nicht mehr rechtfertigen: "Und ich erkannte: ich kann meine Uniform zurückgeben. Aber das, was ich getan habe konnte ich nicht zurück geben und auch das nicht, was dort aus mir geworden ist."

Not in my name?

Vielen seiner Kollegen ging es damals genauso. Bislang hatten sie mit niemandem über ihre Erfahrungen in den besetzten Gebieten gesprochen. Sie beschlossen, das zu ändern. Die israelische Öffentlichkeit sollte erfahren, wie der Alltag in den besetzten Gebieten wirklich ausschaut und sie gründeten die Organisation „Breaking the Silence". Die Menschen in Israel würden mit dem Glauben aufwachsen, die eigene Armee sei die moralischte der Welt, kritisiert Yehuda Shaul. Die erste Aktivität von Breaking the Silence war eine Ausstellung in Tel Aviv. Dort erzählten Ex-Soldaten über Video-Screens von ihren Erlebnissen in Hebron. Und es wurden Fotos gezeigt, die die Soldaten dort geschossen hatten. Fotos von gefesselten Gefangenen mit verbundenen Augen, Fotos wie Scharfschützen nur so zum Spaß Palästinensische Kinder im Visier haben. Die Besucher waren entsetzt. Nach wie vor sammelt Breaking the Silence Zeugenberichte von Ex-Soldaten und veröffentlicht diese in gedruckter Form und auch im Internet. Da erzählen Soldaten anonym, was sie ihren Familien und ihren Freundinnen nie erzählen konnten. Die israelische Öffentlichkeit ist zwiegespalten. Nicht alle wollen diese unangenehmen Wahrheiten hören. Die Aktivisten von Breaking the Silence sind starken Anfeindungen ausgesetzt. Nestbeschmutzer seien sie, alles Lügen, heißt es. Yehuda Shaul bleibt dabei: die Israelische Gesellschaft müsse hinschauen und sich die Frage stellen: Bis wohin wollen wir gehen, um unsere Sicherheit zu garantieren. Und ab wann sagen wir: nein, nicht in meinem Namen.

Link:
- Breaking the Silence: http://www.breakingthesilence.org.il/

Ulla Ebner

• Schuften für den Weltmarkt: Arbeiterbewegungen in Hongkong und China

Offiziell gehört Hongkong seit 1997 zur Volksrepublik China. Doch nach wie vor gibt es in der Sonderverwaltungszone Marktwirtschaft und Demokratie. Hongkong hat seine eigene Währung, eine eigene Regierung und freie Wahlen. Daher engagieren sich viele NGOs von Hongkong aus für die Rechte der Arbeiter und Arbeiterinnen in den chinesischen Industriezonen. Doch auch in der Sondervewaltungszone selbst wächst die Unzufriedenheit – speziell bei den Frauen, deren Arbeitsbedingungen besonders hart sind. Die Wiener NGO Frauensolidarität organisierte im Herbst 2011 eine Delegationsreise nach Hongkong, wo wir zahlreiche NGOs und Gewerkschaften besuchten.

Made in China

Grell bunte Leuchtreklamen überall entlang der Nathan Road, einer der wichtigsten Einkaufsstraßen im Hongkonger Stadtzentrum Kowloon. Sie rufen: Kauf mich! Kauf mich! Vor den Kaufhaustempeln stehen meist ältere Menschen mit handgeklebten Werbetafeln aus Pappendeckel, angeheuert von den Kaufhäusern. Tag für Tag stehen sie hier, bis zu zehn Stunden. Sozialversichert sind sie nicht. Und auch der Mindestlohn von umgerechnet 2,80 Euro gilt für sie nicht. Während teure Luxusartikel in Hongkong Rekordumsätze machen, wächst der informelle Sektor ständig an, die prekär Beschäftigten, die irgendwie ums Überleben kämpfen. Laut US-Wirtschaftsmagazin Forbes ist Hongkong in Bezug auf Lebenshaltungskosten die fünft-teuerste Stadt der Welt. „Nirgendwo in den Industriestaaten ist die Kluft zwischen Arm und Reich so groß, wie in Hong Kong", sagt Wu Mei-Lin von der NGO Hongkong Women Worker Association. Bis in die 1980er-Jahre boomte hier die Industrie. Doch die Zeiten, wo auf fast allen T-Shirts, Teddybären und Elektrogeräten „Made in Hongkong" stand, die sind vorbei. Heute steht da „Made in China".

In den 1980ern begann der Nachbar China sich wirtschaftlich zu öffnen, trieb die Löhne nach unten und viele Betriebe wanderten nach Südchina ab. Dadurch ist auch der Druck auf die Arbeiterschaft in Hongkong massiv angestiegen, beklagt Cheung Lai-Ha von der Hongkonger Textilgewerkschaft. Der Textilsektor wurde ja besonders hart getroffen. „Hongkong ist extrem unternehmerfreundlich, unsere Arbeiterschutzgesetze sind noch schlechter, als die in China", sagt Cheung Lai-Ha. Sie selbst stand schon als 13-Jährige am Fließband einer Hongkonger Textilfabrik.

Unsichtbare Hände und sichtbare Fäuste

Nur zwei Flüsse trennen die Sonderverwaltunszone Hongkong im Norden von Festlandchina. Gleich nach der Grenze, im sogenannten Perlflussdelta, liegt die chinesische Industriezone Shenzhen. Bis zu Beginn der 1980er lebten in der Stadt Shenzhen gerade einmal 30.000 Menschen. Heute sind es 12 Millionen. In der Industriezone steht eine Fabrik neben der anderen: Zulieferbetriebe für H&M, Nike und Apple. Viele der Fabriken sind in der Hand von Taiwanesen, Koreanern und Geschäftsleuten aus Hongkong. Etwa 10 Millionen Chinesen arbeiten im Perlflussdelta allein für Hongkonger Firmen. „Es sind nicht nur die niedrigen Löhne, die ausländische Investitionen anziehen. Schließlich sind die Löhne in Indien, Vietnam und Bangladesh noch niedriger als die in China", sagt Au Loong-Yu von der NGO Globalization Monitor, „aber nirgendwo herrscht so eine strenge Disziplin, wie hier. In China regiert nicht nur die unsichtbare

Hand des Marktes, sondern auch die sichtbare Faust der Regierung. Und die wird die Arbeiter treffen, sobald die Unternehmer um Hilfe rufen." Globalization Monitor setzt sich für Arbeitsrechte in Festlandchina ein, unterstützt chinesische Aktivisten und veröffentlicht immer wieder Studien.

Rechtlose Wanderarbeiter
Ihren Sitz hat die Organisation in Hongkong – so wie viele NGOs, die sich mit Arbeitsrechten in China beschäftigen. Denn in China selbst wäre das nicht möglich. „Hongkong ist eine halbfreie Region", sagt Au Loong-Yu, „aber natürlich werden auch wir überwacht. Alle, die wir uns mit China beschäftigen, wissen genau, dass unsere Telefone abgehört werden. Manchmal ist da so ein komisches Echo in der Leitung und dann wissen wir: da hört schon wieder jemand mit." In den südchinesischen Industriezonen arbeiten Großteils Wanderarbeiter aus dem Landesinneren. Blutjunge Menschen aus kleinen Dörfern, mit wenig Bildung. Menschen, die vom Land kommen, haben in der Stadt keinen Anspruch auf Sozialleistungen. Schuld daran ist das chinesische Hukou-System. Bei der Geburt registrieren die Behörden, ob man ein Stadt- oder ein Dorfmensch ist. Dieser Status wird ein Leben lang beibehalten und von der Mutter auf die Kinder vererbt. Damit wollte Mao Tse Tung verhindern, dass die hungernde Dorfbevölkerung in Massen in die Städte abwanderte, erklärt die Sinologin Astrid Lipinsky. Sie stammt aus Deutschland und unterrichtet an der Universität Wien.

„Menschenrecht" ein schmutziges Wort
Doch die unterdrückten chinesischen Wanderarbeiter begehren langsam auf. Erst in den vergangenen Monaten streikten die Arbeiter und Arbeiterinnen in mehreren Fabriken in der südchinesischen Metropole Shenzhen. Meist geht es um nicht bezahlte Löhne oder um erniedrigendes Verhalten durch die Firmenleitung. Selten jedoch um das Recht, Gewerkschaften zu gründen. Erlaubt ist in China ja nur die regierungstreue staatliche Gewerkschaft ACFTU. Je unpolitischer die chinesische Arbeiterbewegung agiere, desto weniger Ärger bekomme sie, erklärt Au Loong-Yu von der NGO Globalization Monitor: „Menschenrechte sind in China ein schmutziges Wort." Eine Ausnahme bildete im Juni 2010 ein Massenstreik beim japanischen Autohersteller Honda. Die Arbeiter von vier verschiedenen chinesischen Fabriken hatten sich via SMS und der chinesischen Chat-Netzwerk QQ vernetzt und die Arbeit niedergelegt, erklärt Francine Chan von Workers Empowerment: „Die Arbeiter forderten damals auch das Recht, eigene Gewerkschaften zu gründen. Das war eine Art Durchbruch in der chinesischen Arbeiterbewegung. Da war plötzlich ein neues Bewusstsein vorhanden. Aber wir sehen leider auch: Bis jetzt war das ein Einzelfall." NGOs auf der ganzen Welt führen immer wieder Kampagnen durch, um Konsumenten über die schrecklichen Arbeitsbedingungen in China zu informieren: In Österreich setzt sich die Clean Clothes Kampagne für eine faire Produktion von Textilien ein. „Clean IT" beschäftigt sich mit der Elektronikbranche und „Decent Work for all", also würdige Arbeit für alle, lautet das Motto einer Kampagne der Wiener NGO Frauensolidarität.

Links:
- Frauensolidarität: http://www.frauensolidaritaet.org/

Ulla Ebner

- Hong Kong Women Workers Association: http://www.hktdc.com/
- Globalization Monitor: http://www.globalmon.org.hk/
- Clean IT: http://www.clean-it.at/

***

• No more iSlaves: Ausbeutung in der IT-Industrie

Von den 630 Euro, die so ein iPhone kostet, entfallen etwa 8 Euro an Lohnkosten für die Arbeiter, die es zusammenbauen. Meist sind das chinesische Arbeiter und Arbeiterinnen. Denn wie viele Unternehmen, hat Apple einen Großteil seiner Produktion nach China ausgelagert. Doch spätestens seit einer Welle von Selbstmorden beim Apple-Zulieferbetrieb Foxconn sind die Arbeitsbedingungen in der chinesischen IT-Industrie unter Kritik geraten. „No more iSlaves" heißt etwa eine Kampagne der Hongkonger NGO Sacom, die Apple-KonsumentInnen sensibilieren möchte. AktivistInnen von Sacom haben die Arbeitsbedingungen bei Apple-Zulieferer-Betrieben in China untersucht.

„Schreib 100 mal, wie's richtig geht!"

Schlechte Bezahlung, bis zu 80 Überstunden pro Woche, Sprechverbot während der Arbeit, den Supervisor um Erlaubnis bitten, um auf die Toilette gehen zu dürfen – so sieht der Alltag der etwa 1,3 Millionen Arbeiter und Arbeiterinnen aus, die in China für den Apple-Zulieferbetrieb Foxconn tätig sind. Meist sind es Wanderarbeiter, die aus fernen Provinzen Chinas in die Sonderproduktionszonen entlang der Küste strömen, erzählt Debby Chan von der Hongkonger NGO Sacom: „Die Arbeiter müssen sich extrem konzentrieren. Sie machen denselben monotonen Handgriff tausendmal am Tag. Wenn sie dabei einen Fehler machen, dann werden sie von der Firmenleitung angeschrien." Foxconn ist bekannt für seinen – euphemistisch ausgedrückt – rauen Managementstil. Erwachsene Menschen werden diszipliniert wie ungezogene Kinder. Wer bei der ermüdenden Arbeit einen Fehler macht, muss einen öffentlichen Entschuldigungsbrief schreiben. Manche müssen auch zur Strafe die Arbeitsanleitung hundertmal abschreiben oder irgendwelche Zitate von Firmenchef Terry Gou.

„Ich verspreche, mich nicht umzubringen"

Der taiwanesische Konzern Foxconn ist einer der weltweit größten in der Elektronikbranche. Er produziert iPads und iPhones für Apple, aber auch Laptops für HP, Dell und andere Firmen. Mindestens 16 chinesische Arbeiter und Arbeiterinnen haben in den vergangenen zwei Jahren den Druck nicht mehr ausgehalten und sind vom Foxconn-Firmengebäude in den Tod gesprungen. Firmenchef Terry Gou erhöhte daraufhin die Löhne; Auffangnetze rund um die Gebäude wurden gespannt und alle Arbeiter müssen jetzt eine Erklärung unterzeichnen, dass sie hoch und heilig versprechen, sich nicht umzubringen. Doch an der Behandlung der Arbeiter habe sich wenig geändert, sagt Debby Chan. Die Aktivisten und Aktivistinnen von Sacom (Students and Scholars against corporate Misbehaviour) fuhren zu verschiedenen Foxconn Fabriken und China und sprachen mit Arbeitern über ihren Alltag. „Eine andere bedenkliche Sache in der Elektronikindustrie ist der Einsatz von Schülern", erzählt Debby Chan. Diese würden von der Schulbehörde gezwungen werden, in der Fabrik zu arbeiten: „Die lokale Regierung hat oft gute Beziehungen zu den ausländischen Firmen. Und wenn Foxconn sagt: Wir brauchen mehr Arbeiter, dann übt die lokale Regierung Druck auf das Bildungsbüro aus. Und die schicken dann Schüler. Weigert sich einer, bekommt er sein Zeugnis nicht."

Soziale Verantwortung: ein PR-Gag?
Dabei verpflichtet sich Apple in seinen eigenen Richtlinien zur sozialen Verantwortung. Auch die Apple-Zulieferer müssen zusichern, Umweltstandards einzuhalten und die Arbeiter mit Würde zu behandeln. Viel scheint das nicht zu bewirken: Catcher Technology, ein Produzent von Laptop-Gehäusen, musste im Oktober 2011 wegen Luftverschmutzung seinen Betrieb in Ostchina vorübergehend stilllegen. Dem Leiterplatten-Hersteller Meiko-Electronics wird vorgeworfen, einen See mit Schwermetallen verseucht zu haben. Und bei Wintek, wo Touchscreens für iPads und iPhones hergestellt werden, wurden im Jahr 2009 Arbeiter durch ein toxisches Reinigungsmittel vergiftet. „Die Arbeiter, wir zählten etwa 200 Fälle, konnten nicht mehr richtig gehen, denn ihre Nerven waren beschädigt. Die meisten mussten für etwa neun Monate ins Krankenhaus. Manche ein Jahr lang. Und auch als sie entlassen wurden, waren sie nicht völlig gesund", erzählt Aktivistin Chan von Sacom.

Apple habe diesen Vorfall eineinhalb Jahre lang geleugnet, kritisiert Debby Chan. Briefe der Opfer mit Bitte um Schadenersatz seien unbeantwortet geblieben. Seit Jahren fordern NGOs von Unternehmen soziale Verantwortung ein und richten sich an Konsumenten, damit diese Druck ausüben. „No more iSlaves" fordert Sacom, für eine "Clean IT" setzt sich in Österreich die Agentur Südwind ein, "Decent Work for all", also würdige Arbeit, ist das Motto einer Kampagne der NGO Frauensolidarität. Kampagnenleiterin Kathrin Pelzer steht dem Konzept der CSR – also der freiwilligen sozialen Verantwortung von Unternehmen kritisch gegenüber: „Dahinter steht ein guter Ansatz, aber er wird immer mehr ausgehöhlt. Ich finde es bedenklich, dass gerade in der Krise immer mehr ausgelagert wird an Subunternehmen, die dann niemand kontrolliert." Die Firma Foxconn wiederum hat sich einen anderen Ausweg für das Dilemma mit den Arbeiterrechten überlegt: in den kommenden drei Jahren will das Unternehmen eine Million Arbeiter durch Roboter ersetzen.

Link:
- Sacom: http://sacom.hk/
- Supplier Responsibility at Apple: http://www.apple.com/supplierresponsibility/

***

Ulla Ebner

3. Afrika

- **Die Elektromülldeponie Europas**

Laut Vereinten Nationen fallen pro Jahr 50 Millionen Tonnen Elektromüll an. Knapp 9 Millionen Tonnen davon in der EU. Allerdings dürfte nur etwa Drittel davon ordnungsgemäß gesammelt und behandelt werden. Was mit dem Rest passiert, damit beschäftigt sich seit Jahren der Umweltjournalist Mike Anane aus Ghana, in Westafrika. Denn in seiner Heimat wachsen die Müllberge voller Bildschirme, Computergehäuse und alten Handys in den Himmel. Viele der Geräte kommen eindeutig aus Europa. Dabei ist es für EU-Staaten illegal, ihren Müll ganz einfach in Entwicklungsländern abzuladen. Und doch landet er dort.

Giftige Schwermetalle
Agbobloshie ist ein Armenviertel in Accra, der Hauptstadt von Ghana. Dort befindet sich die größte Mülldeponie des Landes. Die Menschen in den umliegenden Slums leben großteils davon, den Müll nach Kupfer und Eisen zu durchwühlen. Denn das lässt sich zu Geld machen. Um an die Metalle zu gelangen, verbrennen sie Plastikhüllen und Kabel. Tag und Nacht steigt dort Rauch mit giftigen Dämpfen in die Luft, erzählt der Umweltjournalist Mike Anane: „Es ist die Hölle – so kann man diese Mülldeponien beschreiben. 24 Stunden lang brennt es und die Menschen sind ständig giftigen Schwermetallen ausgesetzt." Mehr als 50 giftige Schwermetalle können in elektronischen Geräten enthalten sein, darunter Blei, Zink und Cadmium. Auf der Deponie laufen hunderte Kinder herum. Entweder um zu spielen oder um Kupfer zu suchen. Oft schneiden sie sich, erzählt Ananae: „Zum Beispiel, wenn sie die Bildschirme mit Steinen einschlagen. Die Kinder gehen dann natürlich nicht ins Krankenhaus und oft infizieren sich die Wunden. Wir sprechen hier von Kindern zwischen 5 und 17 Jahren."

Schrott getarnt als Entwicklungshilfe
Etwa 40 Cent pro Tag verdienen die Kinder an den gefundenen Altmetallen. Viele der Anrainer leiden unter Atemwegserkrankungen oder Krebs, sagt Mike Anane. Er stammt selbst aus der Nähe dieser Gegend. Als er zur Schule ging, war dort, wo jetzt die Müllhalde ist, eine grüne Wiese, erzählt er, und in der nahegelegenen Lagune gab es jede Menge Fische. Heute ist alles tot. Seit er damals vor acht Jahren erstmals einen LKW sah, der vom Hafen direkt nach Agbobloshie fuhr, um kaputte Elektrogeräte abzuladen, verfolgt Mike Anane die Wege des Elektromülls. Es seien vor allem private Recycling-Firmen, die den Elektromüll nach Afrika bringen würden, so Anane: „Sie behaupten, den Müll zwecks Wiederverwertung zu sammeln. Aber das tun sie gar nicht. In Wahrheit verpacken sie ihn auf Schiffe und schicken ihn nach Ghana." Offiziell werde das Ganze dann natürlich nicht als Müll deklariert. Laut Frachtpapieren handelt es sich um funktionierende Second-Hand-Ware. „Aber meine langjährigen Nachforschungen haben ergeben, dass 80 Prozent davon reiner Schrott ist, den niemand mehr verwenden kann", so der Umweltjournalist. Am Hafen von Accra warten dann bereits die Gebrauchtwarenhändler. Sie kaufen den Transportunternehmen jene Geräte ab, die noch halbwegs funktionstüchtig ausschauen. Das ist

natürlich immer ein großes Risiko, so Anane, denn sie haben keine Möglichkeit, zu überprüfen, ob die Geräte wirklich funktionieren.

Der politische Wille fehlt
Mike Anane hat viele Male Geräte auf den Mülldeponien untersucht. Er fand aufgeklebte Etiketten, woher sie stammen: zum Beispiel aus europäischen Schulen, Banken oder Spitälern. Auch Etiketten aus Österreich waren darunter. Jeden Monat kommen 500 Container voll mit Elektromüll nach Ghana, sagt er – doch niemand will es gewesen sein. Immerhin haben ja die EU-Staaten, ebenso wie Kanada und Australien, 1989 das Basler Übereinkommen unterzeichnet. Darin verpflichten sie sich zu umweltgerechter Abfallentsorgung. Giftmüll in afrikanische Entwicklungsländer zu karren wird da dezidiert verboten. Der Umweltminister von Ghana hat bereits mit EU-Vertretern über das Problem gesprochen. Die EU sagt: man müsse erst Nachforschungen anstellen und dann werde man sich geeignete Maßnahmen überlegen. Doch das sagen sie seit Jahren, beklagt Mike Anane, und das Problem werde immer größer: „Es wäre wichtig, dass die europäischen Regierungen endlich den politischen Willen zeigen, um diese Transporte zu stoppen. Die Folgen für Menschen und Umwelt in Ghana sind entsetzlich – das ist einfach zuviel für unser Land."

Damit der PC nicht in Afrika landet...
In der Praxis seien die Kontrollen in den europäischen Häfen lückenhaft, sagt Christine Schröder von der NGO Südwind Agentur. Bei einem Besuch in Hamburg habe sich herausgestellt: Es gibt am gesamten Hafen nur vier Kontrolleure, die stichprobenartig nachschauen, was die Container wirklich geladen haben. Sprich: ob es sich tatsächlich um funktionierende Second-Hand-Geräte handelt oder um Elektromüll. Will man vermeiden, dass der alte PC auf einer afrikanischen Mülldeponie landet, so bringt man ihn hier in Österreich am besten zu einer öffentlichen Deponie der Gemeinde, sagt Christine Schröder, oder auch zu einem ReUse-Zentrum, das für Reparatur und Wiederverwendung in Österreich sorgt: „Was man gar nicht tun sollte: die Geräte privaten Schrotthändlern geben, die sagen, dass sie sie nach Afrika schicken, damit arme Kinder auch einen Computer haben. Denn da kann man sich am wenigsten sicher sein, was mit den Geräten geschieht." Die Südwind Agentur fordert von der Elektronikindustrie Geräte, die weniger giftig sind und länger halten. Und von den europäischen Regierungen: strengere Kontrollen, mehr Sammelstellen und bessere Recyclingsysteme in Europa.

***

Ulla Ebner

- **Positivo Mozambique: AIDS-Auklärung zum Tanzen**

"Es ist sehr idyllisch hier zu leben, mit Petroleumlampen und offenem Feuer. Inhambane ist ein toller Platz und da macht es nichts, wenn man keinen Strom hat", sagt der Gitarrist Roland Pickl. Seit sechs Jahren lebt er in Mosambik, im südlichen Afrika. Die Freundschaft zum mosambikanischen Sänger und Perkussionisten Helio Vanimal hat ihn hierher verschlagen. Etwas außerhalb der kleinen Hafenstadt Inhambane hat er sich ein Grundstück gekauft und traditionelle Bambushütten hingebaut. Mit seiner Band namens Positivo Mozambique engagiert sich Roland Pickl aber auch in der lokalen AIDS-Prävention. Die Band macht Workshops in Schulen und singt in ihren Liedern über Kondome, über die Angst vor dem AIDS-Test und über das Leben mit HIV.

Warten auf den Strom
Zur Feier des Tages hat Roland Pickl den Dieselgenerator angeworfen. Ausnahmsweise gibt es heute elektrisches Licht. Etwas später wird dann Musik aus den riesigen Boxen dröhnen. Blues, Rock und Marabenta. Die Frauen kochen unter freiem Himmel Xima, den traditionellen mosambikanischen Maisbrei. Auf dem selbstgebastelten Griller bruzzelt eine Ziege. Einige mosambikanische Nachbarn und Freunde sind zu Besuch und auch ein paar westliche Ausländer der hiesigen Aussteiger-Community. Denn die verschlafene Kolonialstadt Inhambane und die nahegelegenen Palmenstrände haben schon so manchen Reisenden dauerhaft hier festgehalten. Hier draußen in einer der Bambushütten möchte sich der Musiker ein zweites Tonstudio einrichten. Eines hat er bereits im Zentrum von Inhambane in einem kleinen Kulturzentrum. Dort produziert er Musik, bildet Tontechniker aus und gibt Instrumentalunterricht: „Doch noch haben wir keinen Strom hier draußen, deshalb steht das zweite Studio noch nicht. Wir warten noch auf die weitere Entwicklung in der Gegend." Seit Jahren schon wird versprochen, dass demnächst der Strom kommt.

Enten züchten und Ziegen schlachten
Wenn er den Akku seines Mobiltelefons aufladen möchte, dann fährt er in sein Studio im Zentrum von Inhambane. Roland Pickl stammt aus Innsbruck und hat an der Wiener Universität für Bodenkultur Wasserwirtschaft studiert. Daneben hat er aber immer Musik gemacht und in diversen Bands gespielt. Für einen Europäer bedeutet das Leben in Mosambik einiges an Umstellung. Zeit spielt eine andere Rolle und Supermärkte gibt es hier nicht, wo man in Plastikfolie verpackte Schnitzel kaufen könnte, die die Konsumenten vergessen lassen, dass es sich hier einmal um ein Lebewesen gehandelt hat. Wenn man Fleisch essen will, dann kauft man sich eine lebende Henne oder eine Ziege. Die muss man dann eben selbst schlachten und zubereiten. „Ich finde das gar nicht so schlimm", meint Roland, „denn es ist gut, wenn man weiß, was man isst. Die Tiere leben hier frei laufend und haben sicher ein besseres Leben, als wenn sie ihr Leben lang eingesperrt sind und in Massen produziert werden, wie das in Europa stattfindet." Das erste Mal reiste der Gitarrist 2006 nach Mosambik. Auf einem traditionellen Timbila-Musikfestival – das ist ein mosambikanisches Holzxylophon – lernte er zufällig den Perkussionisten und Sänger Helio Vanimal kennen. „Wir haben sofort gewusst, dass wir miteinander können", sagt Roland. Wie es

der Zufall so wollte, bekam Helio Vanimal ein Stipendium der österreichischen Entwicklungszusammenarbeit, um für ein Jahr in Salzburg zu studieren. Zurück in Mosambik lud er Roland Pickl zu sich ein. Der kam und blieb.

Die totgeschwiegene Seuche
Helio Vanimal hat sich schon damals mit HIV und AIDS beschäftigt. Das Thema ist im südlichen Afrika allgegenwärtig. Etwa jeder zehnte in Mosambik ist HIV-positiv. Viele wissen es aber nicht, weil sie Angst davor haben, sich testen zu lassen, sagt Helio Vanimal. Auch er selbst kennt einige Leute, die an der Krankheit verstorben sind: „Das ist jedes mal tragisch. Aber auch wenn jemand vor unseren Augen stirbt, wollen die Leute hier einfach nicht glauben, dass ihnen das auch passieren könnte", erklärt Helio. Die Bereitschaft, sich zu schützen ist relativ gering. Außerdem werden Menschen, die HIV-positiv sind, von der Gesellschaft stark diskriminiert, „und deshalb wird AIDS hier totgeschwiegen in Mosambik."

Viele Fehlinformationen kursieren im südlichen Afrika: Die Kondome selbst würden HIV übertragen; wer krank wird, muss von irgendjemandem verhext worden sein und der schlimmste Aberglaube von allen: Sex mit einer Jungfrau könne AIDS heilen. Daher passiert es immer wieder, dass HIV-infizierte Männer junge Mädchen und Kinder vergewaltigen. Erst wenige Tage vor unserem Treffen ist so etwas auch in der Nachbarschaft von Roland Pickl geschehen. Doch der Täter war ein Verwandter und so wollte die Familie keine Anzeige erstatten. „Für uns Europäer ist es unvorstellbar, dass so eine Sache nicht zur Polizei getragen wird", sagt Roland, „aber das passiert leider häufig hier in Mosambik." In dem Fall hat er sich jedoch mit einigen Nachbarn zusammengetan und bei den Behörden interveniert: Denn kommt der Täter nicht hinter Gitter, sind schließlich alle Frauen der Gegend gefährdet.

Krank durch Selbstbefriedigung?
Die Mitglieder der Band Positivo Mozambique kommen aus Österreich, Großbritannien, Frankreich und Mosambik. In ihren Liedern machen sie AIDS zum Thema. Es geht darum, Kondome zu verwenden, dass sexuelle Gewalt nicht akzeptiert werden darf. Aber auch darum, dass das Leben nicht vorbei ist, wenn man HIV-positiv ist. 2007 haben sie einen Verein gegründet, der sich der AIDS-Prävention widmet. Die Musiker gehen an Schulen und halten mehrtägige Workshops zum Thema ab. Dort schreiben die Schüler ihren eigenen Song, der dann auch aufgenommen wird. Davor wird über das Thema HIV-AIDS gesprochen. Gesundheitsexperten werden eingeladen. Heute geht es mit dem Boot in die nahegelegene Kleinstadt Maxixe. Das erste Treffen dient einmal nur dem Kennenlernen. Die Schüler sind noch ein wenig verschüchtert und wissen nicht recht, was sie erwartet. Im strengen mosambikanischen Schulsystem sind Kreativ-Workshops nicht so alltäglich. Doch im Laufe des Treffens tauen einige von Ihnen bereits auf. Am Ende bleibt ein kleines Grüppchen noch hier und beginnt zu musizieren. Während sie auf der Gitarre klimpern und mosambikanische Popsongs singen, liest mir Helio die Fragen vor, die er die Schüler anonym auf kleine Zettel schreiben hat lassen. Es sollten Fragen sein, bei denen es ihnen peinlich ist, sie laut zu stellen. Diese Fragen sind oft Ausgangspunkt für den Songtext, der dann in den kommenden Tagen erarbeitet wird. „Warum sterben in erster Linie wir Afrikaner an AIDS?", fragt

Ulla Ebner

sich einer der Schüler, „bekommt man AIDS auch vom Masturbieren?", will ein anderer wissen.

Die Angst vor dem HIV-Test
Viele Aktivisten und Aktivistinnen im HIV-Bereich würden zu einer Community gehen und den Leuten gleich erzählen, was sie tun sollen und was nicht, kritisiert Roland Pickl. Das ist nicht der Ansatz von Positivo Mozambique. Hier will man zuerst zuhören: „Wenn du ihnen erzählst, wie sie sich verhalten sollen, dann gehen sofort die Ohren zu. Die Jugendlichen erzählen dir dann nicht, was wirklich in ihren Herzen steckt, sondern das, was du von ihnen hören willst." Den allerersten Workshop hielt die Gruppe 2006 in der Missionsstation Mangunde ab. Im Landesinneren von Zentralmosambik, mitten im Busch, betreiben italienische Missionare eine Schule mit Internat, sowie eine Gesundheitsstation. Dort arbeitete damals Meinhard Knittel, ein Tiroler Arzt im Auftrag der österreichischen Entwicklungshilfeorganisation HORIZONT3000. Zufällig ein ehemaliger Schulkollege von Roland Pickl. Meinhard Knittel war ein wenig verzweifelt, weil kaum jemand die Möglichkeit wahrnahm, sich auf HIV testen zu lassen. „Eu não tenho medo de fazer o test" – ich habe keine Angst davor, den Test zu machen – hieß der Song, den Positivo Mozambique damals mit den Schülern und Schülerinnen von Magunde erarbeitete. Beim Refrain sangen an die 800 Schüler mit. Drei Tage später erhielt Roland Pickl ein Mail von seinem Schulfreund aus dem Busch: „Er hat geschrieben, dass die Leute plötzlich Schlange stehen bei ihm vor dem Testzentrum. Alle haben das Lied gesungen und wollten sich testen lassen."

Link:
- Positivo Mozambique: http://www.mozpositivo.com/en/

***

- **Aufklären statt totschweigen: AIDS-Bekämpfung in Mosambik**

Einer Studie der mosambikanischen Regierung zufolge, sind 11,5 Prozent der Bevölkerung HIV-positiv. Doch kaum einer der Betroffenen spricht darüber. Behandlung wäre zwar theoretisch vorhanden, doch wer hat schon Zugang zu medizinischer Versorgung in einem der ärmsten Länder der Welt? Viele internationale Hilfsgelder werden in die AIDS-Bekämpfung gesteckt: sowohl in Aufklärungskampagnen, wie auch in Medikamente. Auch österreichische Gelder, denn Mosambik ist Schwerpunktland der österreichischen Entwicklungszusammenarbeit. Doch die Krise lässt die reichen Länder sparen – vor allem bei ihren Ausgaben für arme Länder. Und das könnte dramatische Folgen haben für den Kampf gegen AIDS in Afrika.

Allgegenwärtiges Tabu
Die Avenida Friedrich Engels in der mosambikanischen Hauptstadt Maputo ist ein beliebter Ausflugsort für Liebespärchen. Von der Panoramastraße am Hügel hat man wunderbaren Ausblick aufs Meer. Zwischen lilablühenden Sträuchern stehen zahlreiche rote Holzbänke. „Beweis mir

deine Liebe und mach den HIV-Test mit mir", steht mit weißen Lettern auf jeder zweiten Bank geschrieben. Eine Kampagne der Kondomfirma Jeito. Schon ganz am Anfang unserer Reise begegnet uns das Thema also, wo wir es noch gar nicht erwartet hätten. Und das sollte auch so bleiben. Unverhofft treffen wir mitten im Busch auf Kondomwerbungen. AIDS beschäftigt den Tourismus- und Tauchverband in Inhambane ebenso, wie die Frauenorganisation in Chimoio. Fast jeder, den wir treffen, erzählt uns von Todesfällen im Bekanntenkreis. Aber oft hinter vorgehaltener Hand. Denn HIV ist in Mosambik zwar allgegenwärtig, aber viele würden es doch lieber totschweigen. Wenn jemand offen zugibt, HIV-positiv zu sein, muss er mit starker Diskriminierung rechnen. Die Leute reden und schließen den Infizierten aus ihrer Gemeinschaft aus, erklärt die Mosambikanerin Hamida Momade: „Oft gehen die Betroffenen nicht ins Krankenhaus, sondern sterben lieber. Aus Angst, als HIV-Infizierte erkannt zu werden. Oder sie gehen in einer anderen Stadt ins Krankenhaus, wo niemand sie kennt." Hamida Momade arbeitet in Inhambane für die US-amerikanische NGO Pathfinder in Projekten zur Bekämpfung von HIV und AIDS.

Der Besuch der Großen Dame
Schauplatzwechsel ins Landesinnere. In den Bergen, nahe der Grenze zu Simbabwe liegt die Stadt Chimoio. Hier hat die Frauenorganisation Lemusica ihren Sitz. Heute herrscht hier große Aufregung. Maria da Luz Guebuza, die Gattin des mosambikanischen Präsidenten stattet der NGO einen Besuch ab. Hunderte Menschen aus der Umgebung sind zusammengekommen. Sie begrüßen die First Lady mit Trommelmusik und Gesang. Einige der Frauen tragen Wickeltücher, sogenannte Capulanas, mit dem Konterfei des Präsidenten um die Hüften. „Mama Guebuza", wie sie hier genannt wird, würdigt die langjährige Arbeit von Lemusica mit Frauen und Kindern, aber auch in der AIDS-Prävention. „Langsam haben wir hier wirklich eine gewisse Bedeutung erreicht", sagt Judith Christner von Lemusica. Die gebürtige Deutsche war vor vielen Jahren als Begleiterin Ihres Mannes nach Mosambik gekommen, der damals für die Deutsche Entwicklungszusammenarbeit tätig war. Er ist mittlerweile wieder zurück in Deutschland, Judith ist geblieben. Gemeinsam mit einer Gruppe mosambikanischer Frauen hat die gelernte Sozialarbeiterin vor 10 Jahren eine Anlaufstelle für misshandelte Frauen geschaffen. Doch schon bald wurde auch HIV ein Thema. Eines um das man in Mosambik fast nicht herumkommt, sagt Judith Christner.

Sugar Daddys und Truck Driver
Laut einer aktuellen Studie sind 11,5 Prozent der mosambikanischen Bevölkerung HIV-positiv. Jedoch gibt es große Unterschiede in Bezug auf regionale Verteilung, Alter und Geschlecht: Frauen (13,1%) sind wesentlich stärker betroffen als Männer (9,2 %). Besonders dramatisch ist der Unterschied bei jungen Menschen zwischen 15 und 24, erklärt die österreichische AIDS-Expertin Hemma Tenger von der Katholischen Universität in Beira: „In dieser Altersgruppe sind fünfmal mehr junge Frauen infiziert als Männer." Das habe einerseits damit zu tun, dass Frauen früher sexuell aktiv werden, aber auch mit der großen Zahl an Beziehungen älterer wohlhabender Männer zu blutjungen Mädchen aus armen Familien. Mosambik ist eines der ärmsten Länder der Welt, etwa 80 Prozent der Bevölkerung leben von Subsistenzlandwirtschaft. Für viele Frauen ist

Sexarbeit die einzig mögliche Einkommensquelle. Kein Wunder, dass gerade an den großen Handelsrouten die HIV-Raten besonders hoch sind. Dort, wo die LKW-Fahrer Waren aus den Nachbarländern Simbabwe und Malawi zum Hafen transportieren und sich unterwegs gerne einmal „vergnügen".

Was haben Frauenrechte mit HIV zu tun?
Dass Frauen von AIDS stärker betroffen sind, liege stark an ihrer untergeordneten Stellung, sagt Achia Camal Mulima, die Leiterin der NGO Lemusica: „Viele Frauen haben überhaupt nicht die Macht, vom Mann ein Kondom einzufordern." Sexuelle Gewalt ist häufig, aber darüber wird nicht gesprochen. Eine Ehefrau muss Nebenfrauen akzeptieren. Die Aktivistinnen von Lemusica gehen in die ärmeren Stadtviertel und in die umliegenden Dörfer. Sie versuchen, die jeweiligen lokalen Chefs auf ihre Seite zu ziehen, sprechen mit der Bevölkerung über Kondome, Treue und Behandlungsmöglichkeiten und machen interaktive Theaterprojekte zur AIDS-Aufklärung. Aber sie arbeiten auch mit den Folgen der Krankheit: 400.000 AIDS-Waisen gibt es laut Kinderhilfswerk UNICEF in Mosambik. Viele landen auf der Straße, weil sich niemand um sie kümmert. Lemusica beherbergt derzeit in Chimoio 26 Waisenkinder. Drei davon sind selbst HIV-positiv. Es sei vor allem die mittlere Generation, die wegstirbt, sagt Judith Christner, übrig bleiben Großeltern und Kinder. Viele Haushalte werden von Teenagern geführt, die sich um die kleineren Geschwister kümmern. Lemusica kümmert sich um solche Jugendliche, vergibt Mikrokredite und bringt ihnen im Rahmen von Workshops bei, wie sie sich kleine Geschäfte aufbauen können. Eine Traumapsychologin kümmert sich um die Kinder. Sie wird von der österreichischen Entwicklungshilfeorganisation HORIZONT3000 finanziert.

Ein Leben ohne Uhr
Sowohl die Jugendlichen, wie auch viele alte Menschen seien oft überfordert, wenn es um die Betreuung von AIDS-kranken Kindern geht. Die Medikamente müssen regelmäßig zu ganz bestimmten Uhrzeiten eingenommen werden. Doch die Menschen in den Provinzen Mosambiks besitzen für gewöhnlich gar keine Uhr. Wozu auch? Auf dem Feld arbeitet man, wenn die Sonne aufgeht, der Markt schließt seine Verkaufsstände, kurz bevor die Sonne untergeht und der Bus fährt los, wenn er voll ist. Frauen sind nicht nur einem höheren Ansteckungsrisiko ausgesetzt, sie leiden auch stärker an den Folgen der Krankheit, sagt Hemma Tenger. Sie leitet einen Online-Kurs über HIV-AIDS an der katholischen Universität in Beira. Im Rahmen eines Seminars führten die Studenten Interviews mit Menschen, die HIV-positiv sind. Sie fragten Betroffene, was sich in ihrem Leben veränderte, als sie von ihrer Krankheit erfuhren. Wenn Frauen ihrem Partner erzählten, dass sie HIV-positiv waren, sei es meist zu Schuldzuweisungen gekommen. Viele wurden von ihren Männern verlassen. Im umgekehrten Fall war es hingegen vielmehr so, dass Frauen sich für ihre erkrankten Männer einsetzten und sie pflegten. „Ich wollte das nach der zehnten Arbeit gar nicht mehr lesen", erzählt Hemma Tenger, „denn das geht einem dermaßen unter die Haut."

Kampf an mehreren Fronten
Den Kampf gegen AIDS müsse man auf mehreren Ebenen führen, sagt Hemma Tengler von der katholischen Universität in Beira. Zum ersten gehe es um Verhaltensänderungen, sprich: Kondome

verwenden und Treue. Zweitens müsste sich auch die medizinische Versorgung im Land verbessern, betont Hemma Tengler. Das größte Problem hier ist jedoch die Frage: Wer finanziert das? Vor allem angesichts sinkender Gelder für die Entwicklungszusammenarbeit. Österreich hat bereits empfindlich gekürzt, die direkte Budgethilfe für Mosambik soll in den kommenden Jahren ganz eingestellt werden. „Das ist ein ganz großes Thema, dass die Behandlung so stark von außen finanziert wird. Das Land ist komplett abhängig davon", so Tengler, „und aufgrund der wirtschaftlichen Situation auf der Welt kommt es jetzt schon zu weniger Überweisungen für HIV-Behandlung. Das wird noch ein großes Problem werden." Und auf einer dritten Ebene geht es um strukturelle und soziale Veränderungen: Armutsbekämpfung, Verbesserung der Ernährungssituation und natürlich Stärkung der Stellung der Frau. Doch auch das kostet Zeit und Geld.

***

• Schule unter Bäumen: Eine katholische Mission im mosambikanischen Busch

Mosambik, im südlichen Afrika, ist eines der ärmsten Länder der Welt. Mehr als die Hälfte der Menschen lebt unter der Armutsgrenze, die meisten davon betreiben Subsistenzlandwirtschaft. Zwei Drittel der Frauen und etwa die Hälfte der Männer können weder schreiben noch lesen. Das Land ist in hohem Maße abhängig von ausländischen Hilfsgeldern – auch von österreichischen, denn Mosambik ist seit 1993 Schwerpunktland der österreichischen Entwicklungszusammenarbeit. Und auch kirchliche NGOs sind in Mosambik aktiv. HORIZONT3000 und die österreichische Caritas zum Beispiel unterstützen Missionen in Zentralmosambik, die von italienischen Comboni-Missionaren betrieben werden. Sie kümmern sich um Bildung und Gesundheitsversorgung der lokalen Bevölkerung.

In the Middle of Nowhere
Um nach Mangunde zu gelangen fährt man mehrere Stunden mit dem Geländewagen durch den Busch auf holprigen Sandstraßen. Gelegentlich begegnet man einem Radfahrer oder Frauen, die Kanister mit Trinkwasser auf dem Kopf transportieren. Autos sieht man keine. Dörfer auch nicht – bestenfalls vereinzelte Lehmhütten. Und dann plötzlich: die Mission. Mit gemauerten Häusern, Schule und Gesundheitsstation, quasi eine Mini-Stadt mitten im Nichts. Hier gibt es mittlerweile sogar Internet und Strom. „Immerhin leben hier in der Mission etwa 1.000 Menschen", erklärt der Italiener Tito Capellaro von der der katholischen NGO ESMABAMA, „daher hat uns die Regierung eine 10 Kilometer lange Stromleitung hier her gebaut." Das geschah vor eineinhalb Jahren. Davor gab es in Mangunde keinen Strom, erzählt Tito: „Wir hatten einen Dieselgenerator, der täglich drei Stunden eingeschalten wurde: Von 18 bis 21 Uhr. Und das Gesundheitszentrum hatte auch einen, der lief von 8 bis 16 Uhr."

Ulla Ebner

Missionsarbeit im Kriegsgebiet
ESMABAMA verwaltet hier auf der Mission die Schule und die Gesundheitsstation. Mangunde ist eine von vier ländlichen Missionen, die in der zentralmosambikanischen Provinz Sofala von italienischen Comboni-Missionaren betrieben wird. Aufgebaut wurde das Ganze von Padre Ottorino Poletto. Er stammt ursprünglich aus Padua, vor 20 Jahren hat ihn sein Orden nach Mosambik geschickt. Damals tobte gerade ein blutiger Bürgerkrieg im Land. „Die Situation war kompliziert damals", erzählt der Missionar, „zunächst musste ich einmal die Sprache lernen und das Leben der Menschen kennenlernen. Damals war es kaum möglich, hier zu arbeiten und irgendwelche Programme zu starten. Denn zunächst ging es immer darum, sich vor dem Krieg zu schützen, vor den ständigen Angriffen. Ich versuchte zu helfen, wo es ging. Die Leute litten ja an Hunger. Es regnete auch fast nicht. Das war das einzige was ich damals tun konnte: Gegen den Hunger kämpfen."

Die Provinz Sofala in Zentralmosambik war damals die Hochburg der rechtsgerichteten RENAMO. Sie kämpfte gegen die Truppen der kommunistischen Regierungspartei FRELIMO. Die Guerilleros der RENAMO trieben am Land ihr Unwesen: Sie legten Minen, brannten Dörfer nieder, vergewaltigten Frauen und rekrutierten Kindersoldaten. Viele Menschen flohen in die Städte. Bis heute sind die ländlichen Regionen in Mosambik dünn besiedelt. Am 4. Oktober 1992 wurde Frieden geschlossen. „Voller Enthusiasmus wollten wir als Kirche etwas beitragen, um das Land wieder aufzubauen", erzählt Padre Ottorino, „Ich begann zunächst mit pastoraler Arbeit, ich wollte die Christen hier wieder organisieren. Aber ich begann auch, im Sozialbereich etwas zu tun. Es ging mir um Bildung, Gesundheit und Entwicklung."

Freiluftklassen und Feldarbeit
Die Kirche in Mangunde ist bis heute noch ein Rohbau. Immerhin, ein Dach hat sie. Vielleicht kommt irgendwann auch der Verputz dazu. Doch das hat für Padre Ottorino keine Priorität. Viele Jahre lang hat er die Messe unter freiem Himmel gelesen. Für ihn gab es wichtigere Bauvorhaben: die Schule zum Beispiel. Noch gibt es nicht genug Klassenräume für alle Schüler. Deshalb werden die Kleinen im Freien unterrichtet. Die Missionsschule in Mangunde ist hier weit und breit die einzige, wo es Unterricht bis zur 10. Schulstufe gibt, erklärt Padre Ottorino: „Du kannst nicht das Evangelium verbreiten, ohne dich um die sozialen Bedürfnisse der Menschen zu kümmern. Um ihre Entwicklung. Damit eine Personen zu Gott beten kann, muss sie erst unterrichtet werden, sie muss gesund sein und satt. Sonst kann man nicht gut beten. So einfach ist das."

Die Missionsschulen der Comboni-Missionare sind auch die einzigen, die ein Internat dabei haben. Schließlich kommen die Schüler aus dem Umkreis von 20 bis 30 Kilometern – zu weit für einen täglichen Fußmarsch durch den Busch. Heute wohnen im Internat von Mangunde etwa 800 Schüler und Schülerinnen. Burschen und Mädchen werden gemeinsam unterrichtet, aber getrennt von einander untergebracht. Das Problem dabei: 800 Jugendliche müssen auch verköstigt werden. Und das kostet. Daher betreibt die Mission Mangunde auch eine kleine Landwirtschaft. Wenn sie keinen Unterricht haben, müssen die Schüler auf dem Feld arbeiten. Oder sich um die Ziegen, Schafe, Schweine und Hühner kümmern. Fleisch gibt es nur zu ganz besonderen Anlässen.

Mosambikanische Direktoren und österreichische Ärzte

Für Padre Ottorino gilt das Motto: Afrika mit Afrika retten. „Wir geben den Menschen hier Bildung, damit sie ihr eigenes Schicksal selbst in die Hand nehmen können." Von Anfang an bestand er darauf, dass die Schuldirektoren Mosambikaner waren. „Natürlich hätte ich viel besser ausgebildete Pädagogen aus Europa haben können, aber ich habe immer gesagt: ich möchte, dass Mosambikaner selbst Verantwortung für ihre Zukunft übernehmen." Aus Europa kamen allerdings immer wieder Ärzte nach Mangunde. Auch aus Österreich, im Auftrag der Entwicklungshilfeorganisation HORIZONT3000. Es sei schwierig, mosambikanische Ärzte zu finden, die im Busch arbeiten wollen, erzählt Padre Ottorino. Mosambik hat 23 Millionen Einwohner, aber nur etwa 900 Ärzte. Davon arbeiten 600 in der Hauptstadt Maputo. In Mangunde gibt es seit einem halben Jahr keinen Arzt mehr. Die Patienten werden vom medizinischen Hilfspersonal betreut. Doch angeblich soll demnächst ein Arzt aus Maputo hierher kommen. „Vielleicht kommt er ja morgen", sagt der Krankenpfleger Alberto Antonio, „seit drei Monaten heißt es immer: Bald kommt er."

Es nütze wenig, die Menschen zu bilden, wenn sie dann in jungen Jahren an irgendwelchen Krankheiten sterben, meint der Comboni-Missionar. Vor allem AIDS ist ein großes Thema in Mosambik. Hier in der Provinz Sofala ist etwa jeder sechste Einwohner HIV-positiv. Die Gesundheitsstation in Mangunde ist weit und breit die einzige, wo HIV-Patienten anti-retrovirale Therapie bekommen können. Dafür müssen sie oft 20-30 Kilometer zu Fuß durch den Busch – und das einmal pro Monat, erklärt Tito Capellaro von ESMABAMA, der uns durch die Gesundheitsstation führt.

Das Kreuz mit dem Kondomen

Im Zentrum für die chronischen Krankheiten werden Menschen behandelt und auch beraten. „Zum Beispiel, wie man vermeiden kann, dass HIV von Müttern auf die Kinder übertragen wird", erklärt Tito, „in den letzten zwei Jahren hatten wir keinen einzigen Fall einer Übertragung. Die Kinder sind alle negativ." Aber das kostet natürlich. Die Mütter bekommen von der Mission Michlpulver zur Verfügung gestellt. „Die Kinder müssen abgestillt werden, sobald sie Zähne bekommen. Denn wenn sie die Mutter zu stark beißen, können sie sich übers Blut anstecken", sagt Tito. Doch für viele Frauen ist das mit dem Abstillen nicht so einfach, schließlich ist die Muttermilch gratis, während der traditionelle Maisbrei etwas kostet. Auch Armut und Unterernährung seien ein großes Problem, sagt Tito Capellaro. Manche Patienten wollen die AIDS-Medikamente nicht nehmen, denn diese machen hungrig. Etwa 700 Patienten sind derzeit in Mangunde in anti-retroviraler Behandlung.

Auf der Gesundheitsstation gibt es auch Gratis-Kondome. Jeder, der mochte, kann sich welche mitnehmen. Auch die Schüler der Missionsschule. Eine aufgerissene Kondomverpackung am Schulhof zeigt, dass zumindest einzelne dieses Angebot auch annehmen. Padre Ottorino steht der Kondomverteilung auf seiner Mission mit gemischten Gefühlen gegenüber: „Das Problem von AIDS lässt sich nicht mit Kondomen lösen, sondern nur mit Bildung. Das heißt, es geht hier um Änderungen des Verhaltens. Das Kondom löst gar nichts." Und dann fügt der ansonsten sehr aufgeschlossene und realitätsnahe Missionar etwas befremdliches hinzu: Er glaube nämlich, dass die Verteilung von Kondomen das HIV-Problem sogar noch verschlimmert wurde, betont er, da dadurch die Idee der Promiskuität im Land verbreitet wurde: „Ich lebe seit 20 Jahren hier, darum kann ich das beurteilen", betont er, räumt aber ein: „Natürlich will die Kirche auch nicht, dass die Leute hier sterben, nur weil sie keine Kondome verwenden."

Zwischen Tradition und Moderne
Auch in den umliegenden Siedlungen werden Kondome verteilt und wird AIDS-Aufklärung betrieben. Das tun die 34 Aktivisten und Aktivistinnen des Gesundheitszentrums. Sie stammen selbst aus der Gegend und werden in Mangunde ausgebildet. Es ist eine komplizierte Arbeit, erklärt Jose Zacharias, Koordinator der Aktivisten, denn das Misstrauen gegen diese fremde, westliche Medizin sei groß: „Durch die jahrelange Arbeit der Aktivisten glauben jetzt schon viele Leute, dass wir ihnen helfen können. Zumindest als zweite Option. Viele kommen zur Behandlung zu uns und danach gehen sie zum spirituellen Heiler. Dort wollen sie herausfinden, wer ihnen die Krankheit geschickt hat. Sie sagen: irgendwer muss mich verflucht haben. Egal ob es jetzt um AIDS geht oder eine andere Krankheit. Auch bei Schwangerschaft: Wenn sich die Geburt verzögert, dann sind sie überzeugt davon: irgendjemand verhindert die Geburt."

Mit diesem Konfliktfeld zwischen Tradition und Moderne beschäftigt sich auch Padre Ottorino Poletto. Natürlich verändere die westlich geprägte Bildung in der Missionsschule die traditionelle Kultur hier am Land. Inwiefern das gut sei und inwiefern schlecht, darüber sollen sich die Schüler in speziellen Reflexionsseminaren Gedanken machen: „Zwischen unseren Schülern und ihren Eltern gibt es schon einen großen Unterschied. Und wir wollen ihnen dabei helfen, herauszufinden: Was sind traditionelle Werte, die ganz wichtig sind für ihre Kultur und die man wirklich aufrecht erhalten sollte – und was sind nur Oberflächlichkeiten, die für die Zukunft einer Person, einer Familie oder einer Gesellschaft gar keinen Sinn mehr machen. Das ist die Herausforderungen. Wir wollen keine Spaltung der Generationen. Wir wollen ein Zusammentreffen und eine Reflexion."

Link:
- ESMABAMA: http://esmabama.org/home.html

***

- **Afrika: Frieden ohne Frauen?**

Sie werden Opfer von Massenvergewaltigungen, als Kindersoldatinnen verschleppt, in die Flucht ins Ungewisse getrieben und tun trotzdem alles, was in ihrer Macht steht, um ihre Kinder durchzubringen. Frauen sind meist am stärksten von gewaltsamen Konflikten in Afrika betroffen. Kaum ist der Krieg vorbei, feilschen die Männer der Konfliktparteien um Macht und Ressourcen. Die Bedürfnisse von Frauen und Kindern bleiben da oft auf der Strecke.

Keine Zeit zu trauern
„Das Schlimmste für mich war die ständige Angst vor einem grausamen Tod. Man will nur irgendwo ankommen, wo es ruhig ist. Nur das zählt." So beschreibt Monique Muhayimana aus Ruanda ihre Flucht vor dem blutigen Bürgerkrieg in ihrem Heimatland im Jahr 1994. Unterwegs verstarb ihr Sohn an einer Krankheit. Zum Weinen oder Trauern hatte sie keine Zeit: „Man muss einfach weiter. Diese Sachen kommen erst später wieder hoch, wenn man an einem ruhigen Ort ist." Seit etwa 15 Jahren lebt Monique Muhayimana jetzt in Oberösterreich. An der Universität Linz hat sie Wirtschaftswissenschaften studiert und sie engagiert sich in der Black Community Oberösterreich. Wenn der Krieg aus ist, beginnen Wiederaufbau und Neuordnung des Landes. Macht und Ressourcen werden neu verteilt. Kriege gelten als Ausnahmezustand, sagt die deutsche Ethnologin Rita Schäfer. Nach dem Krieg soll der „Normalzustand" wieder hergestellt werden. Doch was dann jeweils als „normal" zu gelten hat, ist Verhandlungssache. Und zwar eine Verhandlungssache von Eliten: „Und dann heißt es zum Beispiel: Frauen haben noch nie in Entscheidungsgremien im ländlichen Raum gesessen, wieso sollten sie es jetzt tun?"

Die Bibel mit Feuer und Schwert verbreiten
Die Vereinten Nationen haben dieses Problem erkannt und im Jahr 2000 die Resolution 1325 verabschiedet. Diese verlangt unter anderem, dass Frauengruppen in Friedensverhandlungen und Gespräche über den Wiederaufbau eingebunden werden müssen. Weiters soll mit aller Härte gegen sexuelle Gewalt in Konfliktsituationen vorgegangen werden. „Diese Resolution war ein Meilenstein, denn jetzt werden Frauen nicht nur als Opfer gesehen, sondern auch als Teil der Lösung", sagt Heidemarie Wieczorek-Zeul, ehemalige Ministerin für Entwicklung und wirtschaftliche Zusammenarbeit der Bundesrepublik Deutschland. Doch Papier ist geduldig. Die Resolution 1325 existiert jetzt seit mehr als zehn Jahren. Trotzdem werden Schätzungen zufolge in der Demokratischen Republik Kongo täglich mehr als tausend Frauen Opfer von sexueller Gewalt. Die Soldaten Gaddafis in Libyen demoralisierten ihre Gegner gezielt durch Massenvergewaltigungen und in Tunesien und Ägypten teilten nach den Umstürzen des arabischen Frühlings alte Männer die neue Macht unter sich auf. Alles wie gehabt also. Trotzdem habe die UN-Resolution 1325 etwas gebracht, sagt Hellen Achan Amule. Denn sie bietet einen gesetzlichen Rahmen, um Forderungen stellen zu können – sowohl für internationale Geber, als auch für lokale NGOs.

Hellen Achan Amule ist Expertin für Frauenrechte und Friedenssicherung. Sie arbeitet für die ugandische NGO Acord, die beim Wiederaufbau aktiv ist. 20 Jahre lang tobte ja im Norden Ugandas ein blutiger Bürgerkrieg. Rebellenführer Joseph Kony wollte mit seiner Lord's Resistance Army – zu Deutsch: Widerstandsarmee des Herrn – den ugandischen Präsidenten stürzen und einen christlichen Gottesstaat auf Basis der zehn Gebot errichten. Die Armee des Herrn terrorisierte die Zivilbevölkerung, mordete, plünderte, vergewaltigte. Seit 2008 ist ein Waffenstillstand in Kraft.

Kein Landbesitz für Witwen
Wenn die Männer in den Krieg ziehen, übernehmen Frauen all ihre Aufgaben. Sie sitzen in Entscheidungsgremien, verwalten Ländereien und Viehbestände, verrichten schwere körperliche Arbeiten und treffen Entscheidungen, die sonst dem männlichen Familienoberhaupt zustehen. Wenn Männer aus dem Krieg zurückkommen, dann ist diese „Macht" der Frauen auch schnell wieder beschnitten, sie werden zurückgedrängt in traditionelle Rollen und die häuslichen Konflikte steigen. Die Männer sind sie oft traumatisiert durch die Gewalt, die sie erlebt haben. Und die Hemmschwelle, selbst Gewalt anzuwenden ist sehr niedrig. Das bekommen ihre Frauen zu spüren, sagt Hellen Achan Amule: „Die Gewehre sind zwar verstummt, aber für die Frauen haben sich neue Fronten aufgetan. Sie müssen sich permanent gegen häusliche und sexuelle Gewalt wehren. Und die ist gerade sehr im Steigen begriffen."

Wenn Männer nicht aus dem Krieg zurückkommen, kann das für Frauen in den ländlichen Gebieten Ugandas auch schwerwiegende Folgen haben, erklärt Achan Amule. Denn die Tradition in Uganda sieht nicht vor, dass Frauen Land besitzen und so werden Witwen oft samt ihren Kindern von ihrem Land vertrieben. Die Organisation ACORD hilft Menschen in Norduganda dabei, dass sie wieder Landwirtschaft betreiben und Einkommen erwirtschaften können. Zwei Millionen Menschen sind ja während des Krieges vertrieben worden. Jetzt sind sie aus den Flüchtlingslagern zurückgekehrt in ihre zerstörten Dörfer, auf ihre verbrannte Erde. ACORD führt auch Projekte durch, um die steigende häusliche Gewalt wieder einzudämmen und betreibt intensive Aufklärung zum Thema HIV und AIDS. Denn die Zahl der Infektionen ist während der Kriegsjahre stark angestiegen. Nicht zuletzt aufgrund der zahlreichen Massenvergewaltigungen.

Kühe und Ziegen statt Gefängnis?
„Die Körper der Frauen wurden zum Schlachtfeld", sagt Hellen Achan Amule, „Vergewaltigung wurde als Kriegswaffe eingesetzt, um den Gegner zu demütigen und ihm zu zeigen, dass er keine Kontrolle hat. Schau her, wir können dir ins Gesicht spucken. Sowohl die Rebellen, als auch die Regierungstruppen haben vergewaltigt und Frauen und Mädchen sexuell versklavt." Gemäß UNO-Konvention 1325 sollten Vergewaltiger unter gar keinen Umständen straffrei ausgehen. Die Wirklichkeit sieht anders aus. In Uganda zum Beispiel sei kaum ein Täter belangt worden, weder auf Seiten der Lord Resistance Army, noch bei den Regierungstruppen, sagt Hellen Achan Amule.

In der Praxis ist das auch gar nicht so einfach. Denn es wäre wohl kaum gelungen, Rebellenführer Joseph Kony an den Verhandlungstisch zu locken, ohne ihm gleichzeitig Straffreiheit zu garantieren. Darüber hinaus könne man auch nicht den Großteil aller überlebender Männer im Land in Gefängnisse sperren, sagt die Ruanderin Monique Muhayimana. In vielen afrikanischen Kulturen gibt es traditionelle Formen der Konfliktlösung. Da geht es meist weniger um Bestrafung, als vielmehr um Wiedergutmachung. Der Täter muss seine Schuld eingestehen und um Vergebung bitten. Dann muss er dem Opfer eine Buße zahlen, je nachdem: Ziegen, Kühe oder Bargeld, erklärt Hellen Achen Amule. Danach gilt er als „gereinigt" und wird wieder in die Gesellschaft aufgenommen.

In Ruanda etwa wurde im Jahr 2002 – also acht Jahre nach dem Völkermord an den Tutsi – ein fast schon vergessenes Ältestengericht zu neuem Leben erweckt: Gacaca, benannt nach einer lokalen Grassorte aus den Bergen Ruandas, denn verhandelt wurde ursprünglich am Boden, im Gras sitzend. Ziel der Gacaca-Gerichte war es, schmerzhafte Konflikte aufzuarbeiten, erklärt Monique Muhayimana: „Es ist sehr schwer neben einem Nachbarn zu wohnen, wenn du weißt, er hat deine Mutter oder deine Schwester getötet."

Opfer und Täterinnen zugleich
Zurück zum Kriegsschauplatz Uganda: Schätzungen zufolge hat die Lord Restistance Army in Uganda mehr als 65.000 Kinder und Jugendliche entführt und sie zu Kindersoldaten gemacht. Sie wurden gezwungen, zu töten und zu foltern, viele Mädchen wurden außerdem als Sex-Sklavinnen für die Rebellen missbraucht. Wer versuchte, zu flüchten, dem wurden zur Abschreckung Ohren, Nasen oder Lippen abgeschnitten. Die Jugendlichen waren Opfer und Täter zugleich. Auch viele Mädchen. Doch gemäß den klassischen Rollenvorstellungen werden sie nur in ihrer Opferrolle anerkannt. Und das hat Folgen, erklärt Afrika-Expertin Rita Schäfer. Viele Kommandanten haben nach dem Krieg den Mädchen die Waffen abgenommen, weil es als unmännlich gilt, Mädchen in seiner Einheit zu haben. Und weil sie nicht als Kämpferinnen anerkannt werden, können sie auch nicht an den Demobilisierungsprogrammen teilnehmen.

In solchen Programmen wird versucht, die ehemaligen Kämpfer wieder in die Gesellschaft zu integrieren. Wer seine Waffen abgibt, bekommt als Belohnung ein Start-Paket ins neue Leben. Eine Matratze, Bettwäsche, Werkzeug und vielleicht ein paar hundert Dollar. Die Mädchen gehen hier meist leer aus. Schuld daran seien die Gender-Stereotype in den Köpfen jener, die diese Programme leiten, kritisiert auch die Ethnologin Rita Schäfer. Und das betreffe einheimische, wie internationale Helfer. Daher sei ein umfassendes Gender-Training nötig, wo Verantwortliche geschult werden, ihr Augenmerk auf solche Themen zu richten. Genau das sieht auch die UN-Konvention 1325 vor. Die einzelnen Staaten sind aufgefordert, nationale Aktionspläne zu erarbeiten. Bis jetzt haben weltweit aber erst 25 Länder einen solchen Aktionsplan. Eines davon ist Österreich.

Friedensstifter als Freier
Neben Gender-Trainings will Österreich den Frauenanteil bei internationalen Friedenseinsätzen erhöhen. Ein ganz wichtiger Punkt, betont die deutsche Ex-Ministerin Heidemarie Wieczorek-Zeul. Derzeit machen Frauen rund 30 % des Personals bei Peace-Keeping-Missionen aus, allerdings nur

1,9 % des militärischen Personals. Und leider haben in der Vergangenheit UN-Blauhelme schon großes Unheil angerichtet, sagt Afrika-Expertin Rita Schäfer: „Blauhelmsoldaten verwenden oft ihren Sold, um Prostituierte zu bezahlen oder sie missbrauchen sogar junge Mädchen, von denen sie annehmen, dass die noch kein AIDS haben und noch keine Geschlechtskrankheiten."

Und ein solches Verhalten sei nicht nur ein Angriff auf die betroffenen Mädchen, sondern häufig auch auf das Männlichkeitsverständnis der Ex-Kämpfer, erklärt Schäfer. Diese mussten ja selbst ihre Waffen abgeben und sehen oft einer ungewissen Zukunft entgegen. Wenn da ausländische Friedenssoldaten plötzlich als zahlungskräftige Freier oder als Gewalttäter auftreten, könne das die Friedensbemühungen wieder zunichte machen. Derartige Berichte um Blauhelm-Skandale kamen immer wieder in die Medien: aus Bosnien in den 1990ern, aus Kambodscha und der Elfenbeinküste. Besonders hohe Wellen schlug der Skandal um den sexuellen Missbrauch durch UN-Soldaten im Kongo im Jahr 2004.

Geld für Entwicklung statt für Waffen
Bei allen Maßnahmen, die der Westen in Post-Konfliktsituationen setzen kann, spielt neben Know How und Gendersensibilität vor allem eines eine große Rolle: Geld. Uganda zum Beispiel ist Schwerpunktland der österreichischen Entwicklungszusammenarbeit. In den vergangenen Jahren gab Österreich zwischen sechs und zehn Millionen jährlich für Projekte in Uganda aus. Zahlreiche österreichische NGOs sind dort tätig – unter anderem auch im Bereich Wiederaufbau und Geschlechter-Gerechtigkeit. Österreich leistet in Norduganda wichtige Arbeit, sagt Hellen Achan Amule. Doch das große Problem dabei: Projekte sind viel zu kurz angelegt. „Du kannst nicht innerhalb von zwei Jahren eine riesige Wirkung erzielen. Da hast du gerade erst begonnen, Erfolge zu sehen und schon ist die Förderperiode wieder vorbei."

In den vergangenen Jahren wurden die Gelder für bilaterale Entwicklungszusammenarbeit empfindlich gekürzt, in den folgenden Jahren soll es weitere Kürzungen geben. Trotzdem bekennt sich Österreich offiziell zu den Millenniums-Entwicklungszielen der Vereinten Nationen: Diese wollen die weltweite Armut halbieren, die Situation von Frauen verbessern und fordern, dass Staaten 0,7 Prozent ihres Bruttoinlandsprodukts für Entwicklungszusammenarbeit ausgeben. Ein weit entferntes Ziel. Doch, wäre der Wille vorhanden, so wäre das gar kein Problem, sagt die deutsche Politikerin Heidemarie Wieczorek-Zeul. Denn derzeit werden weltweit 1,5 Billionen Dollar für Rüstung ausgegeben. Würde man diese Ausgaben reduzieren, so bliebe genug Geld für andere Schwerpunkte. Zum Beispiel den Schwerpunkt, auch in Entwicklungsländern und in Nachkriegsgesellschaften mehr Gerechtigkeit zwischen den Geschlechtern herzustellen. Denn wie angeblich schon ein afrikanisches Sprichwort sagt: Entwicklung ohne Frauen ist wie ein Wagen ohne Räder.

Link:
- Resolution 1325: http://www.frauensicherheitsrat.de/1325.html

***

Zwischen den Welten

• Reisetagebuch Südsudan: Unterwegs im Auftrag des Herrn - Thank you, Jesus, für den Allradantrieb und den weltbesten Fahrer

Als Captain Gero beginnt zu beten, ist uns etwas mulmig zu Mute. Wir sollen uns keine Sorgen machen, wenn er in Mundri ein paar mal im Tiefflug über die Landepiste zieht, ohne aufzusetzen, erklärt uns der Deutsche. Das müsse er tun, um dort die Kühe, Ziegen und Kinder zu vertreiben. Vor jedem Platz der 12-sitzigen Cessna findet sich ein Speibsackerl. Wer es verwendet, möge es danach selber aus dem Flieger entsorgen, sagt der Pilot.

Captain Gero ist unterwegs im Auftrag des Herrn – so steht es auf seiner Visitenkarte. Er wollte immer schon etwas für Lord Jesus tun und so ist er bei MAF - der Mission Aviation Fellowship gelandet. Die Aufgabe dieser christlichen Organisation besteht darin, Missionare, NGO-Mitarbeiter und Hilfsgüter in abgelegene Orte Afrikas zu transportieren. Seit etwa sieben Jahren fliegt Captain Gero seine Cessna, zunächst tat er das in Kenia und Tansania, seit etwa einem Jahr hier im Südsudan. Er kann sich keinen schöneren Job vorstellen, betont er.

Mundri Town liegt nur etwa 160 Kilometer von der südsudanesischen Hauptstadt Juba entfernt. Weshalb wir diese kurze Strecke mit dem Flieger zurücklegen mussten wird uns einige Tage später klar. Da fahren wir mit dem Jeep die halbe Strecke wieder zurück, um Projekte der Hilfsorganisation "Licht für die Welt" zu besuchen. Im ganzen Südsudan gibt es nur eine einzige asphaltierte Straße. Die führt von Juba nach Norden. Richtung Sudan, Richtung Ölfelder. Mundri liegt blöderweise im Westen. Weit und breit kein Ölfeld dort. Es ist gerade Ende der Regenzeit. Alle paar Tage kommt ein kurzer Schauer. Noch immer ist die rote „Straße" (Achtung: Euphemismus) durchfurcht von wassergefüllten Rinnen und riesigen Schlaglöchern. Und es wird uns sonnenklar, weshalb es hier in absehbarer Zeit nichts anderes geben wird, als Subsistenzlandwirtschaft, warum die wenigen Gesundheitsstationen der Region halb leer bleiben. Transport: eine der größten „Herausforderungen" (so sagt man im NGO-Slang zu Problemen).

Um hier durchzukommen, braucht man einen Allradantrieb, einen sauguten Fahrer und einen guten Magen. Speibsackerl haben wir keine im Jeep. Zum Glück schaff ich es auch so. (Ich darf vorne sitzen und niemand darf mich ansprechen.) Unterwegs fahren wir an zahlreichen Jeeps und LKW vorbei, die offenbar weniger gute Fahrer hatten. Ein Geländewagen wird gerade mit Schaufeln aus dem Schlamm befreit, wo er stecken geblieben ist, ein umgekippter LKW von einem zweiten wieder aufgerichtet. Ein anderer feststeckender Wagen wird von bewaffneten Soldaten bewacht. Wohlgemerkt: am Schaufeln beteiligen sie sich nicht, die Uniformierten. Das machen Menschen in Zivil. Aber sie stehen wichtig herum und schauen streng. „Schnell die Fotoapparate weg!" sagt unser weltbester Fahrer. Ich kann mir vorstellen, wie es vor ein paar Wochen hier ausgesehen haben dürfte, als noch richtige Regenzeit war. Für die knapp 80 Kilometer brauchen wir drei Stunden. Und wir sind schwer erleichtert, dass wir am Samstag wieder mit einem Piloten im Auftrag des Herrn zurück nach Juba fliegen dürfen.

Links:
- MAF - Mission Aviation Fellowship: http://www.maf.org/

Ulla Ebner

• Südsudan: Mehr Chancen für Menschen mit Behinderung

80 Prozent aller Menschen mit Behinderung leben in Entwicklungsländern. Denn häufig ist die Ursache für Behinderungen Armut – oft in Kombination mit Krieg. Zum Beispiel im Südsudan. Im Juli 2011 hat sich der großteils christliche Süden des Sudan vom muslimischen Norden abgespalten. Nach einem mehr als 20 Jahren dauernden Bürgerkrieg (1983-2005), der zwei Millionen Menschenleben gefordert hat. Der Krieg hat Spuren hinterlassen: Bildungs- und Gesundheitssystem sind völlig zusammengebrochen und viele Menschen leiden heute an Behinderungen. Zahlreiche NGOs – auch aus Österreich – helfen derzeit im Südsudan beim Wiederaufbau des Landes. "Licht für die Welt" kümmert sich um die Bedürfnisse behinderter Menschen und will ihnen Zugang zu assistierenden Technologien und Bildung schaffen.

Flying Doctors

"Es war ein quälendes Interview", wird Gerhard Schuhmann hinterher sagen. Schuld daran sind weniger meine Fragen, als vielmehr die Moskitos, die uns während des Gesprächs beinahe auffressen. Wir sitzen in der etwas abgelegenen südsudanesischen Provinz Mundri, am Gästeareal der lokalen Hilfsorganisation SEM, wo wir in einfachen Lehmhütten untergebracht sind. Es ist Dämmerung, die Jagdzeit der blutrünstigen Stechmücken hat begonnen. Sie freuen sich über das Frischfleisch aus Europa. Der Augenarzt Gerhard Schuhmann ist im Vorstand der österreichischen NGO "Licht für die Welt" und fährt bereits seit 30 Jahren immer wieder in diese Region. Während des Krieges war es kaum möglich, die Hauptstadt Juba zu verlassen, erzählt er: "Unmittelbar nach dem Friedensvertrag von 2005 sind wir von Kenia aus in sehr entlegene Gebiete hinein geflogen. Mit einem Operationsteam waren wir 1-2 Wochen dort und haben Augenoperationen durchgeführt". Damals wurde der kleine Ort Lokichoggio in Kenia, nahe der Grenze zum Südsudan zum Verteilungszentrum für Hilfsgüter. Von dort flogen auch die Augenärzte in den Südsudan. Jetzt, nach der Staatsgründung, geht es darum, lokales Personal auszubilden und eigene Gesundheitsstrukturen aufzubauen, die bis in die entlegensten Gebiete reichen. Da steht noch sehr viel Arbeit bevor. Der Krieg hat seine Spuren hinterlassen.

Was Infrastruktur anbelangt, so ist der Südsudan das mit Abstand am wenigsten "entwickelte" Land, das ich je besucht habe. Der Südsudan ist etwa so groß wie Deutschland, hat jedoch nur rund 100 Kilometer asphaltierte Straßen - und die Großteils rund um die Hauptstadt. Kraftwerk besitzt das am Weißen Nil gelegene Land kein einziges. Die gesamte Stromversorgung funktioniert nur mit Hilfe von Dieselgeneratoren.

Eine Kindheit auf der Flucht

Eine rote Sandstraße bildet das Zentrum der Provinzstadt Mundri Town. Links und rechts davon kleine Geschäfte mit Wellblechdächern. Hier werden Damenunterwäsche, Ziegelsteine und Bier verkauft. Letzteres meistens lauwarm. Abseits der Hauptstraße leben die Stadtbewohner in Lehmhütten mit Strohdächern. "Die wenigen, die Bildung haben, die bekommen jetzt Jobs in der Regierung", erklärt uns eine Frau namens Ras Ulala, "für uns Analphabeten hat sich gar nichts geändert durch die Unabhängigkeit. Wir leiden nach wie vor."

Zwischen den Welten

Ras Ulala hat fünf Kinder. Zwei davon sind intellektuell beeinträchtigt. Schuld daran ist die sogenannte Nickkrankheit - eine mysteriöse Krankheit, die das Gehirn schädigt und häufig in der Region Mundri auftritt. Die Familie wird von der christlichen Organisation SEM (South Sudan Evangelical Mission) betreut - lokale Projektpartner von "Licht für die Welt". Sie ermutigen Ras Ulala, ihre Kinder trotzdem in die Schule zu schicken. So wie die meisten Erwachsenen hier in der Region, hat die Mutter selbst niemals eine Schule besucht. 18 Jahre ihres Lebens musste sie sich im Busch verstecken, denn der Bezirk Mundri war lange Zeit Kriegsschauplatz. Hier im Wald hatten die Rebellen der SPLA ihre Lager, die Regierungsarmee machte Jagd auf sie und bombardierte Dörfer aus der Luft.

"Immer wieder sind Soldaten der Regierungsarmee in den Busch gekommen, auf der Suche nach Rebellen. Sie haben Menschen umgebracht und ihre Sachen geraubt", erzählt Matatia Korobo. Er ist einer der Mitbegründer der Hilfsorganisation SEM. "Darum waren wir ständig unterwegs von einem Ort zum anderen. Besonders hart war das für Frauen und Kinder. Die Leute schliefen im Freien, auch in der Regenzeit. Ohne Moskitonetz, ohne Matratze. Einfach so auf der Erde", erinnert sich Matatio Korobo. Er stammt aus Mundri und ist heute 45 Jahre alt. Als er geboren wurde, tobte gerade der erste Unabhängigkeitskrieg im Süden des Sudan, der sogenannte Anya-Nya-Krieg (1975-72). Die ersten fünf Jahre seines Lebens verbrachte er im Busch, ständig auf der Flucht. Als nach wenigen Jahren des Friedens schließlich 1983 der nächste Unabhängigkeitskrieg begann, schloss er sich der Rebellenarmee SPLA an.

Aus Rebellen werden Sozialarbeiter

Acht Jahre hat er gekämpft, dann ging er in ein Flüchtlingslager in Kenia. Nach dem Friedensabkommen 2005 kehrte er zurück: "Andere blieben im Lager. Bis heute. Viele haben psychische Probleme. Der Krieg wirkt immer noch nach. Aber es ist wichtig, den Leuten in den Lagern zu sagen, dass sie zurück kommen sollen in den Südsudan. Wir müssen ihnen dort etwas über ihr Land erzählen." Noch im Flüchtlingslager in Kenia gründete Matatio Korobo gemeinsam mit anderen ehemaligen Kämpfern die sudanesische evangelische Mission (SEM). Die NGO betreibt heute Sozial- und Bildungsarbeit im Bezirk Mundri und kümmert sich vor allem um Menschen mit Behinderung. Die Mitarbeiter von SEM versuchen, auszukundschaften, wo Familien mit behinderten Kindern leben. Denn solche Kinder gelten hier als Strafe Gottes und werden häufig versteckt. SEM schickt Trainer vorbei, die - je nach Art der Behinderung - therapeutische Turnübungen machen, Braille-Schrift oder Gebärdensprache üben.

Doch, nicht aus allen ehemaligen Rebellen wurden Sozialarbeiter. Immer wieder sieht man im Südsudan bewaffnete Uniformierte, die im Schatten der Bäume untätig herumsitzen. Die SPLA, die Armee des Südsudan muss dringend verkleinert werden, meint Bullen Abetara, Lokalchef der Regierungspartei SPLM in Mundri: "Wir haben begonnen, die ehemaligen Kämpfer wieder in die Gesellschaft zu integrieren. Sie werden entwaffnet und gehen zurück zu ihrer Familien. Wir brauchen nicht so eine riesige Armee. Und wir sind auch gar nicht in der Lage, sie zu bezahlen." Ganz friedlich ist die Lage im Südsudan freilich noch nicht: Im östlichen Bundesstaat Jonglei kämpft Rebellenführer David Yao Yao gegen die Zentralregierung in Juba. Im Norden gibt es immer wieder Konflikte mit dem Erzfeind Sudan um den Grenzverlauf. Jetzt hofft Bullen Abeatar dringend darauf, dass das Erdöl irgendwann wieder zu fließen beginnt und dass ein Teil der Einnahmen auch bis in seine Provinz, nach Mundri, gelangen. Um Straßen zu bauen, ein Stromnetz, Krankenhäuser und vor allem: Schulen. Denn zwei Jahrzehnte Krieg haben das Bildungssystem komplett ruiniert.

Unterrichten aus Idealismus
Schauplatzwechsel. Die Upper Primary School in Lui ist eine von sieben Volksschulen im Bezirk Mundri West. Die Wände der Klassenräume sind übersät mit Einschusslöchern - und mit Graffitis, die an Verstorbene Kämpfer erinnern. Während des Krieges - als die Bevölkerung in den Busch geflüchtet war - diente das Schulgebäude als Unterkunft für Soldaten. Heute werden hier 1.000 Schüler und Schülerinnen unterrichtet. Von nur 18 Lehrern, erzählt Peter Wula Elika, einer der ältesten Lehrer hier: "Wir bekommen fast kein Geld von der Regierung. Aber Gott ist groß und unser Land muss sich erst entwickeln, es ist noch sehr jung. Ein Kind kann ja auch nicht an einem Tag wachsen." Kaum ein Lehrer im Südsudan kann von seinem Gehalt leben. Oft bekommen sie ihr Geld erst mit monatelanger Verspätung. Die meisten betreiben nebenbei eine kleine Landwirtschaft. Englisch ist die offizielle Amtssprache im Südsudan. Der Lehrer Peter Wula Elika spricht es gebrochen. Und doch wird es seine Aufgabe sein, die Sprache den Kindern beizubringen.

Im Bildungsministerium in der Hauptstadt Juba spricht man die Probleme offen an: "Eines unserer Probleme ist die Infrastruktur, ein anderes die Qualität der Lehrer. 44 Prozent der Lehrer haben nur einen Volksschulabschluss. In Europa würden sie nicht einmal in die Nähe einer Klasse kommen - es sei denn als Schüler. 53 Prozent der Lehrer haben Matura und nur drei Prozent einen Universitätsabschluss", sagt Bildungsstaatssekretär Deng Deng Hoc Yai. Er hat ehrgeizige Pläne: Bereits in fünf Jahren soll mehr als die Hälfte der Lehrer einen Universitätsabschluss haben und die Gesamtzahl der Lehrer soll sich verdoppeln.

Wandernde Schulen
Deng Deng Hoc Yai hat in Kairo und London studiert. Sein Englisch ist hervorragend, seine Ausdrucksweise gewählt und er wirft mit Zahlen ums ich, ohne ein einziges Mal in seine Unterlagen blicken zu müssen. Doch ursprünglich stammt er aus einem kleinen Dorf im Bundesstaat Bhar El Ghazal, erzählt er. Seine Eltern waren Analphabeten und sein genaues Geburtsdatum kennt er nicht. Er hatte als einer der wenigen aus seinem Dorf die Möglichkeit, die städtische Schule zu besuchen. Etwa einer Million Kinder im Südsudan - das ist ca. ein Drittel - bleibt der Schulbesuch heute verwehrt. Man müsse die Schulen zu den Kindern bringen und nicht ländliche Kinder in städtische Schulen, betont der Staatssekretär für Bildung: "Gerade in ländlichen Regionen, wo viele Nomaden und Viehzüchter leben, ist das ein Problem. Die Eltern würden ihre Kinder niemals allein in die Stadt schicken. Daher versuchen wir, mobile Schulen zu entwickeln, die den Rinderherden folgen."

In den kommenden Jahren will die südsudanesische Regierung zehn Prozent ihres Budgets in den Bildungssektor stecken - vorausgesetzt es gibt wieder Einnahmen. Derzeit ist der Südsudan abhängig von internationalen Hilfsgeldern. Ein Schwerpunkt des Bildungsministeriums: Kinder mit Behinderungen sollen in den normalen Unterricht integriert werden, erklärt Deng Deng Hoc Yai.

Denn durch den Krieg wurden viele Menschen verletzt und verstümmelt. "Es wurden häufig Streubomben abgeworfen, in denen Nägel und andere spitze Gegenstände drin waren", erinnert sich Hoc Yai. Auch Landminen seien nach wie vor vergraben.

Die Blindheit lauert beim Fluss
Der Krieg ist aber auch indirekt schuld an vielen Behinderungen im Südsudan. Denn die Gesundheitsversorgung brach in dieser Zeit völlig zusammen. Impfungen gab es nicht und die Kinderlähmung breitete sich aus. Unbehandelte Viruserkrankungen hinterließen bleibende Schäden. Viele Menschen in Afrika erblinden am Grauen Star. Dieser ließe sich mit einer einfachen Operation schnell beseitigen. Hier in der Region um Mundri ist es vor allem der Onchocerca volvulus (OV), der Menschen blind macht - der Erreger der sogenannten Flussblindheit, erklärt Augenarzt Gerhard Schuhmann. Der Name kommt daher, dass die Krankheit meist in der Nähe von schnell fließenden Gewässern auftritt. Der OV ist ein kleiner Fadenwurm. Er lebt im Verdauungstrakt von schwarzen Fliegen, die an Flüssen nisten. Beim Stich in die Haut wird der Erreger auf den Menschen übertragen. Der Fadenwurm breitet sich im ganzen Körper aus. Trifft er den Sehnerv, wird man blind. Gegen die Flussblindheit gibt es Medikamente, die präventiv eingenommen werden können. In manchen Regionen Afrikas ist die Krankheit mittlerweile fast ausgerottet, weil flächendeckend Tabletten verteilt wurden. Im Südsudan nicht.

Amaya Martin war 16 Jahre alt, als ihm der Onchocerca volvulus das Augenlicht nahm. Damals war er verzweifelt, wollte wochenlang seine Hütte nicht verlassen und versank in Depressionen. Mittlerweile kommt er zurecht mit den täglichen Dingen. Mit seinem Blindenstock hat er gelernt, sich zu orientieren. Die täglichen Wege findet er auch allein. Er besucht Nachbarn, arbeitet auf dem Feld und er besucht wieder die Schule. Mit Hilfe eines Speziallehrers der Hilfsorganisation SEM hat Amaya Martin Braille-Schrift gelernt. Der Lehrer begleitet ihn 2-3 mal die Woche zum Unterricht und erzählt ihm im Flüsterton, was gerade vor sich geht. "Wenn ich meine Ausbildung beendet habe, möchte ich einen Job bekommen. Lehrer zum Beispiel. Ich würde gerne anderen etwas beibringen", sagt Amaya Martin.

Neustart für die inklusive Bildung
Kein unrealistischer Wunsch. Schon heute trifft man in Südsudans Schulen Lehrer mit unterschiedlichen Behinderungen. Das südsudanesische Bildungsministerium hat einen 5-Jahres-Plan ausgearbeitet, wie man Schüler mit Behinderungen besser in das allgemeine Unterrichtssystem integrieren kann. Auch in diesem Bereich, war man früher - vor dem Krieg - schon einmal weiter. In den 1980ern und 90ern gab es Ausbildungsmöglichkeiten für sehbehinderte Menschen. Die Organisation SEM plant - mit Unterstützung von "Licht für die Welt" - in den kommenden Jahren auch verstärkt Schulungen für nicht-behinderte Lehrer in Braille-Schrift und Gebärdensprache. Es sei wichtig, behinderte und nicht-behinderte Kinder gemeinsam zu unterrichten, erklärt Peter Muasya vom "Licht für die Welt"-Büro im Südsudan. Er hält nichts vom Konzept "Sonderschule", wie es in einigen Nachbarländern praktiziert wird. Denn dann würden die Menschen ihr Leben lang ausgegrenzt bleiben. Dass das Bildungssystem von Null weg neu aufgebaut werden muss, sei in diesem Fall sogar ein Vorteil, erklären Vertreter von "Licht für

die Welt". Denn jetzt könne man es von vornherein als "inklusives" Bildungssystem für behinderte und nicht-behinderte Kinder gestalten. Und das sei vermutlich einfacher, als ein bestehendes System zu verändern.

Links:
- Licht für die Welt: http://www.lichtfuerdiewelt.at/
- SEM: http://ssemonline.org/

***

• Südsudan: Warten auf das Erdöl

Schon wenige Monate nach der Staatsgründung standen im ölreichen Südsudan die Ölförderanlagen still. Der Grund: ständige Auseinandersetzungen mit dem nördlichen Nachbarn Sudan, von dem sich der Süden im Juli 2011 nach einem langen Krieg abgespalten hat. Dem Süden gehört jetzt ein Großteil der Erdölvorkommen, die Leitungen führen aber durch den Norden. Nach großem internationalen Druck haben die beiden Konfliktparteien im Oktober 2012 ein Kooperationsabkommen unterzeichnet. Wichtige Frage zur Grenzziehung bleiben darin offen. Das führte zu weiteren Spannungen, weshalb die Ölförderung auch ein Jahr nach dem Abkommen nicht wieder aufgenommen werden konnte. Dabei kommen 98 Prozent der südsudanesischen Staatseinnahmen kommen aus der Ölförderung. Unter den Folgen des Förderstopps leidet die Bevölkerung des Landes zunehmend. Der Kampf gegen die Korruption ist eine Bedingung der internationalen Geldgeber für Hilfszahlungen. Aber auch um Menschenrechte und Demokratisierung steht es im jungen Staat nicht zum besten.

Sparpakete und Hilfsgelder
Die Provinzstadt Mundri Town, etwa 160 Kilometer westlich der südsudanesischen Hauptstadt Juba: Hier gibt es weder asphaltierte Straßen, noch ein Stromnetz. Viele Menschen sterben an vermeidbaren Krankheiten. Es mangelt an Ärzten und Medikamenten. Bullen Abeatar ist Lokalchef der Regierungspartei SPLM hier in Mundri. Er wartet dringend auf Geld aus dem Öl-Geschäft. 21 Jahre Unabhängigkeitskrieg haben das südsudanesische Bildungssystem ruiniert. Die Analphabetenrate ist enorm und es gibt kaum qualifizierte Lehrer. „Es liegt noch ein langer Weg vor uns", sagt Abeatar. Der Ölförderstopp zwang die Regierung zu harten Sparmaßnahmen. Den Beamten wurden die Gehälter gekürzt, auch viele andere Arbeiter haben seit Monaten keinen Lohn mehr bekommen. Dafür sind die Preise seit der Unabhängigkeit rasant gestiegen. Benzin ist beispielsweise teurer als in Europa. Viele Menschen können sich Transport nicht mehr leisten und gehen zu Fuß zur Arbeit. Das Land ist abhängig von internationalen Hilfsgeldern. Und die Geber stellen Bedingungen. Zum Beispiel: Korruptionsbekämpfung.

Vier Milliarden unterschlagene Dollar
Im Juli 2012 schrieb der südsudanesische Präsident Salva Kiir einen offenen Brief an 75 Regierungsbeamte: Sie mögen unterschlagene Gelder in der Höhe von vier Milliarden US-Dollar

wieder zurückgeben. „Das Geld, das für die Entwicklung unseres Landes gedacht ist, darf nicht in privaten Taschen verschwinden", betont auch der SPLM-Parteichef von Mundri, „unsere Regierung kämpft gegen die Korruption. Es gibt jetzt eine unabhängige Behörde, die alle Ministerien überwacht." Auch er selbst sei bereits zweimal überprüft worden, berichtet Abeatar. Kritiker halten den offenen Brief von Salva Kiir jedoch für einen PR-Gag für die internationalen Geber. Tatsächlich sei die Regierung nicht an der Aufklärung von Korruptionsaffären interessiert, sagt ein junger Radiojournalist, der lieber anonym bleiben möchte. Den Medien sei nahegelegt worden, nicht über Korruptionsfälle zu berichten: „Ich habe bei der Justiz nachgefragt. Die sagten: die Korruptionsaffäre sei erledigt. Ich wollte wissen, wie viele der 75 überführt wurden? Wenn ihr schon keine Namen sagt, dann gebt uns wenigstens eine Zahl. Sie sagten: acht. Ich habe im Radio darüber berichtet. Aber ganz ehrlich: ich hatte Angst dabei. Doch wenn wir nicht berichten, wird das ewig so weiter gehen."

Entführung von Kritikern
Der junge Mann spricht leise. Ständig schaut er nervös hin und her, ob am Nebentisch jemand zuhört. Er selbst sei bereits zweimal verhaftet worden, erzählt der Journalist. Offiziell bemüht sich die südsudanesische Regierung um ein demokratisches Image. „Niemand wird offen zu dir kommen und dich für deine Berichte kritisieren", so der Radiojournalist, aber man wisse nie, ob man nicht plötzlich von Unbekannten überfallen werde. Von so einem Fall berichtet auch der Behinderten-Aktivist Henry Swaka von Handicapped International: Deng Athuai Mawiir, der Vorsitzende der South Sudanese Civil Society Alliance (der auch Swaka angehört), war im Juli 2012 von Unbekannten entführt worden: „Wir vermuten natürlich, dass Regierungsbehörden dahinter stecken", sagt Swaka, „denn er hat die Regierung oft provoziert. Eines Nachts wurde er dann für ein paar Tage verschleppt. Sie fragten ihn: „Wer hat dir das Recht gegeben, im Namen des südsudanesischen Volkes zu sprechen?" –Er hatte regelmäßig die Korruption kritisiert." Im November 2012 hat die Regierung in Juba eine UN-Menschenrechtsbeauftragte des Landes verwiesen: Ihre Berichte waren zu kritisch ausgefallen. Wie viel von den künftigen Öl-Einnahmen wohl je in abgelegenen Provinzstädten, wie Mundri, ankommen wird? Lokalpolitiker Bullen Abeatar ist da optimistisch. Allerdings rechnet er nicht so bald damit: Denn bei den Kampfhandlungen mit dem Norden ist Infrastruktur zur Ölförderung beschädigt worden. Und die lässt sich nicht in kurzer Zeit reparieren.

***

Ulla Ebner

- **Hilfsgelder für die Taschen der Diktatoren?**

Zwischen 20 und 40 Prozent der internationalen Hilfsgelder gehen irgendwo verloren. So lautet eine pessimistische Schätzung der Weltbank. Sie hält die weit verbreitete Korruption überhaupt für eines der größten Hindernisse für die Entwicklung ärmerer Länder. Doch lange Zeit war dieses Problemfeld ein Tabuthema für Hilfsorganisationen. Schließlich will man ja keine Spender vergraulen. Doch damit soll jetzt Schluss sein. In Österreich hat sich eine Arbeitsgruppe – bestehend aus Vertretern von Transparency International, der staatlichen Agentur der österreichischen Entwicklungszusammenarbeit (ADA) sowie entwicklungspolitischen NGOs – monatelang mit dem Problem Korruption auseinander gesetzt. Gemeinsam mit der Korruptionsbekämpfungsinitiative Transparency International hat sie einen Ratgeber für Hilfsorganisationen erarbeitet.

Auf der Suche nach verlorenen Milliarden
„Die Menschen in Südsudan leiden, dennoch kümmern sich einige Staatsbedienstete nur um sich selbst" – das schrieb kein Geringerer als Salva Kiir, der Präsident des Südsudan im Sommer 2012 an 75 aktive und ehemalige Staatsbedienstete. Und er forderte sie auf, unterschlagene Staatsgelder in der Höhe von umgerechnet vier Milliarden US-Dollar wieder zurückzugeben. Schließlich hat die internationale Gebergemeinschaft dem Präsidenten signalisiert: großzügige Hilfsgelder werde es nur geben, wenn er die Korruption im Land unter Kontrolle bringt. Korruption gilt als eines der größten Hindernisse für die Entwicklung ärmerer Länder. Im Jahr 2003 haben sich die Vereinten Nationen auf eine internationale Konvention gegen Korruption (UNCAC) geeinigt. Bisher haben 160 Staaten der Welt diesen Vertrag ratifiziert. „Korruption macht die Kluft zwischen Arm und Reich noch größer", betont Brigitte Öppinger-Walchshofer. Sie ist Geschäftsführerin der Austrian Development Agency (ADA), der Agentur der staatlichen österreichischen Entwicklungszusammenarbeit. Schmiergelder, Unterschlagungen und Freunderlwirtschaft erschweren die Armutsbekämpfung. Sie machen Hilfe teuer, können Ursache für gewalttätige Konflikte sein und die Entwicklung demokratischer Strukturen behindern.

Spendengelder für die Zollbehörden
Gerade Hilfsorganisationen im Bereich der Entwicklungszusammenarbeit arbeiten oft in einem korrupten Umfeld. Die Demokratien vieler Entwicklungsländer sind jung. Einige werden von mächtigen Familienclans beherrscht, die Macht und Ressourcen unter sich aufteilen. Kleine Beamte und Polizisten werden meist miserabel bezahlt und nützen jede Gelegenheit, ihr Einkommen aufzubessern. „Ich muss beichten: ich war ja lange genug in Afrika tätig. Natürlich habe ich dort oder da korrumpiert, um mir das Leben leichter zu machen", gesteht Hans-Jörg Bauer. Er ist heute im Vorstand des österreichischen Ablegers von Transparency International. Er hat als Handelsdelegierter in zahlreichen Entwicklungsländern gearbeitet und war acht Jahre lang für die UNIDO tätig – die UN Organisation für industrielle Entwicklung. Mit kleinen Schmiergeldern kann man zum Beispiel verhindern, dass man hohe Zölle für die Einfuhr von Hilfsgütern zahlen muss. Etwas, womit Nicht-Regierungsorganisationen immer wieder konfrontiert sind. Der Umgang

mit Schmiergeldzahlungen habe sich bei den Geberländern im Laufe der Jahre stark verändert, berichtet Georg Lennkh. Er ist seit kurzem Präsident der Hilfsorganisation Care und hat davor viele Jahre lang die Abteilung für Entwicklungszusammenarbeit im österreichischen Außenministerium geleitet. Früher habe man manchmal bezahlt, heute nicht mehr.

Leben retten oder Prinzipien einhalten?
„Wenn man einmal schmiert, muss man das immer machen", erklärt Johanna Mang von der Hilfsorganisation "Licht für die Welt". Bestechungsgelder werden in ihrer Organisation aus Prinzip nicht bezahlt, denn es gehe darum, dass die Empfängerländer längerfristig ein gutes System entwickeln, um Medikamente und Hilfsgüter einzuführen. „Und das heißt eben manchmal etwas mehr Zeit oder auch höhere Kosten", so Mang. Aber es gibt auch Grenzfälle. Zum Beispiel bei akuten humanitären Katastrophen: also Hungersnöten, Erdbeben, Tsunami oder Überschwemmungen, wo Hilfe einfach schnell passieren muss. Hier stehen Hilfsorganisationen vor einem großen Dilemma, erklärt Georg Huber-Grabenwarter von der ADA, der österreichischen Agentur für Entwicklungszusammenarbeit: Leben retten oder Prinzipien einhalten?

Huber-Grabenwarter ist bei der ADA der zuständige Experte für das Thema Korruption. Gemeinsam mit Vertretern von entwicklungspolitischen NGOs und von Transparency International hat er im Rahmen eines Arbeitskreises zur Korruptionsbekämpfung derlei Problematiken diskutiert. Ergebnis der Diskussionen war ein Ratgeber für Hilfsorganisationen. Doch auch der kann das Problem der Schmiergelder in extremen Notsituationen nicht ganz lösen: „Wir haben gesagt, wenn Leib und Leben in Gefahr sind, dann kann man solche Dinge im Ausnahmefall für zulässig erklären."

Vor der eigenen Haustüre kehren
Schmiergelder für Behörden; lokale Projektpartner, die Geld unterschlagen; Bestechungen von Mitarbeitern der Hilfsorganisation, damit bestimmte Gruppen in den Genuss der Hilfe kommen – die Korruption in der Entwicklungszusammenarbeit kann viele Gesichter haben. Und sie findet auch nicht immer nur bei den anderen statt. Bevor man also den Projektpartnern am Balkan, in Afrika, Asien und Lateinamerik Vorschriften macht, sollte man vor der eigenen Haustür kehren, sagt Hans-Jörg Bauer von Transparency International: „Zuerst müssen wir strenge Anti-Korruptionslinien in unseren eigenen Organisationen umsetzen. Dann können wir zu den Partnern in den Entwicklungsländern sagen: Seht her, das sind unsere Richtlinien, die müssen wir auch von euch verlangen." Mittlerweile haben zahlreiche Hilfsorganisationen einen Verhaltenskodex für ihre Mitarbeiter erarbeitet. Das Handbuch zur Korruptionsvermeidung empfiehlt strenge Kontrollmechanismen. Gerade bei Geldangelegenheiten sollte ein 4-Augen-Prinzip gelten, wo immer mehr als ein Mitarbeiter die Zahlungen kontrolliert. Es müsse eine zentrale Meldestelle geben, wo „Whistleblower" Verdachtsmomente melden können, ohne selbst Probleme fürchten zu müssen. Auch muss klar geregelt sein, was an Geschenkannahme zulässig ist und was nicht. Und es braucht eine Vergabekommission mit klaren transparenten Richtlinien nach welchen Kriterien die Hilfsgelder verteilt werden.

Ulla Ebner

Wer zahlt, schafft an
Der Ratgeber für Korruptionsvermeidung in der Entwicklungszusammenarbeit richtet sich in erster Linie an Nichtregierungsorganisationen. Doch sie sind nur ein Teilbereich der EZA. Und auch wenn es immer wieder schwarze Schafe gibt – im Allgemeinen sind NGO-Mitarbeiter idealistische Menschen, die sich mit den Werten ihrer Organisation identifizieren. Komplizierter wird es da im Bereich der bilateralen staatlichen Entwicklungshilfe. Denn da hat man es mit Politikern und Beamten zu tun. Österreich zahlt zum Beispiel direkte Budgethilfe an Mosambik. Und diese ist sehr umstritten.

„Die Gefahr, dass da Gelder verschwinden, ist sehr groß", sagt Georg Huber-Grabenwarter von der Agentur der österreichischen Entwicklungszusammenarbeit (ADA), „jedoch wird es durch die direkte Budgethilfe überhaupt erst möglich, dass wir mit der dortigen Regierung über das Thema Korruption diskutieren können". „Good Governance", also: gute Regierungsführung, heißt seit Jahren das Schlagwort der Europäer. Damit ist im wesentlichen Korruptionsbekämpfung gemeint. Und die EU-Staaten knüpfen die Zahlungen von Entwicklungshilfe bis zu einem gewissen Grad an diese Bedingung. Lange Zeit galt die Korruption in der Entwicklungszusammenarbeit als Tabu-Thema, um keine Spender zu vergraulen: Auch hier ändert sich langsam etwas. Der aktuelle Ratgeber von Transparency International empfiehlt den Organisationen: Wenn trotz aller Sicherheitsvorkehrungen doch einmal etwas passiert: lieber offen kommunizieren, als vertuschen. Denn Transparenz schafft Vertrauen.

Links:
- Transparency International: Korruptionsvermeidung in der Entwicklungszusammenarbeit: http://www.ti-austria.at/uploads/media/TI-AC_Ratgeber_Korruptionsvermeidung_EZA.pdf
- United Nations Convention Against Corruption (UNCAC): http://www.unodc.org/unodc/en/treaties/CAC/

***

• Chronik einer angekündigten Hungersnot

Es gilt eher als Positivbeispiel, wie 2012 eine dramatische Hungerkatastrophe in der westlichen Sahelzone durch rechtzeitiges Eingreifen verhindert werden konnte. Im Frühjahr 2012 hatten Hilfsorganisationen bereits monatelang vor einer drohenden Hungersnot gewarnt. In Mali, Niger, Burkina Faso und im Tschad hatte die anhaltende Dürre einen großen Teil der Ernte vernichtet. Die Preise für Lebensmittel hatten sich in vielen Regionen verdoppelt. Dazu kamen politische Unruhen und Flüchtlingsströme. Doch noch könne man eine Katastrophe verhindern, betonten Hilfsorganisationen damals. Vorausgesetzt die Weltöffentlichkeit unternehme diesmal rechtzeitig etwas. Und sie tat es. Man hatte aus den Fehlern des Vorjahres gerlernt. Da hatten die Regierungen viel zu lange zugeschaut, als die Menschen am Horn von Afrika unter einer Dürre litten. Schließlich lassen sich Spenden leichter sammeln, wenn es bereits Bilder von Verhungernden gibt. Ich begleitete im März 2012 eine Delegation der deutschen Diakonie Katastrophenhilfe in Tschad und konnte mir dort ein Bild machen, was es bedeutet in der "Vorstufe" zur Hungerkatastrophe zu leben.

Dörfer ohne Männer
Besucht man im Tschad Dörfer, die in der Sahelzone gelegen sind, so trifft man in erster Linie auf Frauen und Kinder. Nur wenige, meist ältere Männer sind noch hier. „Die meisten unserer Männer sind in die Hauptstadt N'Djamena gegangen, um Arbeit zu suchen", erzählen die Frauen im Dorf Katambargui. Die Männer arbeiten dort als Tagelöhner, damit sie Geld nach Hause schicken können. Doch viel ist noch nicht gekommen. „Gelegentlich schicken sie uns 500 bis 1.500 Franc", berichten die Frauen. Das entspricht etwa 80 Cent beziehungsweise 1,50 Euro. Und weit kommt man damit nicht. Ein Sack Mais (2,5 kg) kostet auf den lokalen Märkten derzeit etwa 750 CFA Franc BEAC, einen Sack Sorghumhirse bekommt man um 600 Franc. Vor einem Jahr noch kostete der Mais lediglich 300 und Sorghum 280 Franc. Eine zehnköpfige Familie verbraucht im Normalfall zwei Säcke pro Tag.

„Einen Tag hat es geregnet. Da haben wir ausgesät. Danach kam aber 40 Tage lang kein Regen mehr und die Ernte ist vertrocknet", erzählt die 50-jährige Habssita Brahmin. Sie ist Mutter von sieben Kindern und die Wortführerin der Frauen im Dorf Katambargui. Es liegt ein paar Kilometer südlich des Tschadsees, mitten in der Sahelzone. Diese Region ist besonders stark von der Dürre getroffen worden. Zwischen ihren strohbedeckten Hütten haben die Frauen geflochtene Matten auf den Boden gelegt. Hier empfangen sie uns am Boden kauernd, um uns von ihrer Lage zu berichten. Die Getreidevorräte sind längst aufgebraucht, sagt Habssita Brahmin. Auch jene Reserven, die eigentlich als Saatgut für dieses Jahr vorgesehen waren.

Die Vorräte der Ameisen
Normalerweise bauen die Menschen hier Mais, Sorghum und Reis an. Eine traditionelle Mahlzeit besteht häufig aus einem dicken weißen Maisbrei. Doch im Augenblick ernähren sie sich von Früchten, Beeren und Gräsern, die hier wild wachsen. In Ameisenbaus suchen sie nach Samen und Körnern, um daraus Brei zu kochen. Ein paar Kilometer entfernt liegt das Dorf Douguia. Hier demonstrieren uns die Frauen, wie das mit den Ameisenlöchern funktioniert. Sie beobachten die Wege der Ameisen und dort, wo sie einen Bau vermuten, hacken sie den Boden auf. Mit Hilfe eines flachen Korbes sieben sie die Erde und klauben kleine weiße Samenkörner heraus. Es ist eine mühsame Arbeit, erzählen sie uns. Für eine Schüssel Körner graben sie drei bis vier Stunden in der brütenden Hitze. Einige der Frauen sind bereits zu schwach zum Graben. Denn Essen gibt es nur noch einmal pro Tag.

Ganz ähnlich ist die Situation im Nachbarort Matchi. Hier zeigen uns die Frauen einen Korb voller Heuschrecken. Von denen gibt es in der Region jede Menge. Neben der Dürre stellen sie normalerweise eine der größten Bedrohungen für die Ernte dar. Die Frauen fangen sie säckeweise ein. Traditionellerweise werden die Heuschrecken erst gekocht, dann getrocknet und schließlich mit Gewürzen gebraten. Doch derzeit können sich die Frauen in Matchi kein Öl leisten, erzählen sie. Ein Teil der Heuschrecken wird am nächstgelegenen Markt verkauft. Männer packen sie in große Säcke und transportieren sie mit dem Motorrad dorthin. Mit den Einnahmen kaufen sie Getreide, das aus Kamerun und Nigeria importiert wird. Doch dafür muss man schnell sein. Der Markt beginnt um 8 Uhr morgens und um 10 Uhr ist bereits das ganze Getreide weg.

Flüchtlingsströme verhindern
„Wir können derzeit beobachten, dass sich die Familien noch nicht von ihren Höfen wegbewegen", erklärt Martin Kessler, Leiter der Diakonie Katastrophenhilfe Deutschland. Und das sei gut so. Jetzt sei es wichtig, dass sich keine großen Flüchtlingsströme bilden. „Unsere Maßnahmen sollen den Menschen helfen, in ihren Dörfern bleiben zu können", so Kessler. Wichtig sind im Augenblick die Verteilung von Nahrungsmitteln und Saatgut. Aber auch sogannte „Food for Work"-Programme, wo man Arbeit für die Gemeinschaft leistet und dafür Nahrungsmittel bekommt. Längerfristig geht es aber auch darum, dass sich die Menschen hier im Sahel gegen künftige Dürren wappnen. Zum Beispiel durch Verbesserung der landwirtschaftlichen Anbaumethoden, etwa Brunnen bauen und Felder bewässern. So können sie auch Gemüse anbauen: Tomaten, Melanzani und Wassermelonen. Die kann man dann auf den lokalen Märkten verkaufen. „Unsere Erfahrungen in anderen Ländern haben gezeigt, dass jene Gruppen von Menschen, die längerfristig mit Entwicklungsprojekten unterstützt werden, besser vorbereitet sind auf eine akute Krise", sagt Martin Kessler.

Hungern neben dem Getreidelager
Es ist ein grundsätzlicher Irrglaube, dass Menschen hungern, weil in einer Region keine Nahrungsmittel vorhanden sind. Tatsächlich mussten schon häufig Menschen neben vollen Getreidespeichern Hunger leiden – weil sie eben kein Geld hatten, um das Getreide zu kaufen. Die Preisanstiege in der Sahelzone haben eher lokale Ursachen. Ist das Angebot gering und die Nachfrage groß, steigt der Preis. Wobei hier auch manchmal nachgeholfen wird, kritisiert Angelika Wagner-Hager, Geschäftsführerin von Care Österreich. Sie ist erst kürzlich aus dem Niger zurückgekehrt. Zwischenhändler haben dort den Bauern das Getreide gleich nach der Ernte abgekauft und es absichtlich zurückgehalten. So etwas kann auch in größerem Maßstab passieren. Im Jahr 2008 beispielsweise führten dramatische Anstiege bei den Weltmarktpreisen für Lebensmittel zu Hungerrevolten in zahlreichen Entwicklungsländern. Schuld daran seien unter anderem die Lebensmittelspekulanten an den Börsen gewesen, sagen Kritiker. Denn mit Wetten auf die Preisentwicklung bei Weizen, Reis, Mais oder Zucker lässt sich viel Geld verdienen. Als weitere Ursachen werden oft Agrotreibstoffe und Land Grabbing genannt.

Wird Hunger gemacht?
Knapp eine Milliarde Menschen auf der Welt hungert – also etwa ein Siebentel der Weltbevölkerung. Und das, obwohl auf der Welt genug Nahrung vorhanden wäre. Die Gründe dafür sind vielfältig. Der Klimawandel schreitet voran. Zu spüren bekommen ihn jene, die ihn am wenigsten verursacht haben: zum Beispiel die Menschen in der Sahelzone. Ein weiteres Problem: Die Landwirtschaft in Subsahara-Afrika ist alles andere als produktiv. Es werde auch viel zu wenig Geld in diesen Sektor investiert, kritisiert Ruth Picker. Sie ist Geschäftsführerin vom Verein Globale Verantwortung – der Dachorganisation für Entwicklung und humanitäre Hilfe.

„Es stimmt immer noch: Hunger wird gemacht. Das ist keine Schicksal", sagt Ruth Picker. Zwar hat die Afrikanische Union im Jahr 2003 in der Erklärung von Maputo vorgesehen, dass alle Mitgliedsstaaten 10 Prozent ihres Budgets in die Landwirtschaft investieren. Doch tatsächlich ist es meist nur halb so viel. Ganz anders die EU: da ist der Landwirtschaftskommissar jener, der sich über den größten Geldtopf freuen darf. Auch der Anteil an Entwicklungshilfegeldern, der für die Landwirtschaft vorgesehen ist, sinkt kontinuierlich. Von den österreichischen EZA-Geldern gingen 2010 nur etwa vier Prozent in Landwirtschaftsprojekte. Ähnlich bei der EU-Entwicklungshilfe: Da sank der Anteil für die Landwirtschaft seit Mitte der 1990er von 16 auf 8 Prozent. Der Europäische Rechnungshof hat erst kürzlich einen Bericht herausgegeben über die Wirksamkeit der EU-Entwicklungszusammenarbeit auf die Ernährungssicherheit in Sub-Sahara-Afrika. Fazit: Die Maßnahmen sind zwar gut und richtig konzipiert, aber zu wenig.

Am Rande der Katastrophe
Im Zuge der Finanzkrise haben 12 europäische Länder ihre EZA-Ausgaben vergangenes Jahr gekürzt. Am drastischsten waren die Kürzungen in Griechenland, Spanien und Österreich. „Österreich hat gerade einmal 0,27 Prozent des BIP für die Entwicklungszusammenarbeit ausgegeben", kritisiert Ruth Picker von der Globalen Verantwortung. Für sie ein „Zustand der Schande", vor allem in Anbetracht der Tatsache, dass Österreich die Finanzkrise verhältnismäßig gut überstanden hat und nach wie vor zu den reichsten Ländern der Welt gehört.

Ruth Picker fordert eine generelle Aufstockung der Mittel für akute humanitäre Hilfe von derzeit 5 auf 20 Millionen Euro. Weiters wünscht sie sich eine bessere Organisation der humanitären Hilfe. Derzeit sind nämlich die Kompetenzen auf mehrere Ministerien aufgeteilt. Und das erschwert die schnelle Abwicklung im Krisenfall. Und gerade bei humanitären Katastrophen gelte mehr denn je: Wer schnell hilft, hilft doppelt – betont auch Christoph Schweifer von der Caritas: „Wir sind am Rande der Katastrophe. Ob sie dann tatsächlich stattfindet und in welchem Ausmaß, hängt davon ab, ob es möglich ist, Hilfe in großem Ausmaß und vor allem rasch zu organisieren."

***

• Äthiopien: Hungerbekämpfung durch Ökotourismus

Hungersnöte, Dürrekatastrophen, entführte Touristen: Es sind selten positive Nachrichten, mit denen Äthiopien in die Schlagzeilen kommt. Dem äthiopischen Tourismusministerium ist das negative Image des Landes ein Dorn im Auge. Schließlich möchte das Land in den kommenden Jahren unter die Top 5-Tourismusdestinationen in Afrika kommen. Die staatliche österreichische Entwicklungszusammenarbeit unterstützt diese Strategie. Im Semien Nationalpark, in der gebirgigen Region Nord-Gondar, wird ein sozialverträglicher Ökotourismus gefördert. Dieser soll helfen, die Ernährungssituation der lokalen Bevölkerung zu verbessern. Doch, was genau hat Tourismusentwicklung mit Hungerbekämpfung zu tun?

Ulla Ebner

Bettelnde Kinder und küssende Touristen
Ziggy Yohannes stockt und schaut vorsichtig zum Vertreter des regionalen Landwirtschaftsbüros von Nord-Gondar hinüber: Darf er wirklich ehrlich auf die Frage antworten, ob der Tourismus auch Schattenseiten hat? Nach langem Zögern erzählt er uns von jungen Mädchen aus armen Familien, die von weißen Touristen verführt und dann sitzengelassen werden. Von aufkommendem Sextourismus und Prostitution, von westlichen Pärchen, die sich zum Entsetzen der Dorfleute öffentlich küssen. Teshome Mulu vom Landwirtschaftsbüro hält es auch für bedenklich, dass immer mehr Kinder beginnen, auf der Straße Touristen anzubetteln anstatt in die Schule zu gehen. Der mehr als 400 Quadratkilometer große Semien Nationalpark im Norden Äthiopiens gilt als Geheimtipp unter Trekking-Touristen. Vergangenes Jahr kamen mehr als 17.000 Bergliebhaber hierher. Im Nationalpark befindet sich der höchste Gipfel des Landes: der 4.500 Meter hohe Ras Daschan. Der Semien-Park ist UNESCO-Weltkulturerbe, unter anderem wegen seiner einzigartigen Tierwelt.

Einkommen für Fremdenführer, Köche und Scouts
Der Tourismus ist eine willkommene Einkommensquelle für die ärmliche Region. Ziggy Yohannes zum Beispiel verdient sein Geld als Fremdenführer und Trekking-Guide. Er stammt selbst aus einem kleinen Dorf hier in den Bergen und weiß bestens Bescheid über Steinböcke, Blutbrustpaviane und die 180 Vogelarten, die hier leben. Die Menschen hier in der Region Nord-Gondar sind bitterarm. Sie leben von der Subsistenzlandwirtschaft, züchten Ziegen, Schafe oder Kühe. Gerste ist eines der wenigen Getreide das im unwirtlichen Hochlandklima wächst. Ziggy Yohannes erzählt aus seiner Kindheit und von seinem Schulweg: täglich drei Stunden den Berg hinunter, vier Stunden zurück hinauf nach Hause. Dass er überhaupt in die Schule gehen konnte, war keineswegs selbstverständlich. Ziggy Yohannes ist der älteste von acht Geschwistern. Seine Eltern sind Analphabeten – so wie 65 Prozent aller Äthiopier. Die Kinder wurden in seinem Elternhaus zum Arbeiten benötigt. Eine Tochter musste der Mutter helfen, Wasser zu holen, eine andere auf die kleinen Geschwister aufpassen. Ein Sohn ging mit dem Vater aufs Feld. Und Ziggys Aufgabe war es, die Schafe zu hüten. "Ich glaube, es war mir einfach nicht bestimmt, Bauer zu werden. Ich war ein sehr schlechter Hirte. Ich sollte auf 35 - 40 Schafe aufpassen, aber ständig hab ich welche verloren. Und so entschied mein Vater, mich stattdessen in die Schule zu schicken."

Kein Brennholz aus dem Nationalpark
An der Universität der amharischen Provinzhauptstadt Bahir Dar machte Ziggy schließlich seinen Bachelor in Englisch. Und danach eine Ausbildung zum Fremdenführer. Dieses Ausbildungsprogramm im Semien Nationalpark wird unter anderem von der österreichischen Agentur für Entwicklungszusammenarbeit (ADA) finanziert. Die Förderung eines sozial verträglichen Ökotourismus ist Teil eines groß angelegten Programms der ADA, das den Wohlstand und damit die Ernährungssituation in der Region Nord-Gondar verbessern möchte. Österreich hat in die touristische Infrastruktur des Nationalparks investiert: ein Informationsbüro wurde eröffnet, in den Bergen wurden einfache Schutzhütten zum Übernachten errichtet sowie Rastplätze mit Kochstellen und Toiletten.

Klimawandel, Bodenerosion und ein enormes Bevölkerungswachstum machen die Situation der Landbevölkerung hier immer schwieriger. Immer mehr Menschen müssen von den kargen Böden leben. Und je mehr Menschen es hier gibt, desto karger werden die Böden. "Die Höfe hier sind so klein, dass man sie nicht mehr teilen kann. Für die Jungen braucht es daher bessere Ausbildungsmöglichkeiten und alternative Einkommensquellen. Der Tourismus ist eine solche Möglichkeit", erklärt Doris Gebru-Zeilermayr von der ADA. Familien brauchen Geld, um Nahrungsmittel kaufen zu können. Derzeit ist die Haupteinnahmequelle der Verkauf von Brennholz. Doch genau diese massive Abholzung der Wälder ist Hauptursache für die Bodenerosion in der Region. Im Areal des Nationalparkes ist Holz schlägern mittlerweile verboten. Die Menschen, die in der Pufferzone rund um den Park leben, dürfen ihr Vieh nicht innerhalb des Parkes weiden lassen. Der Semien Nationalpark steht auf der UNESCO-Liste der gefährdeten Weltkulturerben.

Eine Zuchtstation in den Bergen
Parallel zur Tourismusentwicklung will die äthiopische Regierung - gemeinsam mit der österreichischen Entwicklungszusammenarbeit - auch die landwirtschaftlichen Methoden verbessern. An die Bauern wurde besseres Saatgut verteilt, Brunnen wurden errichtet und auch leistungsfähigere Nutztiere eingeführt. Der Bauer Bewekatu Wota zum Beispiel betreibt auf fast 2.000 Meter Höhe eine lokale Zuchtstation für Kühe und Esel. Sein Hof liegt in der Pufferzone, außerhalb des Nationalparks. Stolz zeigt er uns die Zucht-Tiere, die er im Rahmen des österreichischen Hilfs-Projekts bekommen hat: Einen Esel - eine spezielle Rasse aus dem Sudan - und einen Stier - eine Züchtung aus der äthiopischen Hauptstadt Addis Abeba. Die Bauern der Umgebung bringen ihre Kühe und Esel-Weibchen vorbei. Pro Deckung erhält Bewekatu Wota 30 Birr (etwa 1,25 Euro). Die Kühe aus der Hauptstadt geben viermal so viel Milch, wie die lokalen Rassen, erzählt uns der Bauer, und die Esel, die könne man für 60 Birr pro Tag an Trekkingtouristen vermieten.

Gemeinsam mit Vertretern des Landwirtschaftsbüros besuchen wir eine weitere Ansiedlung. Tikil Dingay liegt einige Kilometer weiter außerhalb des Nationalparks. Etwa zehn Bewohner erwarten uns. Sie wissen, dass heute Fremde zu Besuch kommen, denen sie erzählen sollen, wie sehr das österreichische Hilfs-Programm ihr Leben verbessert hat. Makashaw Makonen lebt hier mit seiner Frau und den 5 Kindern in einer Holzhütte, die mit Lehm und Kuhdung abgedichtet ist. Er hat einen Mikrokredit in Form von 6 Ziegen bekommen. Die haben sich mittlerweile auf 12 Stück vermehrt. Vor drei Jahren wurde hier ein Brunnen gebaut, der die Menschen mit sauberem Trinkwasser versorgt. "Früher haben wir das gleiche Wasser getrunken, wie die Tiere", erzählt er, "direkt aus dem Fluss. Davon haben die Kinder oft Magenschmerzen bekommen."

Auch Männer können Frauenarbeit machen
Bis vor kurzem war seine Hütte noch mit Stroh bedeckt. Jetzt habe er sich ein Wellblechdach leisten können, erzählt Makashaw Makonen. Das hat vor allem während der Regenzeit Vorteile. Wenn er sein Leben mit dem seines Vater vergleicht, so sei das wie Himmel und Erde. Heute, sei

vieles besser, erzählt er: "Ich helfe meiner Frau beim Wasserholen und beim Holzsammeln. Manchmal mache ich das Abendessen. Ich kann Suppe kochen. Wenn sie ihre Verwandten besucht, die weit weg leben, dann mache ich sogar Injera für die Kinder."

Injera ist ein weiches, gesäuertes Fladenbrot. Es darf bei keiner äthiopischen Mahlzeit fehlen. Dass ein Mann es zubereitet, wäre zu Zeiten von Makonens Vater noch undenkbar gewesen. Die Gesellschaft der Amhara-Region ist streng patriarchal organisiert und die Arbeiten sind nach Geschlechtern aufgeteilt. Die ADA, die österreichische Agentur für Entwicklungszusammenarbeit möchte gemeinsam mit der Lokalregierung die Position der Frauen verbessern. Eine der zahlreichen Aktivitäten sind Exkursionen in die alternative Awramba- Gemeinschaft in Süd-Gondar. Dort leben Männer und Frauen völlig gleichberechtigt, erklärt Markos Haile, Gender-Experte des Landwirtschaftsbüros. Mitte der 1980er Jahre hatte der Äthiopier Numra Nuru Gleichgesinnte um sich geschart, die eine neue Gesellschaftsordnung leben wollten. Den Behörden war das zunächst suspekt. Zwischenzeitlich landete Nuru sogar im Gefängnis. Heute leben in seiner egalitären Awramba-Gemeinschaft etwa 400 Menschen. "Die Reaktionen unserer Bauern ist meist positiv, wenn wir mit ihnen die Awramba-Gemeinschaft besuchen", berichtet Markos Haile, "sie verstehen, dass die Arbeitsteilung nach Geschlechtern nicht naturgegeben ist."

Die Afrikanische Union hat 2010 bis 2020 zur Dekade der Frau erklärt. Das Jahr 2012 steht unter dem Schwerpunktthema: Frauen und Klimawandel. Denn gerade die Frauen am Land müssen die schwerste Last tragen, wenn plötzlich immer weniger wächst. Davon kann auch Katye Belet ein Lied singen. Sie ist 48 und lebt in Tikil Dingay. Ihr Gesicht ist von tiefen Falten durchzogen. Sie lehnt im Schatten vor einer Holzhhütte, eingehüllt in die typischen weißen Baumwolltücher mit bunten Stickereien an den Rändern. Auf den Handrücken trägt sie traditionelle Tätowierungen, wie viele Frauen sie hier haben. Auf ihren Ehemann angesprochen, verzieht sie verächtlich das Gesicht: "Nein, mein Mann hilft mir überhaupt nicht. Ich habe hier ein Hektar Land, da baue ich Hirse an und Mais. Die Ernte war heuer gut. Es reicht für mich und die Kinder. Ich habe 9 Kinder geboren und zum Glück haben alle überlebt. 6 davon sind schon groß und haben ihr eigenes Einkommen. Die brauchen mich nicht mehr. Aber 3 leben noch bei mir und müssen versorgt werden. Da reicht ein Hektar gerade aus."

Kinder als Einkommensquelle
Katye Belet wurde mit 12 Jahren verheiratet, ihr erstes Kind bekam sie mit 15. Hier in den Bergen sind 6-8 Kinder pro Frau keine Seltenheit. Das starke Bevölkerungswachstum ist eine der Hauptursachen für Armut und Unterernährung in der Region. Zwar ist die durchschnittliche Geburtenrate in Äthiopien in den vergangenen 20 Jahren von 7 auf 4,6 Kinder gesunken. Jedoch gibt es riesige Unterschiede zwischen Stadt und Land. Mit Tradition und mangelndem Zugang zu Verhütungsmitteln lässt sich das nur teilweise erklären, sagt die junge Demographin Atseide Desta von der Universität Gondar: "Für die Menschen hier sind Kinder eine Einkommensquelle. Denn traditionellerweise müssen die Kinder später die Eltern versorgen, wenn diese alt sind. Das ist einer der Hauptgründe für die vielen Kinder."

Zwischen den Welten

Es sei wichtig, dass sich die Lebensstrategien der Menschen verändern, so Desta. Einerseits müsse die Landwirtschaft intensiviert werden, auf der der anderen Seite müssen andere Einkommensmöglichkeiten - abseits der Landwirtschaft - für die Menschen geschaffen werden. Eine solche Einkommensquelle kann der Tourismus sein, glauben Experten. Bleibt nur zu hoffen, dass sich dieser auch tatsächlich so sozial- und umweltverträglich umsetzen lässt, wie es sich die österreichischen Geldgeber vorstellen.

***

4. Zur globalen Umverteilung von unten nach oben

• Die Jagd nach Rohstoffen

"Handel, Wachstum und Weltgeschehen", so nennt sich die neue Handelsstrategie der Europäischen Union, die Handelskommissar Karel de Gucht im November 2010 vorgestellt hat. Darin legt die EU fest, wie sie europäischen Unternehmen freien Zugang zu ausländischen Märkten verschaffen möchte. Aber auch, wie die Rohstoffversorgung für die europäische Industrie sichergestellt werden soll. Zu diesem Thema hat die Europäische Union außerdem 2008 die EU-Rohstoff-Initiative entwickelt, die mittlerweile neu überarbeitet worden ist. Denn Europa muss ja zahlreiche Rohstoffe importieren. Und viele der benötigten Materialien kommen aus China, Lateinamerika und Afrika. Doch gerade die Entwicklungsländer freuen sich gar nicht über die europäische Handelsstrategie. Sie sagen, der Freihandel, den ihnen die EU aufzwingen möchte, behindere sie in ihrer eigenen wirtschaftlichen Entwicklung, gefährde die Ernährungssicherheit ihrer Bevölkerung und sei nicht vereinbar mit dem Ziel der Armutsbekämpfung.

Wie die EU-Handelspolitik Entwicklungsländer gefährdet
Die europäische Entwicklungshilfe gibt Jahr für Jahr Millionenbeträge aus, um Kleinbauern in Afrika zu unterstützen. Sie sollen Nahrungsmittel für die eigene Bevölkerung herstellen und davon überleben können – anstatt in die Elendsviertel der Großstädte abzuwandern. Doch, was nützt das alles, wenn dann auf der anderen Seite die afrikanischen Märkte überschwemmt werden von billigen, weil hoch subventionierten, europäischen Agrarprodukten? So hat Europa in der Vergangenheit bereits die Geflügelbauern in Ghana, sowie die Milchbauern in Kenia in den Ruin getrieben, sagt David Hachfeld, Experte für Handelspolitik bei der NGO Oxfam Deutschland. In den 1990ern war Kenia gezwungen worden, seine Zölle auf Milchprodukte massiv zu senken und so wurde aus einem Land, das ursprünglich einmal genug Milch produziert hat, um seine eigene Bevölkerung zu versorgen, ein Milchimporteur. „Alle Milchkooperativen und Viehhalter, die auf Milch gesetzt haben, sind eingegangen und haben ihre wirtschaftliche Existenz verloren", erzählt Hachfeld.

Fair für wen?
„Offen und fair" solle der Welthandel sein, heißt es in der EU-Handelsstrategie. Doch was „fair"

bedeutet, darüber sind sich Europa und die Entwicklungsländer nicht so ganz einig. Die EU will freien Zugang zu den Rohstoffen der Entwicklungsländer sowie zu deren Märkten. Schließlich haben die ja im Rahmen des Allgemeinen Präferenzsystems schon seit 30 Jahren einen einseitigen freien Zugang zur EU. Dieses System soll im übrigen überarbeitet werden. Vor allem den großen Schwellenländern könnte es passieren, dass sie bald von der Liste der privilegierten Länder gestrichen werden. Die Entwicklungsländer wiederum würden es „fair" finden, wenn sie sich zu denselben Bedingungen „entwickeln" dürften, wie es dereinst die heutigen Industriestaaten gemacht haben – nämlich indem sie junge fragile Wirtschaftssektoren schützen. Und wie die Praxis zeigt, ist unregulierter Freihandel zwischen zwei ungleichen Partner selten zum Vorteil des Schwächeren.

Freier Handel zwischen David und Goliath
Derzeit verhandelt die EU mit den Ländern Afrikas, der Karibik und dem Pazifik neue Freihandelsabkommen, sogenannte Economic Partnership Agreements (EPAs). Und die sorgen auf den EU-Afrika-Gipfeln immer wieder für Konfliktstoff. Darin spielt die Öffnung der afrikanischen Märkte für europäische Produkte eine große Rolle. Die Entwicklungsländer dürfen lediglich 20 Prozent ihrer empfindlichsten Produkte mit Hilfe von Einfuhrzöllen schützen. Bei weitem nicht genug, sagt David Hachfeld, denn die müssen sich entscheiden: Schützen sie ihre sensiblen Agrarprodukte, wo in vielen Ländern um die Existenz des Großteils der Bevölkerung geht, oder schützen sie lieber aufkeimende Industrien, wie den Textil- oder Ledersektor?

Eigentlich hat sich die EU bereits vor Jahren dazu verpflichtet, die UN-Millenniumsziele zur Armutsbekämpfung zu unterstützen. Und dafür sollten diverse Politikbereiche kohärent aufeinander abgestimmt sein – also auch Handels-, Sicherheits-, und Landwirtschaftspolitik. Entwicklungspoltische Organisationen fordern seither immer wieder verzweifelt diese Kohärenz ein. Doch in Wahrheit sei die EU-Politik kohärenter als viele wahr haben wollen, betont Pia Eberhardt von der NGO Corporate Europe Observatory (CEO) aus Brüssel. Nur eben in einer ganz anderen Richtung. „Vor allem die EU-Außenpolitik und die Außen-Wirtschaftspolitik sind sehr kohärent. Sie werden ausgerichtet an den Interessen von transnationalen Konzernen, die aus Europa kommen. Und andere Politikfelder, wie Umweltpolitik und Entwicklungspolitik werden zunehmend diesen Interessen untergeordnet", sagt Eberhardt.

Bevor uns die Chinesen alles wegschnappen...
Beispiel Rohstoffe: Die europäische Industrie braucht Holz, Tierhäute, Mineralien, seltene Erden und sogenannte Hightech-Metalle wie Kobalt, Platin und Titan. Ohne Rohstoffimporte könnten europäische Firmen keine Autos herstellen, kein Papier, keine Ledersitze und keine Mobiltelefone. Doch viele Rohstoffe werden knapp und teuer. Vor allem seit China sich diese Rohstoffe ebenfalls sichern möchte. Daher macht die europäische Industrie hier Druck. 2008 wurde die EU-Rohstoff-Initiative vorgestellt, die inzwischen bereits aktualisiert wurde.

Aus Sicht von entwicklungspolitischen NGOs beinhaltet diese Initiative vor allem zwei kritische Punkte: Erstens will die EU mit Entwicklungsländern neue Investitionsregeln aushandeln – das heißt: europäische Unternehmen sollen mehr Rechte bekommen. Zweitens sollen Entwicklungsländer ihre Ausfuhrbeschränkungen für Rohstoffe abbauen bzw. bloß keine neuen Beschränkungen einführen. Doch für die Wirtschaftsentwicklung armer Länder ist es nicht sehr vorteilhaft, wenn sie nur Rohstoffe exportieren. Stattdessen geht es darum, selbst Industrie aufzubauen und verarbeitete Produkte zu exportieren. Und hier können etwa Exportzölle helfen, junge, fragile Industriezweige zu schützen, erklärt David Hachfeld.

Unsere Häute, unsere Felle
Die NGO Oxfam hat sich das anhand des Ledersektors in Kenia angeschaut. Nachdem die Weltbank das Land in den 1990ern gezwungen hatte, diesen Sektor zu liberalisieren, kam die Lederproduktion zum Erliegen. Statt Leder bzw. Lederprodukten exportierte Kenia Tierhäute und Felle. 2006 begann die Regierung, diese Entwicklung wieder rückgängig zu machen und führte eine 40-Prozentige Exportsteuer auf Tierhäute und Felle ein. Mit Erfolg: in wenigen Jahren entstanden sechs neue Gerbereien, 1.000 direkte und 6.000 indirekte Arbeitsplätze. Viele afrikanische Länder, aber auch Brasilien schützen Felle und Häute durch Zölle vor dem Export. Die europäische Lederindustrie freut das weniger. Daher sind auch Exportbeschränkungen ein heiß umstrittenes Thema bei den EPA-Freihandelsabkommen zwischen der EU und Afrika. Bisher wurde nur ein vollständiges EPA-Abkommen unterzeichnet, nämlich zwischen der EU und den Karibik-Staaten. Mit einigen afrikanischen Ländern gibt es Übergangs-Abkommen. Hinter vorgehaltener Hand beklagen sich Vertreter der afrikanischen Union immer wieder, dass sie von den Europäern keineswegs wie gleichwertige Gesprächspartner behandelt werden. Warum unterschreiben sie die Abkommen trotzdem?

Pistole und Entwicklungshilfe
„Wenn einem Land eine Pistole auf die Brust gesetzt und gesagt wird: Entweder ihr unterschreibt das EPA-Abkommen oder wichtige Exportprodukte aus eurem Land verlieren den Marktzugang zur europäischen Union, dann ist das eine schwierige Entscheidung", erklärt David Hachfeld von Oxfam Deutschland, „sie müssen sich gut überlegen, ob sie es sich leisten können, einzelne Wirtschaftssektoren zu opfern, um andere zu retten." Außerdem sind ja auch Entwicklungsländer komplexe Gesellschaften und einzelne Sektoren, sprich: eine bestimmte Elite, könne vom Freihandel auch profitieren. Auch Entwicklungszusammenarbeit werde zunehmend als Druckmittel benutzt, sagt Pia Eberhardt von Corporate Europe Observatory, einer NGO, die den Einfluss von Konzernen auf die EU-Politik beobachtet: „So könnte zukünftig gesagt werden, Entwicklungshilfegelder gehen nur noch an solche Länder, die auch in der Rohstoffpolitik unseren Interessen folgen." So wie es derzeit China bereits macht.

Ein uraltes Versprechen
Die Entwicklungszusammenarbeit steht zunehmend unter dem Druck, sich rechtfertigen zu müssen, welchen wirtschaftlichen Nutzen sie den Gebern bringt. Das beklagen auch EZA-Vertreter in Österreich. Hier sollen ja die Entwicklungshilfegelder bis 2014 um ein Drittel gekürzt werden. 2015 laufen die UN-Milleniums-Entwicklungsziele aus. Zur Jahrtausendwende hatte ja die Weltgemeinschaft beschlossen, die Armut auf der Welt zu halbieren. Darin wurde auch großzügig

versprochen, dass alle Industrienationen 0,7 Prozent ihres Bruttoinlandsproduktes für Entwicklungshilfe ausgeben wollen. Ein Versprechen, das schon seit Jahrzehnten am Tisch liegt. Uneingelöst.

EuropäerInnen versus AfrikanerInnen?
In der EU sind etwa 36 Millionen Arbeitsplätze direkt oder indirekt vom Handel abhängig. Verteidigt also die EU lediglich die Interessen ihrer eigenen Bürger und Bürgerinnen auf Kosten der Bürger und Bürgerinnen der Entwicklungsländer? Nicht so ganz, sagt Pia Eberhardt. Denn die europäische Handelspolitik komme nicht allen EuropäerInnen zu Gute, sondern in erster Linie den großen Unternehmen, die am Weltmarkt agieren. Kleine und mittelständische Unternehmen würden hingegen in Zukunft viel stärker den ausländischen Wettbewerb zu spüren bekommen. Vor allem, wenn die EU im Gegenzug auch Zugeständnisse an die großen Schwellenländer China, Indien und Brasilien machen muss. Denn das würde ihrer Meinung nach auch zu einer Aushöhlung von Arbeitnehmerrechten und Sozialstandards in Europa führen, so Eberhardt: „Das sind Dinge, die den Global Players ein Dorn im Auge sind – egal, ob sie aus Europa oder aus Indien kommen." Und diese Entwicklung könne wohl nicht im Interesse einer breiten Bevölkerungsschicht in Europa sein.

Spielen wir Demokratur!
Aber die werde in die Entwicklung von Handels- oder Rohstoffstrategien ohnehin nicht eingebunden, kritisert die Lobbying-Expertin. Zumindest nicht ernsthaft. Denn hinter den Kulissen sind es die Lobbyisten der großen Unternehmensverbände, die die Details der Strategiepapiere bestimmen, sagt Eberhardt: „Da gibt es zahlreiche informelle Einflusskanäle. Hunderte von exklusiven Treffen im stillen Kämmerlein zwischen der EU-Kommission und ganz bestimmten Akteuren, wie beispielsweise dem europäischen Arbeitgeberverband Business Europe."

Pro Forma gibt es natürlich Konsultationen der Zivilgesellschaft. So wurde etwa die europäische Öffentlichkeit dazu aufgerufen, sich am Diskussionsprozess rund um die Neufassung der EU-Rohstoff-Initiative zu beteiligen. Zahlreiche Organisationen haben kritische Eingaben gemacht. Zum Beispiel Oxfam, erzählt David Hachfeld. Berücksichtigt wurden diese Bedenken und Vorschläge aber letztendlich nicht. Stattdessen wird in der Neufassung der Initiative festgehalten, dass auch die Konsultation mit der Zivilgesellschaft ergeben hätte, dass die Rohstoff-Strategie fortgesetzt werden solle. „Da fühlen wir uns – entschuldigen Sie das Wort – verarscht, dass sich unsere Kritik dann in so einem Satz niederschlägt", beklagt Hachfeld.

Links:
- Handel, Wachstum und Weltgeschehen - Handelsstrategie der EU: http://trade.ec.europa.eu/doclib/docs/2010/november/tradoc_146956.pdf
- EU Rohstoffinitiative: http://ec.europa.eu/enterprise/policies/raw-materials/index_de.htm
- Oxfam Deutschland: http://www.oxfam.de/
- Corporate Europe Observatory (CEO): http://corporateeurope.org/

Zwischen den Welten

- **Europa-Indien: Der Kampf um die Märkte**

In Indien ist es in den vergangenen Jahren immer wieder zu Massenprotesten gegen geplante Wirtschaftsreformen der indischen Regierung gekommen. Unter anderem will die Regierung den indischen Markt für ausländische Supermarktketten öffnen. Und das könnte Millionen von kleinen Händlern und Kleinbauern in Indien ruinieren. Was das mit Europa zu tun hat? Bereits seit 2007 verhandelt die EU mit Indien ein bilaterales Freihandelsabkommen. Diese Marktöffnung war stets eine der Kernforderungen der Europäer. Immerhin ist Indien mit seinen 1,2 Milliarden Einwohnern eines der am schnellsten wachsenden Schwellenländer und europäische Unternehmen möchten dort Geschäfte machen. Doch die Inder haben sich bisher bemüht, ihre aufstrebende Wirtschaft vor der europäischen Konkurrenz zu schützen. Immerhin leben derzeit 40 Prozent der indischen Bevölkerung unter der Armutsgrenze.

Problembereich Milch

Die Verhandlungen zum Freihandelsabkommen sind zäh, ein Ende noch nicht in Sicht. Die Inder möchten, dass ihre Programmierer in Europa arbeiten dürfen - die Europäer wollen ihre Festung geschlossen halten. Europäische Pharmakonzerne wünschen sich von den Indern ein strengeres Patentrecht - die Inder wollen ihre Produktion billiger Generika nicht gefährden. Die EU will, dass Indien Zölle abbaut – Indien will sich vor den subventionierten Agrarprodukten aus Europa schützen. Ein weitreichendes Freihandelsabkommen würde viel Gutes bringen – und zwar für alle, betont Ignacio Garcia Bercero, Chefverhandler der EU-Kommission: "Im Bereich der Landwirtschaft zum Beispiel würde ich sagen, dass die Inder sehr viel mehr profitieren als wir. Natürlich müssten sie dann ihre Märkte teilweise öffnen, aber nur sehr eingeschränkt. Und einige dieser Bereiche sind auch sehr bedeutend für europäische Produzenten. Und wir müssen schon darauf achten, dass das Abkommen auch ihren Interessen dient."

Die deutsche Heinrich Böll-Stiftung, das Third World Network und noch ein paar weitere NGOs kommen zu einem völlig anderen Ergebnis: Im Rahmen einer Studie haben sie untersucht, was passieren würde, wenn Indien beispielsweise seine hohen Schutzzölle auf Geflügelimporte und Milchpulver abbauen müsste: Das würde Millionen von kleinen Geflügel- und Milchbauern die Lebensgrundlage entziehen, sagt Christine Chemnitz von der Heinrich Böll-Stiftung: "Ein Großteil der Kühe ist im Besitz von kleinbäuerlichen Betrieben mit etwa 1-3 Kühen. Die Milchwirtschaft ist sehr wichtig, weil sie Einkommen diversifiziert. Etwa 14 Millionen Menschen in mehr als 135.000 Dörfern sind in ein dezentrales Netzwerk von Molkereien und Kooperativen eingebunden."

Geheimniskrämerei der EU

Die Produkte der Kleinbauern werden in den Städten von kleinen Händlern und Händlerinnen an den Straßenecken verkauft. Supermärkte und große Kaufhäuser gibt es in Indien fast gar nicht. Ausländische Handelsketten sind nicht zugelassen. Doch das könnte sich bald ändern, kündigte die indische Regierung vergangene Woche an. Die Folge: Massenkundgebungen und Streiks von kleinen Händlern, die um ihre Existenz fürchten. Zu Recht, meint die indische Handels-Expertin Ranja Sengupta vom Third World-Network. Das geplante Freihandelsabkommen mit der EU würde

Ulla Ebner

zwar einige wenige gut bezahlte Jobs im IT-Sektor schaffen, aber dafür massenhaft Arbeitsplätze in der Landwirtschaft und im Handel vernichten. Ranja Sengupta macht sich Sorgen um die soziale Entwicklung ihres Landes: "Ein gerechtes Abkommen kann es nur zwischen gleichwertigen Partnern geben. Auch wenn Indien stark wächst, gibt es doch riesige Unterschiede zur EU. Schauen Sie sich einmal unsere sozialen Indikatoren an, unsere Armutsraten und unsere Wettbewerbsfähigkeit. Ich will damit nicht sagen, dass wir keinen Handel mit Europa treiben wollen. Die EU ist und bleibt einer unserer wichtigsten Handelspartner. Aber wir sind ein Entwicklungsland und wir sollten uns nicht in internationalen Abkommen zu Dingen verpflichten, von denen wir nicht profitieren."

Was die Zivilgesellschaft besonders ärgert, ist die Geheimniskrämerei, die rund um die Verhandlungen mit Indien betrieben wird, sagt Christine Chemnitz von der Heinrich Böll-Stiftung: "Vieles von dem, was wir verwendet haben für unser Human Rights Impact Assessment sind Dokumente, die uns zugespielt wurden. Wir kennen keine Listen über sensible Produkte. Wir wissen nicht, was ist der Verhandlungsstand. Wir können natürlich zu unseren Regierungen gehen. Aber erstmal schauen wir in eine große Blackbox."

Geht's der Wirtschaft gut, geht's dann allen gut?
Wenn EU-Chefverhandler Ignacio Garcia Bercero also hinter verschlossenen Türen die Details von Freihandelsabkommen bespricht, so dürfte er dort zum Beispiel Pascal Kerneis treffen. Kerneis ist Geschäftsführer des European Services Forum – dem Lobbyverband der europäischen Dienstleistungsunternehmen. Er setzt sich dafür ein, dass europäische Handelsketten, Banken, Versicherungen und Tourismusunternehmen in Indien Geschäfte machen können. "Internationaler Handel ist essentiell für die europäische Wirtschaft", betont er, "30 Millionen Menschen in der EU leben von der Exportwirtschaft. Und wenn Sie glauben, wir brauchen keinen internationalen Handel, dann wird die Krise noch viel härter. Es geht nicht nur um künftige Jobs und künftiges Wachstum. Es geht darum, den Standard zu halten, den wir jetzt haben."

Denn auch wenn 40 Prozent der 1,2 Milliarden Inder unter der Armutsgrenze leben: Es gibt immer noch 250 Millionen Menschen, die zur kaufkräftigen Mittelschicht gehören – ein interessanter Markt für europäische Unternehmen. Indien hat ein Wirtschaftswachstum von rund sechs Prozent. Davon kann das stagnierende Europa nur träumen. Daher sei es wichtig, sich wirtschaftlich mit jenen Ländern zu verlinken, die noch Wachstum haben, betont Claudia Stowasser von der österreichischen Wirtschaftskammer. Derzeit sind etwa 100 österreichische Firmen in Indien tätig. Aber natürlich sei Indien nicht nur ein interessanter Markt, sondern auch ein schwieriger, so Stowasser: "Es gibt hohe Schutzzölle, Bürokratie, mangelhafte Infrastruktur und eine erschwerte Rechtsdurchsetzbarkeit. Sprich: es ist sehr schwer, vor indischen Gerichten zu klagen."

Angst vor Lohn- und Sozialdumping
Das alles sollte mit dem Freihandelsabkommen einfacher werden, hofft Stowasser. Bringt das Abkommen also Fluch für Indien und Segen für Europa? Mitnichten, sagt die österreichische

Arbeiterkammer. Sie hält den Einfluss des Außenhandels auf das europäische Wirtschaftswachstum für überschätzt. Das geplante Abkommen werde nicht für mehr Wohlstand in der EU sorgen, glaubt Eva Dessewffy von der Arbeiterkammer. Sie beruft sich dabei auf eine EU-Studie: "Selbst aus Sicht der EU ist es so, dass für die Beschäftigten in Europa keine erkennbaren Lohnsteigerungen zustande kommen werden. Dagegen sind Entlassungen quer durch alle Sektoren zu erwarten."

Die Arbeiterkammer befürchtet vielmehr ein Lohn- und Sozialdumping. Sie fordert ein umfassendes Sozialkapitel im Handelsabkommen. Darin sollen sich sowohl die EU wie auch Indien verpflichten, arbeitsrechtliche Mindeststandards der internationalen Arbeitsorganisation ILO einzuhalten. Ein paar dieser internationalen Mindeststandards hat Indien bisher nicht einmal unterschrieben, so gibt es beispielsweise kaum Gesetze gegen Kinderarbeit. Ein Sozialkapitel sei ohnehin vorgesehen, erklärt EU-Chefverhandler Ignacio Garcia Bercero. Allerdings: auf freiwilliger Basis. Sanktionen solle es keine geben: "Wenn irgendjemand glaubt, dass Indien das ILO-Abkommen unterschreibt, nur weil die europäische Union mit Handelssanktionen oder Strafzahlungen droht, dann hat diese Person wirklich keine Ahnung von Indien. Ich glaube nicht, dass Sanktionen der richtige Ansatz sind." Arbeiterkammer und NGOs halten ein Sozialkapitel ohne Sanktionen aber für eine reine Alibi-Aktion. Und die indische Regierung wiederum hat sich bisher hartnäckig gegen jegliche Vorschläge für ein Sozialkapitel gesträubt. Noch ist dieses Thema offen. Denn – so Chefverhandler García Bercero: die schwierigsten Themen kommen immer am Schluss.

***

• Sozialklauseln in Handelsabkommen: Mehr als ein Feigenblatt?

Traditionellerweise kümmert sich ja die internationale Handelspolitik relativ wenig um Themen wie Menschenrechte, Arbeitsbedingungen und Umweltschutz. Doch das soll jetzt angeblich anders werden. Seit einigen Jahren verhandelt die EU bilaterale Handelsabkommen mit einzelnen Ländern und Regionen: Zum Beispiel mit Südkorea, Indien, Peru und Kolumbien. In diesen Abkommen sind neuerdings sogenannte Sozial- und Umweltklauseln enthalten. Doch diese sind äußerst umstritten. Insbesondere im Fall Kolumbiens, schließlich gilt die Menschenrechtslage dort als äußerst bedenklich. Können da Sozialklauseln in Handelsverträgen etwas bewirken? Oder sind sie bloß ein Feigenblatt um Kritiker ruhig zu stellen? Mit dieser Frage haben sich Experten und Expertinnen aus Deutschland und Österreich Im Rahmen eines Buches auseinandergesetzt, das im Nomos-Verlag erschienen ist.

Ermordung von Gewerkschaftsaktivisten

EU-Südkorea hat den Anfang gemacht. Das Handelsabkommen trat 2011 in Kraft. 2013 folgten Peru und Kolumbien. Und gerade dieses Abkommen war von Anfang an höchst umstritten. In Teilen Kolumbiens herrscht Bürgerkrieg, Menschen werden vertrieben, Arbeitsrechte missachtet.

Menschenrechtsaktivisten und Gewerkschafter leben gefährlich in Kolumbien. „Nur wenige Arbeiter engagieren sich bei uns in der Gewerkschaft, denn wir werden ständig verfolgt", erklärt Nohora Tovar, Vizepräsidentin der kolumbianischen Metallergewerkschaft, „es gibt Drohungen. Viele Gewerkschaftsführer müssen in andere Städte oder Dörfer flüchten. Ich selbst bin zum Glück noch nie direkt bedroht worden. Aber natürlich lebe ich immer mit der Angst. Du weißt ja nie, wann sie dir etwas antun, nur weil du gerade an einem Protest teilnimmst oder Arbeiter bei einem Streik unterstützt." Allein im Jahr 2010 wurden – laut Tovar – 51 Gewerkschaftsaktivisten in Kolumbien ermordet. Nohora Tovar war stets gegen das Freihandelsabkommen mit der EU. Ihre Befürchtung: Mehr Konkurrenz durch die Europäer bedeutet noch mehr Ausbeutung von kolumbianischen Arbeitskräften. Und vermutlich auch: mehr Druck auf die Gewerkschaften.

Zahnlos und zahnloser
Das Handelsabkommen mit Peru und Kolumbien enthält ein Sozialkapitel. Dieses sieht vor, dass alle Vertragspartner sich an gewisse Mindeststandards der Internationalen Arbeitsorganisation (ILO) halten müssen. Für die Juristin Karin Lukas ein Schritt in die richtige Richtung: „Das war etwas, das die EU früher nicht gemacht hat. Da wurde auf der einen Seite Handel betrieben und woanders wurden die Interessen von Arbeitnehmern gefördert und Umweltschutz eingefordert. Dass da jetzt eine Verbindung stattfindet, ist schon ein großer Schritt." Doch dieser Schritt führe noch nicht ans Ziel, glaubt Karin Lukas. Sie ist Leiterin für den Bereich Wirtschaft und Entwicklung am Ludwig Boltzmann Institut für Menschenrechte. Im Auftrag der Wiener Arbeiterkammer hat sie Sozialnormen in verschiedenen Handelsabkommen weltweit verglichen. Und bei den EU-Abkommen sieht sie noch zahlreiche Schwachstellen. Die Sozialklausel für Peru und Kolumbien sei sogar noch zahnloser ausgefallen als jene für Südkorea. Für die Arbeitsrechtlerin Reingard Zimmer ist besonders problematisch, dass beim Kolumbien-Abkommen die Zivilgesellschaft ausgeschlossen wird: „Beschwerde einreichen können nur die Vertragspartner", erklärt sie. Und Vertragspartner sind die europäische Union, Kolumbien und Peru, nicht aber Gewerkschaften aus den beteiligten Ländern oder NGOs. Dabei wären genau das die Akteure, die in der Praxis am ehesten tätig werden, wenn es zu Problemen kommt.

Zuckerbrot und Peitsche
Reingard Zimmer ist Professorin für Arbeitsrecht an der Universität Hamburg. Was aber würde passieren, wenn sich die EU tatsächlich bei der kolumbianischen Regierung über die Ermordung von Gewerkschaftern beschwert. Oder bei Südkorea über die Arbeitsbedingungen in den Technologiefabriken? Hier wären wir schon bei Kritikpunkt Nummer zwei: Sanktionen sind nämlich kaum vorgesehen. „Dieser Mechanismus beruht letztendlich nur auf dem, was wir Naming und Shaming nennen", erklärt Zimmer, „also es wird konsultiert, dann gibt es ein Expertengremium, die Verletzungen werden untersucht, es gibt Empfehlungen. Doch was passiert, wenn sich dann immer noch nichts verbessert? Nichts."

Verstöße gegen Sozialklauseln bleiben ohne Folgen. Verstöße gegen Handelsauflagen hingegen werden streng sanktioniert von der EU – bis hin zum Handelsboykott. Europa sollte sich ein Beispiel an den USA und Kanada nehmen, sagt Karin Lukas vom Ludwig Boltzmann Institut für

Menschenrechte. Die bestrafen nämlich sehr wohl Verletzungen von Arbeitsrechten und Umweltauflagen. Neben Strafen, gibt es dort aber auch Anreize, erklärt Lukas. Zum Beispiel im Textilabkommen zwischen den USA und Kambodscha. Je mehr die Kombodschaner die Arbeitsbedingungen im Land verbessern, desto mehr Zugang bekommen sie zum amerikanischen Markt. „Das ist eines der wenigen Dinge, die gut funktioniert haben", so Lukas, „man konnte wirklich im Lauf der Zeit beobachten, dass sich die Arbeitsbedingungen in Kambodscha verbessert haben."

Süd gegen Süd
Die Regierungen von Entwicklungs- und Schwellenländern halten erwartungsgemäß wenig von derlei Sozialklauseln. Sie wollen sich von Europa gar nichts diktieren lassen. Vor allem Indien ist hier ein harter Verhandlungspartner. Das Argument der Inder: Die EU interessiere sich gar nicht ernsthaft für Menschenrechte, das sei nur ein Vorwand um den Wettbewerbsvorteil Indiens zu untergraben. Die Motive der Europäer seien in der Tat vielfältig, glaubt Karin Lukas. Einerseits habe natürlich der Druck der Zivilgesellschaft einen Rolle gespielt. Jedoch habe die EU natürlich auch Interesse daran, den Vorteil, den Entwicklungsländer durch geringere Arbeits- und Umweltstandards haben, zu minimieren. „Da ist sicherlich nicht nur Altruismus im Spiel, da gibt es auch wirtschaftliche Interessen", so Lukas.

Zwischen Entwicklungs- bzw. Schwellenländern herrscht ein knallharter Standortwettbewerb: Wer sich nicht um Arbeitsrechte und Umweltschutz kümmert, kann billiger produzieren. Das lockt Investoren an. Die Autoren und Autorinnen des Sammelbandes „Sozialkapitel in Handelsabkommen" kommen zu dem Schluss: kurzfristig bringe es Wettbewerbsvorteile, wenn man Arbeitsrechte missachtet. Langfristig stärken gute Arbeitsbedingungen aber die industrielle Entwicklung eines Landes. Karin Lukas und Astrid Steinkellner haben Alternativ-Vorschläge erarbeitet, wie wirkungsvolle Sozialkapitel in Handelsabkommen ausschauen könnten: „Unser Vorschlag wäre, dass Mindeststandards mit allen Ländern gleich sind. Die Kernarbeitsnormen der ILO – also: keine Kinderarbeit, keine Zwangsarbeit, gewerkschaftliche Organisierung, keine Diskriminierung – sollten in jedem Abkommen umgesetzt werden." Und natürlich sind im Alternativvorschlag der Autorinnen auch strenge Sanktionsmöglichkeiten vorgesehen.

Buchtipp:
Christoph Scherrer und Andreas Hänlein (Hgs), „Sozialkapitel in Handelsabkommen.
Begründungen und Vorschläge aus juristischer, ökonomischer und politologischer Sicht", Nomos Verlag

Ulla Ebner

• Steuerflüchtlinge und ihre Oasen

Steuern sind wesentlicher Bestandteil des Gesellschaftsvertrags zwischen einem Staat und seinen Bürgern und Bürgerinnen. Diese geben der Regierung einen Teil ihres Einkommens und wollen, dass die Regierung dieses Geld möglichst sinnvoll zum Wohle der Allgemeinheit investiert. Für Bildung und Forschung zum Beispiel, um Straßen zu bauen, Kultur zu fördern und um sozial Bedürftige zu unterstützen. Steuern zahlen – das tut allerdings niemand gern. Auch erfolgreiche Unternehmen nicht. Und so haben sie mittlerweile eine Kunst darin entwickelt, durch komplizierte Firmenkonstrukte das Steuerzahlen zu umgehen. Ganz legal bunkern sie ihre Gewinne in sogenannten Steueroasen, also in Ländern, wo die Steuersätze dementsprechend niedrig sind. Doch dadurch gehen den Regierungen der Welt Milliarden durch die Lappen, die sie dann eben nicht umverteilen können. Diese Praktiken kritisiert seit Jahren das internationale Tax Justice Network..

Legale und illegale Steuerflüchtlinge
Keine Steuern zahlen ganz legal: Angenommen, unsere österreichische Firma macht hohe Gewinne. Dann gründen wir eben eine Tochterfirma im Steuerparadies Luxemburg. Dieser Tochterfirma übertragen wir dann die Rechte für unser Firmenlogo und zahlen ihr jährlich mehrere Millionen an Lizenzgebühr. Reicht das nicht aus, könnten wir noch eine Briefkastenfirma auf der Kanalinsel Jersey gründen. Von der lassen wir uns dann einen Riesenkredit geben und zahlen ihn mit hohen Zinsen zurück. Und schon wären wir aus dem Schneider: denn dort in den Oasen müssen wir kaum Steuern zahlen und hier haben wir ja fast keinen Gewinn.

„Die Weltwirtschaft ist heute so organisiert, dass solche Praktiken erlaubt sind", beklagt der aus Äthiopien stammende Ökonom Dereje Alemayehu, „die Methode ist wirklich sehr einfach: künstlich erhöhe ich die Kosten in Ländern, wo der Steuersatz normal ist und verlagere meine Gewinne in Länder, die niedrige oder gar keine Steuern erheben." Dereje Alemayehu ist Vorsitzender des Tax Justice Network Africa. Das Netzwerk schätzt, dass etwa ein Drittel des weltweiten Vermögens der Besteuerung entzogen wird. Das kann legal passieren, so wie es die großen Unternehmen tun – dann spricht man von „Steuervermeidung". Oder es kann sich um illegale Steuerhinterziehung handeln. Das tun meist wohlhabende Privatpersonen. Sie verstecken ihr Geld in Ländern mit einem besonders strengen Bankgeheimnis. Das Tax Justice Network hat einen Schattenindex erarbeitet mit den 73 intransparentesten Finanzplätzen der Welt. Viele Spitzenreiter liegen in Europa, sagt Co-Autor Markus Meinzer: „Das größte Problem haben wir in Europa mit der Schweiz und mit Luxemburg. Die sind daher im Schattenfinanzindex auch in den oberen drei Plätzen gelandet. Darüber hinaus haben wir – was vielleicht viele überraschen wird – auch ein Problem mit Deutschland und Österreich."

Das geheiligte Bankgeheimnis
Österreich steht auf Platz 17 der Liste. Hauptkritikpunkt: die heilige Kuh Bankgeheimnis. Österreich will nicht mit ausländischen Steuerbehörden zusammenarbeiten, wenn diese versuchen Steuerflüchtlinge aus dem eigenen Land zu verfolgen. Und Österreich blockiert daher

gemeinsam mit dem Steuerparadies Luxemburg seit Jahren die EU-Zinsrichtlinie. „Es scheint in Österreich offenbar keinen Politiker zu geben, der sich traut, zu argumentieren, dass das Bankgeheimnis, wie es die Zinsrichtlinie beschränken würde, keinerlei Auswirkungen haben würde auf das österreichische Bankgeheimnis für Österreicher", ärgert sich Meinzer, denn schließlich gehe es hier lediglich um die Konten der europäischen Nachbarn in Österreich: „Und Steuerbetrügern aus diesen Ländern möge man doch bitte nicht mehr Unterschlupf gewähren. Das gebietet sich doch im Namen guter und freundschaftlicher Nachbarschaft!"

Die Mutter aller europäischen Steueroasen ist übrigens Großbritannien, erklärt Markus Meinzer. Vor allem die britischen Kanalinseln (Jersey, Isle of Man etc) und die Kronkolonien in der Karibik, wie die Virgin Island oder auch die Cayman Islands. „Das kann man in den Archiven des British Commonwealth Office nachlesen, wie dort London regelrecht Tipps gegeben hat, wie sich die Überseegebiete zu einer Steueroase mausern können", erzählt Markus Meinzer, „Und diese Steueroasen fungieren dann als Zuführer für Kapital – oft auch schmutziges Kapital – hin in die Londoner City."

Ohne Oasen keine Schuldenbremse?
Doch diese Taktik fällt dem britischen Finanzminister jetzt wieder auf den Kopf. 98 von 100 börsennotierten Unternehmen in Großbritannien haben Tochtergesellschaften in Steueroasen. Und der britischen Finanz dürften dadurch jährlich 20 Milliarden Euro entgehen. So zahlte etwa die Großbank Barclays im Jahr 2009 lediglich ein Prozent Steuern – bei einem Brutto-Gewinn von knapp 14 Milliarden Euro. Markus Meinzer vom Tax Justice Network ist überzeugt davon: Gäbe es keine Steueroasen, müssten die europäischen Regierungen heute nicht so harte Sparpakete schnüren.

Er geht sogar so weit, zu sagen: Ohne diese Steueroasen würden wir jetzt vermutlich in gar keiner Finanzkrise stecken: „Das Problem in den letzten 30 Jahren war diese Verschiebung der Steuerlast hin zu Konsumenten und Arbeitnehmern und weg von Kapitaleinkünften. Durch die fehlende Besteuerungskapazität haben sich die Finanzvermögen in den Händen weniger vervielfacht. Das hat dazu geführt, dass wor so eine riesige Spekulationsmasse hatten und dass solche Blasen bilden konnten." Gerade EU-Krisenländer, wie Italien, Portugal und Griechenland leiden unter der Steuerhinterziehung. Schätzungen zufolge wurden allein im September und Oktober vergangenen Jahres 14 Milliarden Euro aus Griechenland auf Schweizer Bankkonten überwiesen.

Steuern statt Entwicklungshilfe
Aber am allerschlimmsten trifft die Steuerflucht Entwicklungsländer. Laut einer Studie der US-amerikanischen Organisation "Global Financial Integrity" entgingen den Entwicklungsländern allein im Jahr 2009 durch illegale Geldabflüsse an die 700 Milliarden Euro– das ist etwa das 8-fache von dem, was sie an Entwicklungshilfegeldern erhalten haben. „Viele afrikanische Politiker sagen heutzutage schon zu Europa: Schaffen wir doch eine Situation in der Weltwirtschaft, die uns erlaubt, die Steuern, die uns gehören, auch wirklich einzuheben – und wir lassen euch in Ruhe mit Entwicklungshilfe", berichtet Dereje Alemayehu vom Tax Justice Network Africa. Es gibt bereits

Verhandlungen einiger ostafrikanischer Länder, ihre Steuerpolitik zu harmonisieren. Denn bisher herrschte ein knallharter Standortwettbewerb um ausländische Investoren. Diese sind oft mehrere Jahre lang steuerbefreit. Rekordhalter ist hier Mali: Dort brauchen ausländische Investoren 20 Jahre lang keine Steuern zahlen. Doch es seien keine rationalen wirtschaftlichen Überlegungen, die die Regierungen zu so einer Politik veranlassen, sagt Dereje Alemayehu, sondern der Druck von Lobbyisten.

Lobbyisten schreiben Gesetze

Das sei auch in Europa keine Seltenheit, sagt Markus Meinzer. Immer wieder schreiben europäische Finanzmarktakteure an Gesetzestexten mit: „Die Barclays Bank hat zum Beispiel versucht, in Ghana ein Offshore Finanzzentrum aufzubauen und darum wurden dort auf Anraten der Bank Gesetze geschrieben. Wir wissen auch, dass auf der Kanalinsel Jersey einige Gesetze vom Finanzsektor direkt geschrieben werden. Und wir können auch in Deutschland davon ausgehen, dass viele der Finanzmarktregulierungen – die ja kein Zufall ist – vom Gesetzgeber beinahe ausgelagert wird." Die Ökonomen vom Tax Justice Network fordern von der EU ein härteres Vorgehen gegen Steueroasen und Steuerflüchtlinge. Derzeit verhandelt die EU eine neue Rechnungslegungs-Richtlinie für Unternehmen. Hier wird von NGOs gefordert, dass Firmen in jedem einzelnen Land, in dem sie tätig sind, Rechnungsberichte vorlegen müssen. Derzeit müssen sie das nämlich nur an ihrem Hauptsitz – und so können sie das Verschieben von Gewinnen leicht verschleiern. Müssten sie für jedes Land getrennt berichten, so könnte man leichter sehen, wo Profitverlagerungen zur Steuervermeidung stattgefunden haben, so Meinzer: „Man könnte plötzlich sehen, dass ein einzelner irischer Mitarbeiter für drei Milliarden Profit verantwortlich ist. Und da würde man dann beginnen, nachzufragen. Denn da kann etwas nicht mit rechten Dingen zugehen." Bleibt abzuwarten, wer sich in der EU bei der Rechnungslegungs-Richtlinie durchsetzen wird: Die Ökonomen der NGOs oder doch die Lobbyisten.

Links:

- Tax Justice Network: http://www.taxjustice.net/cms/front_content.php?idcatart=2&lang=1
- Studie "Illicit Financial Flows from Developing Countries over the Decade Ending 2009": http://www.gfintegrity.org/storage/gfip/documents/reports/IFFDec2011/illicit_financial_flows_from_developing_countries_over_the_decade_ending_2009.pdf
- Global Financial Integrity: www.gfintegrity.org
- EU-Rechnungslegungsrichtlinie: http://ec.europa.eu/internal_market/accounting/sme_accounting/review_directives/index_de.htm

• James K. Galbraith: Der geplünderte Staat

Neoliberale Theorien wie der Freihandel, der schlanke Staat oder flexible Löhne gehören längst in den Abfalleimer der Geschichte. Konservative Politiker glauben selbst nicht mehr daran. Im politischen Diskurs werden diese Theorien aber weiterhin beschworen. Und zwar, weil die Reichen und Mächtigen davon profitieren. Diese plündern staatliche Gelder und stecken sie in ihre privaten Taschen. Das ist die Kernaussage von James K. Galbraiths aktuellem Buch „Der geplünderte Staat. Oder was gegen den freien Markt spricht". James K. Galbraith ist der Sohn des 2006 verstorbenen linksliberalen Starökonomen John Kenneth Galbraith, der unter anderem als Berater der US-Präsidenten Roosevelt und Kennedy tätig war. James K. Galbraith selbst unterrichtet Wirtschaft an der University of Texas in Austin. Er schreibt für diverse Zeitungen und hat mehrere Bücher über Finanzwirtschaft und ökonomische Ungleichheit veröffentlicht. Galbraith war stets einer der schärfsten Kritiker der Wirtschaftspolitik von George W. Bush.

Vom Aufstieg und Fall des freien Marktes

Es ist die Geschichte einer Idee, die zuerst gehegt und dann von ihren eigenen Fürsprechern verraten wurde, schreibt James K. Galbraith im Vorwort zur deutschen Ausgabe seines Buchs "Der geplünderte Staat oder Was gegen den freien Markt spricht". Die Idee des freien Marktes wurde seiner Meinung nach dazu benützt, den Sozialstaat in eine Maschine zur privaten Vermögensanhäufung und Machtsicherung zu verwandeln. Begonnen hat der politische Aufstieg des freien Marktes in den frühen 1980er Jahren. Damals begann auch seine eigene politische Karriere als Ökonom im US-Kongress, erzählt der Sohn des 2006 verstorbenen linksliberalen Starökonomen John Kenneth Galbraith, der derzeit Wirtschaft an der University of Texas in Austin unterrichtet, für diverse Zeitungen schreibt und mehrere Bücher über Finanzwirtschaft und ökonomische Ungleichheit veröffentlicht hat.

"Ich kam als junger Mann in die Politik, als Ronald Reagan in den USA regierte und Margaret Thatcher in Großbritannien", sagt John K. Galbraith. "Damals sah es so aus, als hätten die Konservativen eine kohärente Weltsicht: Markt wurde mit Freiheit gleichgesetzt, Finanzkontrollbehörden sorgten sich nur um Inflation, Steuersenkungen für Reiche sollten Sparfreudigkeit und Investitionen fördern. Regulierung galt als Last. Ich habe diese Ansichten zwar nie geteilt, aber ich hatte Respekt vor den Architekten dieser Weltsicht – als Denker. Sie wollten etwas Radikales machen. Und sie glaubten fest daran, dass das sinnvoll war und dass ihr System funktionieren würde."

Lobbyisten in der Regierung

In der Praxis seien diese konservativen Rezepte jedoch dann allesamt gescheitert, sagt James Galbraith. Weder Präsident Reagan noch George W. Bush hätten sie auf Dauer befolgt. Trotzdem blieb die politische Rhetorik gleich: "Steuern senken, Inflation stoppen, Markt liberalisieren". Der Unterschied: Reagan hatte sich noch namhafte Ökonomen und Intellektuelle in seine Regierung geholt. Bei Bush waren es nur noch Lobbyisten: von Ölfirmen, Pharmaproduzenten, der Gentechnik-Lobby, den Finanzmärkten. Denn es hatte sich herausgestellt: Die konservative Wirtschaftspolitik machte die Reichen noch reicher, erläutert Galbraith: "Die konservativen Regierungen schließen Allianzen mit Industrie und Finanz. In den USA sind beide Parteien eng vernetzt mit dem Finanzsektor. Das ist kein Geheimnis. Aber gerade jetzt in der Krise ist das ein Problem: Denn die Verursacher der Krise haben nach wie vor einen großen Einfluss. Ihre Protegés sitzen in Entscheidungspositionen. Und deshalb ist es sehr schwierig, wirksame Maßnahmen zur Bekämpfung des Problems zu beschließen."

Sich bereichern an Sozialprogrammen
Mitte des 20. Jahrhunderts hatte man in den USA zahlreiche Institutionen geschaffen, die vor allem der Mittelklasse zu Gute kamen: Pensions- und Krankenversicherung, Wohnbauförderung, öffentliche Universitäten. Früher seien Konservative noch aus tiefster Überzeugung gegen diese Einrichtungen und gegen jede Form der Regulierungen gewesen. Heute würden sie diese Institutionen für ihre eigenen Zwecke ausnutzen, sagt James Galbraith: Sie unterwandern die Bankenaufsicht und andere Regulierungsbehörden und bereichern sich sogar an Sozialprogrammen. Galbraith legt das mit folgendem Beispiel dar: "In der Mitte seiner Amtszeit genehmigte Präsident Bush plötzlich einen staatlichen Zuschuss für ältere Menschen, die regelmäßig Medikamente brauchen. Aber er machte das so, dass die Pharmafirmen ihren Profit maximieren konnten. Natürlich hatten auch die Alten etwas davon, aber eine viel zu große Summe an öffentlichen Geldern landete in den privaten Taschen von mächtigen Leuten."

Der Kaiser ohne Kleider
Den Konservativen sei es auf geschickte Weise gelungen, die breite Bevölkerung in den USA auf ihre Seite zu ziehen, sagt Galbraith: Sie hätten den Begriff "Markt" mit der Idee von "Freiheit" verknüpft. Gemeint sei nicht politische oder gesellschaftliche Freiheit, sondern die Freiheit, Geld auszugeben. Für Großkonzerne wurde es bald die Freiheit, Monopole zu bilden und den Markt zu beherrschen. Diese Idee ist laut Galbraith so mächtig geworden, dass auch den Demokraten nichts anderes übrig geblieben sei, als die Freiheit der Märkte zu predigen. "Die Konservativen in den USA fühlen sich diesen Ideen längst nicht mehr intellektuell verbunden", sagt Galbraith, "aber sie haben die Progressiven in Bedrängnis gebracht. Man konnte das sehr deutlich an den Wahlkämpfen von Obama und Hillary Clinton sehen: Sie alle haben ihre große Verehrung für den freien Markt zum Ausdruck gebracht. Sie glauben zwar selbst überhaupt nicht daran, aber sie denken, dass sie das sagen müssen. Denn wenn einer skeptisch ist und sagt, "der Kaiser hat ja gar nichts an", dann wird diese Person ferngehalten vom Hof, von den Zentren der Macht."

Gleichheit erzeugt Effizienz
Galbraith zeigt mit dem Finger auf die nackten Körperteile des Kaisers. Kapitelweise widmet er sich verschiedenen neoliberalen Glaubenssätzen und versucht, diese zu dekonstruieren: Steuersenkungen für die Superreichen nützen nicht der Gesellschaft, sondern nur den Superreichen. Die freien Märkte existieren nur in der Theorie und wären sogar ein Risiko für Konzerne. Freihandel könne einer Volkswirtschaft schaden. Die Kluft zwischen Arm und Reich

mache die Wirtschaft ineffizient. Daher solle der Staat Vermögen umverteilen – nicht nur im Sinne der Gerechtigkeit, sondern auch im Sinne der Volkswirtschaft. "Es gibt ganz klare Beweise dafür, dass Gleichheit auch Effizienz erzeugt. Warum? Eine Firma, die nur Profite macht, indem sie billige Arbeitskräfte anheuert, verwendet keine effizienten Technologien", erzählt Galbraith. "Und wenn man sagt, 'hallo, ihr müsst Arbeitsrechte einhalten und Umweltstandards', dann werden jene Firmen wachsen, die das einhalten können. Die anderen werden schrumpfen. Und die guten Firmen wollen Regulierungen, weil das ja ein Wettbewerbsvorteil für sie ist."

Defizite als Medizin
Auch dem Dogma des ausgeglichenen Staatshaushalts erteilt Galbraith eine Absage. Besonders jetzt in der Krise sei es besorgniserregend, wenn viele Regierungen Sparpakete schnürten, sagt der US-Ökonom. Sie würden die Krankheit mit der Medizin verwechseln: Nicht die Defizite seien das Übel, sondern das mangelnde Wirtschaftswachstum, erklärt er. "Budgetdefizite sind keine Ursache für Probleme, sondern die Folge der Krise, der zusammengebrochenen Banksysteme, dem Rückgang von Steuereinnahmen. Der Währungsfond hat festgestellt: Die Hälfte der Defizite von Industrieländern geht auf gesunkene Steuereinnahmen zurück. Zehn Prozent auf geringes Wachstum. Und nur 7,5 Prozent auf höhere Ausgaben. Es ist der Zusammenbruch der Wirtschaft, der die Defizite verursacht."

Die Räuber in die Schranken weisen
Probleme wie Wirtschaftskrise und Klimawandel seien nur durch Regulierungen und staatliche Planung in den Griff zu bekommen, sagt James Galbraith. Es sei an der Zeit, die Kräfte des Räuberstaates zu stoppen. Dazu brauche es auch ein Steuersystem, das jene Wirtschafts-Aktivitäten unrentabel macht, die der Gesellschaft schaden. "Deshalb sind Finanztransaktionssteuern eine sinnvolle Sache: Man sollte den Finanzsektor beschränken und Geld in Bereiche umleiten, die sozial gesehen konstruktiver sind. Und längerfristig muss man auch sagen: Der Bankensektor ist keine nützliche Kreditquelle mehr für die Geschäftswelt und die Industrie. Wir sollten parallel dazu andere Institutionen zur Finanzierung aufbauen. Solche, die das auf nachhaltige Weise machen", fordert Galbraith. Besonders große Hoffnungen hegt er aber nicht, dass das alles bald passieren wird. Denn auch US-Präsident Barack Obama hätte es bislang verabsäumt, die Räuber rechtzeitig in ihre Schranken zu weisen.

Buchtipp:
James K. Galbraith, „Der geplünderte Staat. Oder was gegen den freien Markt spricht", Rotpunktverlag

Ulla Ebner

• No nos vamos, nos echan – Spaniens Jugend ohne Zukunft

55,5 Prozent aller Spanier und Spanierinnen unter 25 Jahren sind arbeitslos. Die Krise treibt viele von ihnen ins Ausland – vor allem die gut ausgebildeten. Ein spanisches Internetprojekt möchte dieses Problem jetzt sichtbar machen. Die Protestbewegung "Juventud sin Futuro" (Jugend ohne Zukunft) hat junge Exil-Spanier aufgerufen, auf einer interaktiven Weltkarte etwas über die Hintergründe ihrer Migration zu erzählen. "Wir gehen nicht von selbst - sie schmeißen uns raus" (No nos vamos, nos echan) - lautet das Motto. In den ersten vier Wochen haben sich bereits mehr als 7.000 Ausgewanderte dort eingetragen.

Die Krise treibt junge Spanier ins Ausland
Der PR-Experte Dani (28) ist seiner Schwester ins irische Limerick gefolgt. Nachdem er in Spanien jahrelang vergeblich auf Jobsuche war, hofft er, in Irland mehr Glück zu haben. Ein 25-jähriger Barkeeper, der seinen echten Namen nicht verraten möchte, mixt seine Cocktails jetzt – als illegaler Schwarzarbeiter – in einer Bar in Argentinien. Die Architektin Rocío (26) hat einen Job in Wien gefunden, doch eigentlich wäre sie lieber bei ihrer Familie in Spanien. Mehrere Tausend solcher Geschichten findet man auf der spanischen Website: "No nos vamos, nos echan" – was so viel heißt wie: wir gehen nicht von selbst, sie schmeißen uns raus. "Viele meiner Freunde sind ausgewandert", erzählt Eduardo Ocaña, "nach Argentinien, Polen, Neuseeland und die USA. Sie sind jetzt über die ganze Welt verstreut. Hier in Spanien herrscht eine sehr pessimistische Stimmung. Und das ist ansteckend." Eduardo Ocaña ist Sprecher von "Juventud sin Futuro" (Jugend ohne Zukunft). Die Gruppe hat sich vor zwei Jahren gegründet. Sie ist Teil der spanischen Protestbewegung der Indignados (der Empörten), auch genannt Movimiento M-15, nach dem Beginn der Massenproteste am 15. Mai 2011.

Mapping the spanish diaspora
Mit dem Internetprojekt "No nos vamos, nos hechan" wollten die Aktivisten den vielen spanischen "Wirtschaftsflüchtlingen" eine Stimme geben – oder zumindest einen Punkt auf der interaktiven Landkarte der Website. Denn die Regierung tue so, als sei es reine Abenteuerlust, die junge Menschen massenhaft ins Ausland locke, kritisiert Ocaña. Außerdem wollten die Initiatoren der Seite erfahren, wie es den Exil-Spaniern dort im Ausland so ergeht. "Wir haben festgestellt, dass die Erwartungen oft enttäuscht werden. Viele sitzen dann zum Beispiel in Deutschland und haben prekäre Jobs, von denen sie auch kaum leben können. Geschweige denn, Geld zu ihrer Familie nach Hause schicken." Eduardo Ocaña ist 24 und lebt in Madrid bei seinen Eltern. Von einer eigenen Wohnung können die meisten jungen Spanier nur träumen. Die Mieten sind hoch, vor allem in den Städten. Wenn ein junger Mensch überhaupt Arbeit bekommt, dann bestenfalls prekäre Minijobs bzw. schlecht bezahlte Praktikumsplätze. "Keine Wohnung, keine Arbeit, keine Pension, keine Angst" – so lautet das Motto der Protestbewegung *Juventud sin Futuro*. Es ist der Slogan einer Generation, die auf die Straße geht, weil sie nichts mehr zu verlieren hat – oder eben ins Ausland.

Die politisch Verantwortlichen

Die hohe Jugendarbeitslosigkeit sei jedoch nicht vom Himmel gefallen, sagt Eduardo Ocaña. Sie ist Ergebnis von falschen politischen Entscheidungen: "Es ist uns wichtig aufzuzeigen: Schuld an unserer Situation ist nicht nur die Krise. Schuld ist eine Sparpolitik, die uns Brüssel und Deutschland diktiert haben. Und unsere Regierung führt sie aus. Diese Politik verhindert, dass es Jobs für junge Menschen gibt."

Eine Arbeitsmarktreform der spanischen Regierung hat es Unternehmen leichter gemacht, jüngere Arbeitskräfte vor die Tür zu setzen. Seit Ausbruch der Krise im Jahr 2008 sind in Spanien 3,5 Millionen Arbeitsplätze verloren gegangen. 90 Prozent davon waren die Jobs von Menschen unter 35 Jahren. Eduardo Ocaña hat Journalismus und PR studiert. Mitte März ging sein 9-monatiges Praktikum in der PR-Abteilung einer großen Firma zu Ende. Was jetzt? Auch er selbst hat wenig Hoffnung, in seiner Heimat eine vernünftige Arbeit zu finden: "Ich glaube, der einzige Ort, wo ich derzeit als Journalist arbeiten kann, ist Lateinamerika -wegen der Sprache. Ich bin bereits in Kontakt mit Freunden, die nach Argentinien und Venezuela ausgewandert sind. Ich werde versuchen, dort Arbeit zu finden, um meinen Eltern nicht länger auf der Tasche zu liegen." Das heißt, bald wird sich möglicherweise der Initator der Seite selbst als Punkt auf der interaktiven Landkarte von "No nos vamos, nos echan" eintragen.

Links:
- Juventud sin Futuro: http://juventudsinfuturo.net/
- No nos vamos, nos echan: http://www.nonosvamosnosechan.net/

***

- **"Hay vidas en juego" – Prekariat und Empörung auf der Iberischen Halbinsel**

Immer mehr Spanier und Spanierinnen stehen auf der Straße. Sie können die Kreditraten für ihr Eigenheim nicht mehr bezahlen. In den vergangenen Jahrzehnten hatten sie sich Wohnungen oder Häuser gekauft und dafür langfristige Kredite aufgenommen. Doch dann kam die Krise.

Soziale Gräueltat Zwangsräumung

In einem Youtube-Video erzählen Betroffene ihre Geschichten: Von Kreditschulden, Druck durch die Banken und Zwangsdelogierungen. Geschichten, die die spanische Regierung lieber verschweigen würde. Seit dem Jahr 2008 wurden mehr als 170.000 Familien in Spanien zwangsdelogiert, erzählt die Aktivistin Iolanda Prats aus Valencia: "Bis zum November 2011 war diese Problematik gar nicht öffentlich bekannt. Die Betroffenen waren eingeschüchtert und verließen ihre Wohnungen still und heimlich. Ohne zu kämpfen."
Doch seit damals, im November 2011 in Barcelona erstmals eine Menschenmenge eine solche Delogierung verhinderten, gibt es die Bewegung "Stop Desahucios" (Stoppt Zwangsräumungen).

Ulla Ebner

"Wir bilden friedliche Meschenketten um Häuser, wo jemand zwangsdelogiert werden soll", erzählt Iolanda, "und mit Hilfe der Kommunikationsmedien soll die Welt Zeuge werden, was für eine soziale Gräueltat so eine Zwangsräumung ist." Iolanda Prats ist Sprecherin der Plataforma de Afectados por la Hipoteca Valencia (Plattform der von Hypotheken Betroffenen) in Valencia. Die erste derartige Plattform entstand 2009 in Barcelona. Mittlerweile gibt es 130 in verschiedenen Städten des Landes. Sie vernetzen sich übers Internet und gehen gemeinsam auf die Straße.

Selbstmorde vor der Delogierung
Spanien hat die höchste Zahl an Zwangsräumungen in der gesamten EU: Mehr als 500 pro Tag. Gleichzeitig stehen 3,5 Millionen Wohnungen leer. "Die meisten davon gehören jetzt den Banken. Diese wiederum sind mit unserem Steuergeld gerettet worden, weshalb wir jetzt unter den Sparpaketen leiden müssen", ärgert sich Iolanda Prats. "Hay vidas en juego" – es stehen Leben auf dem Spiel. So nennt sich die Kampagne der Plattform, die mit Hilfe von Videobotschaften in sozialen Medien verbreitet wird. Im Februar 2013 zündet sich in Castellón eine 47-jährige Frau vor einer Bankfiliale selbst an. Kurz davor nimmt sich ein Ehepaar – Ende 60 – auf der Insel Mallorca das Leben. In Córdoba stürzt sich ein 36-jähriger Aktivist der Bewegung "Stoppt Zwangsräumungen" aus dem Fenster seiner Wohnung im 4. Stock. Immer wieder berichten spanische Medien über Menschen, die sich umbringen, kurz bevor sie delogiert werden.

Das alles müsste nicht so sein, sagt Iolanda Prats von der Plattform der Hypotheken-Betroffenen. Spanien hat schlechte Gesetze und die Politik weigere sich, daran etwas zu ändern. Kann jemand seine Kreditraten für ein Haus oder eine Wohnung mehrere Monate lang nicht bedienen, wird sofort das Gericht eingeschaltet. Nach einem Jahr wird die Immobilie zwangsversteigert. Doch in Spanien herrscht Krise: In 90 Prozent der Fälle findet sich kein Käufer, erklärt Prats. Und das Haus fällt an die Bank – um 60 Prozent der Schulden. Die restlichen 40 Prozent schuldet man der Bank immer noch. Plus Verzugszinsen. Dazu kommen noch die Gerichtskosten. "Das heißt: im Endeffekt hat man gleich hohe Schulden, wie vorher. Nur das Haus ist weg und auch das Geld, das man bereits dafür gezahlt hat", kritisiert Iolanda Prats.

"... aber sie wollen nicht"
Auch der Gerichtshof der Europäischen Union rügt die spanische Gesetzeslage: diese sei illegal. Die Plattform der Hypotheken-Betroffenen in Spanien fordert schon seit längerem eine Gesetzesänderung. Ihr Vorschlag umfasst drei Punkte: Erstens, verliert jemand sein Haus oder seine Wohnung an die Bank, sollte er schuldenfrei sein. Zweitens: Der Staat soll soziale Mietwohnungen zur Verfügung stellen. Dafür soll er die tausenden leer stehenden Wohnungen verwenden, die den Banken gehören. Drittens: Zwangsräumungen sollen gestoppt werden, sofern es sich um den einzigen Wohnsitz einer Person handelt. 500.000 Unterschriften sind in Spanien für ein Volksbegehren nötig – 1,5 Millionen hat die Plattform gesammelt. Der Kongress muss sich mit dem Gesetzesvorschlag der Bürger befassen. Doch die Regierungspartei – die konservative Volkspartei PP – hat bereits angekündigt, dagegen zu stimmen. Daher hat die Plattform der Hypotheken-Betroffenen eine Kampagne gestartet, die sich speziell an das Gewissen der Abgeordneten der PP richten soll.

Die Aktivisten verschickten E-Mails und Videos mit Botschaften von Betroffenen an Abgeordnete. "Innerhalb von 48 Stunden haben wir mehr als eine Million Botschaften verschickt", erklärt Iolanda Prats, "so etwas ist verdammt lästig." Darüber hinaus kontaktieren die Aktivisten die PP-Abgeordneten auch in der physischen Welt. Sie verabreden sich via Facebook und Twitter, ziehen gemeinsam vor das Büro oder Wohnhaus des entsprechenden Politikers, oder der entsprechenden Politikerin; sie empfangen diese bei öffentlichen Auftritten. Dabei tragen die Aktivisten Tafeln mit grünen und roten Kreisen. Im grünen Kreis steht "Sí, se puede" (ja, man kann), auf dem roten "Pero no quieren" (aber sie wollen nicht).

Link:
- Hay vidas en juego: http://escrache.afectadosporlahipoteca.com/

***

5. Leben, lieben und musizieren zwischen den Kulturen

• Aufwachsen zwischen den Welten: Die Kinder der Entwicklungshelfer

"Tumbuka" nennt sich ein Bantu-Dialekt, der von etwa zwei Millionen Menschen im südlichen Afrika gesprochen wird. Der Waldviertler Gabriel Graf hat ihn als Kind gelernt: in einer Dorfschule in Sambia. Denn dort haben seine Eltern als Entwicklungshelfer gearbeitet. Seit den 1960er-Jahren sind etwa 2.500 Österreicher und Österreicherinnen für die Entwicklungszusammenarbeit in abgelegene Regionen in Afrika, Lateinamerika oder auch Papua Neuguinea gegangen. Viele davon mit der ganzen Familie. Die Kinder wachsen dort ohne den Luxus der industrialisierten Welt auf, sie lernen exotische Sprachen, Vögel jagen und Fische fangen und sie tauchen ein in eine völlig andere Kultur. Für manche ist das Zurückkommen nach Österreich schwieriger als das Weggehen.

Kulturschock Hüftschwung
"Gleich am ersten Tag, als ich dorthin gekommen bin, hätten wir alle tanzen sollen. Ich war eher schüchtern und hab mich in die Ecke gesetzt. Bei den Brasilianern geht es immer darum, dass alle lachen und Kontakt haben und immer wird Musik gespielt. Ich war da noch ein wenig österreichischer." Daniel Kemper erinnert sich an seinen ersten Tag in der Vorschule in Brasilien. Im Dorf Boa Vista do Tupim, im Landesinneren des nordöstlichen Bundesstaates Bahía, hat er drei Jahre seiner frühesten Kindheit verbracht. Am Hauptplatz hört er den alten Leuten zu, wie sie miteinander sprechen und plappert alles nach. Innerhalb kurzer Zeit beginnt er, ganz von selbst portugiesisch zu sprechen.

Tagsüber streunt der kleine Daniel mit einem Rudel anderer Kinder rund ums Dorf. Mit Steinschleudern machen sie Jagd auf Vögel. Die älteren Kinder passen auf den Kleinen auf. Daniels

Eltern sind ausgebildete Sozialarbeiter. Im Auftrag des katholischen Österreichischen Entwicklungsdienstes – einer Vorgängerorganisation des heutigen HORIZONT3000 – arbeiten sie dort mit Landlosen und Kleinbauern. Sertão nennt sich diese Region im Nordosten Brasiliens – einer der ärmsten Teile des Landes. Obwohl Daniel Kemper damals noch im Kindergartenalter war, ist die Verbindung mit Brasilien nie abgebrochen. Heute ist er 25 – und übrigens ein begeisterter Tänzer. Seit seinem 6. Lebensjahr kehrt er regelmäßig nach Brasilien zurück. Zu manchen Kindheitsfreunden hat er bis heute Kontakt.

Verbranntes Gras in Sambia
Sechs Jahre alt war Gabriel Graf, als er mit seinen Eltern und den beiden Geschwistern vom Waldviertler Bauernhof in ein Dorf in Sambia, im südlichen Afrika übersiedelte. Das vierte Kind der Familie Graf – ein Mädchen – kommt in Afrika zur Welt. "Ich habe sehr starke Erinnerung aufgrund von Gerüchen", erinnert sich Gabriel Graf, "da gibt es den Geruch von verbranntem Gras, den ich ganz stark mit der Zeit dort verbinde. Da kommt ein kleiner Hauch und ich weiß sofort: diesen Geruch kenn ich aus Afrika." Gabriels Vater ist Lehrer, die Mutter ausgebildetete Krankenschwester. In Sambia arbeiteten sie in Projekten, die der Landflucht entgegen wirken sollen. Entsandt wurden sie vom Institut für internationale Zusammenarbeit – das heute ebenfalls in HORIZONT3000 eingegliedert ist.

Etwa 500 bis 1.000 Einwohner hatte das Dorf im Osten Sambias, nahe der Grenze zu Malawi. Die meisten Menschen dort wohnten in traditionellen runden Lehmhütten. Für die weißen Entwicklungshelfer gab es ein gemauertes Haus. Was er sich gedacht hat, als ihm die Eltern damals, eröffneten, dass die ganze Familie jetzt für ein paar Jahre nach Afrika zieht, daran kann sich der heute 32-jährige nicht mehr erinnern. Jedoch sei das Ankommen und das Eintauchen in die neue Kultur für ihn nicht besonders spektakulär gewesen.

Angsterregende weiße Haut
Bereits nach einem halben Jahr ging Gabriel Graf in die Dorfschule. Er erinnert sich an fensterlose Klassenzimmer, in denen sich 40-50 Schüler drängelten. Einige stammten aus bitterarmen Familien und gingen täglich 10-15 Kilometer zu Fuß in die Schule: "Manchmal wurden Kinder dafür bestraft, dass sie weder Bleistift noch Papier hatten. Sie konnten gar nichtsschreiben im Unterricht. Das waren Kinder aus dem Busch, die hatten gar keine Möglichkeit das irgendwo zu besorgen. Andere haben auf kariertem Papier geschrieben und dort wirklich jedes Quadrat ausgefüllt, um ja kein Papier zu verschwenden." Unterrichtssprache ist Tumbuka. Für Gabriel zu diesem Zeitpunkt kein Problem mehr. In wenigen Monaten hatte er die Sprache automatisch erlernt. Gabriel Graf ist überzeugt: Für Kinder ist es leichter, sich in andere Kulturen zu integrieren. Denn sie haben noch kaum gefestigte Ideen von der Welt: wie Dinge sein müssen, wie sich Menschen benehmen müssen und wie Sprachen aufgebaut sind. Für seine Eltern sei das viel schwieriger gewesen. Immer wieder werden die Kinder gerufen, um für die Eltern zu übersetzen.

Deutsch spricht Gabriel nur noch mit den Eltern. Untereinander unterhalten sich die vier Geschwister auf Tumbuka. Wo immer die weißen Kinder am Land auftauchen, sind sie eine

Attraktion. Viele Menschen wollen ihre Haut berühren und ihre glatten Haare. Meist begegnet man ihnen mit freundlicher Neugier. Manche sind aber auch irritiert vom Anblick der Weißen, erzählt Gabriel Graf: "Manchmal haben Kleinkinder begonnen zu weinen, als sie uns gesehen haben. Aber ich hab mich schnell daran gewöhnt. Wir Kinder sind insgesamt schnell aufgenommen worden. Es waren wunderschöne Momente und ich hatte nicht da Gefühl ein Fremder zu sein."

Geboren in einem fremden Land
Fremd gefühlt hat sich dafür Hanna Gebru hin und wieder in Äthiopien. Zwar seien die Menschen in Addis Abeba generell freundlicher als in Wien, aber was sie nervend gefunden hat: ist man weniger dunkel als die Einheimischen kann es schon vorkommen, dass einem "Ausländer, Ausländer" hinterher gerufen wird, erzählt Hann Gebru: "Das stört schon. Auch wenn sie es gar nicht böse meinen. Aber der Anblick ist einfach neu für sie. Hier in Österreich passiert das nicht und das ist schon schön." Neu und schön für Hanna Gebru ist, dass sie jetzt in Wien lebt. Erst vor wenigen Wochen ist sie nach Österreich übersiedelt, nachdem sie die ersten 15 Jahre ihres Lebens in der äthiopischen Hauptstadt Addis Abeba verbracht hat. Hannas Mutter ist Österreicherin, der Vater Äthiopier. Die beiden hatten sich in Österreich kennengelernt und geheiratet, kurz nach der Geburt der zweiten Tochter, also Hanna, ging die Familie nach Äthiopien. Die Mutter bekam einen Job bei der ADA – der Agentur der österreichischen Entwicklungszusammenarbeit. Äthiopien ist ja Schwerpunktland der staatlichen österreichischen Entwicklungshilfe. "Ich kann jetzt nicht sagen, ich bin Österreicherin, weil ich ja nie hier gewohnt habe. Alles ist neu für mich. Aber als Äthiopierin fühle ich mich auch nicht. Ich habe mich dort nie daheim gefühlt", sagt Hanna Gebru. Sie kennt Österreich bis jetzt nur aus den Sommerurlauben. Da ging es jedes Jahr für einige Wochen nach Oberösterreich aufs Land, zu den Verwandten der Mutter. Manchmal machten sie auch einen Abstecher nach Linz oder Wien. Und doch betrachtete Hanna Österreich stets als ihre eigentliche Heimat. "Ich mochte, dass hier alles so sauber ist und dass ich mich frei bewegen konnte. Ich kann einfach alleine dort und dorthin gehen, ohne dass die Eltern mich hin hinbringen und abholen müssen."

Im Land des Nicht-Lächelns
Alleine wohin fahren – das ist in Addis Abeba nicht so einfach. Die äthiopische Hauptstadt hat 3,2 Millionen Einwohner. U-Bahn gibt es keine, die Fahrt mit öffentlichen Sammeltaxis ist umständlich und zeitraubend. Wer es sich leisten kann, fährt mit dem eigenen Auto. Dementsprechend verstopft sind die Straßen. Hanna ging auf die Deutsche Schule. Amharisch – die äthiopische Amtssprache – versteht sie zwar, spricht es aber kaum. Mit ihren Eltern redet sie Deutsch und auch ihre Schulfreundinnen waren großteils Deutsche: Töchter und Söhne von Diplomaten, Entwicklungshelfern und Geschäftsleuten. Die meisten nur für kurze Zeit in Äthiopien. Keine gute Voraussetzung für stabile Freundschaften. "Natürlich war es schön, dass immer neue Leute gekommen sind", so Hanna, "aber ich habe oft erlebt, dass gute Freunde weggegangen sind. Eine Zeitlang war ich allein und hatte keine Freunde. Das war schwer."

Ulla Ebner

Kulturschock Winter
Für den damals 5-jährigen Daniel Kemper war das Zurückkommen aus Brasilien weniger erfreulich. Im brasilianischen Bahia hatte es das ganze Jahr über um die 30 Grad. Der kleine Daniel lief tagein tagaus mit Flip Flops durch Boa Vista do Tupim – also: mit Plastikschlapfen. Festes Schuhwerk war ihm ein Gräuel. In Österreich ist es plötzlich kalt – nicht nur von der Temperatur her. "Das Zurückkommen nach Wien war ein richtiger Kulturschock für mich. Von einer Umgebung, wo ich Freiräume hatte, wo ich machen konnte, was ich wollte, kam ich plötzlich hierher und war in der Wohnung eingesperrt. Im Winter musste ich so viel Kleidung anziehen. Da habe ich sehr gelitten. Und natürlich spürt man als Kind auch diesen anderen Umgang der Menschen miteinander." Irgendwie benahm er sich anders als andere Kinder. Heute als 25-jähriger, nach vielen weiteren Reisen nach Brasilien, sind ihm die kleinen feinen Unterschiede zwischen den Kulturen bewusst. Daniel Kemper hat eigentlich zwei Persönlichkeiten: eine österreichische und eine brasilianische. Je nachdem, wo er sich befindet, kann er sein Verhalten in Windeseile anpassen. "Jedes Mal, wenn ich nach Brasilien zurückkomme, mache ich eine Tür auf und bin in einer anderen Welt. Ich bin auch ein anderer Mensch." Im Rahmen des Studiums hatte er Gelegenheit, seine Kindheit Revue passieren zu lassen. Er lernte viel über unterschiedliche Kulturen. Daniel Kemper studiert Internationale Entwicklung an der Universität Wien. Und wie er bald feststellten sollte, war er in dieser Studienrichtung nicht das einzige Kind von Entwicklungshelfern.

Kinder sind grausam
Auch für den 9-jährigen Gabriel Graf und seine drei Geschwister war die Rückkehr ins Waldviertel hart. Der Umstieg aufs österreichische Schulsystem war nicht einfach. Doch Gabriel schafft es bis auf die Universität und ist heute Projektentwickler für Windkraftanlagen. Viel schwerer tat er sich nach der Rückkehr mit der Grobheit der österreichischen Kinder. Denen war diese afrikanische Geheimsprache, die die Geschwister Graf miteinander redeten, nämlich gar nicht geheuer: "Sie haben uns nicht geglaubt, dass wir tatsächlich eine andere Sprache sprechen. Sie haben gemeint, wir seien komplett durchgeknallt. Wir wurden massiv veräppelt. Die anderen Kinder haben Dinge gesagt wie: Da haben sie die Affen aus dem Wald ausgelassen. Das hat mich sehr stark getroffen damals." Aus Scham hören die Geschwister langsam auf, sich untereinander auf Tumbuka zu unterhalten. Nach wenigen Jahren war die Sprache beinahe aus seinem Gedächtnis gelöscht, erzählt Gabriel Graf. Heute kann er sich nur noch an einzelne Wörter erinnern. Nach Sambia ist er nicht mehr zurückgekehrt.

• Interkulturelle Beziehungskiste (1) Flirten zwischen den Kulturen

Die Sprache der Liebe soll ja angeblich international sein. Liebe brauche keine Worte, heißt es, und ein tiefer Blick sage sowieso mehr aus tausend Worte. Alles Unsinn, sagen Kulturwissenschafter. Denn wie man sich korrekt dem anderen Geschlecht nähert, das kann in verschiedenen Ländern vollkommen anders aussehen. Und den tiefen Blick in die Augen, den sollte man in manchen Kulturkreisen überhaupt lieber unterlassen.

Sich unauffällig anpirschen

Ein Abendessen bei Freunden und eine ausgedehnte Nacht in den Clubs von Shanghai haben die Chinesin Fei und den Österreicher Georg zusammen gebracht. Sie ist ihm sofort aufgefallen, erzählt er, weil sie so eine temperamentvolle Art hat. Was er getan hat, um sie zu erobern, will ich wissen. „Na ja, das ganz normale Programm halt", meint Georg, "ich hab mich unauffällig angepirscht und versucht, mit ihr ins Gespräch zu kommen." Fei erinnert sich daran, denn ihr fiel auf, egal wo sie an diesem Abend hingingen, der Typ war immer neben ihr. Er ging ganz zufällig neben ihr und saß in den Lokalen ganz zufällig neben ihr. Das war vor acht Jahren. Mittlerweile sind die beiden verheiratet, haben zwei Töchter und leben in Graz.

„Sich unauffällig anpirschen" – das ist für Georg die klassische Taktik der Eroberung. Doch in vielen Teilen der Welt funktioniert das anders. Ein „ganz normales Programm" gebe es global gesehen beim Flirten gar nicht, sagt Ulrike Blom vom Centrum für binationale und interkulturelle Paare in Wien: „Wie wir zum Beispiel Blickkontakt interpretieren, ist schon kulturell geprägt." In Europa ist direkter Blickkontakt zwischen Männern und Frauen durchaus möglich und hat nicht unbedingt Aufforderungscharakter. Im arabischen Raum beispielsweise ist das ganz anders, so Blom: „Da ist es schwierig, als Frau einem Mann länger in die Augen zu schauen und könnte eine ganz andere Reaktion hervorrufen, als wir erwarten." Ulrike Blom ist Psychotherapeutin und hat sich auf die Arbeit mit Paaren aus unterschiedlichen Kulturkreisen spezialisiert.

Die falschen Versprechen der Körpersprache

In Lateinamerika wiederum sind tiefe Blicke in die Augen völlig normal. Und die selbstbewusste Art, wie Frauen dort auftreten, habe schon manchen Europäer in die Irre geführt, erzählt Erziehungswissenschafter und Buchautor Dietmar Larcher: „Ich habe das in Nicaragua oft erlebt: Österreichische Männer, die sich zuhause überhaupt nicht wie Machos benehmen, verlieren dort völlig die Orientierung. Sie glauben, sie sind in einem völlig freizügigen Land. Aber meist merken sie recht bald, dass sie sich getäuscht haben."

Blickkontakt, Körpersprache, der Respektsabstand zwischen Gesprächspartnern – das alles ist regional unterschiedlich und es beginnt schon bei der Begrüßung. Fabio aus Brasilien findet es seltsam, dass er einer Frau in Österreich die Hand geben soll: „Bei uns ist es üblich, sich mit Küßchen auf die Wange zu begrüßen. Auch wenn dir eine Frau gerade erst vorgestellt wird. Hier ist alles sehr distanziert. Und durch das Handgeben entsteht schon einmal eine körperliche Barriere, die wir gar nicht kennen." Fabio stammt aus Sao Paulo, lebt in Wien und spielt Fußball beim FC Tulln. Und auch er bestätigt: Vom alltäglichen Körperkontakt auf sexuelle Freizügigkeit zu schließen, sei völlig falsch: „Die brasilianischen Frauen sparen sich meist viel länger auf, als die Europäerinnen. Es dauert oft Monate bis sie mit einem Mann schlafen."

Ein missverständlicher Kuss
Eine der bekanntesten Untersuchungen zu interkulturellen Missverständnissen beim Flirten beschrieb der österreichisch-amerikanische Kommunikationswissenschafter Paul Watzlawick: Im zweiten Weltkrieg waren Tausende US-amerikanische Soldaten in Großbritannien stationiert. Und natürlich gingen sie aus, amüsierten sich, flirteten mit britischen Frauen. Doch der Kontakt verlief oft problematisch: Britinnen und Amerikaner warfen einander gegenseitig vor, zu schnell, zu stürmisch und ohne Anstand und Moral zu sein.

Anthropologen fanden heraus: Sowohl in Großbritannien, wie auch in den USA gab es etwa 30 Schritte der Annäherung vom ersten Blickkontakt bis zum ersten Geschlechtsverkehr. Doch die Reihenfolge dieser Schritte war in beiden Ländern völlig unterschiedlich. Der Kuss kam damals in den USA relativ früh. Wer sich küsst, hat noch gar nichts angekündigt und das bedeutet nicht, dass notwendigerweise gleich die geschlechtliche Vereinigung folgt. Anders in Großbritannien: Da war der Kuss eine der letzten Vorstufen vor dem Geschlechtsverkehr. Wenn jetzt also ein amerikanischer Soldat seine Angebetete schon nach kurzer Zeit küsste, musste sie sich nach ihrem Selbstverständnis bald entscheiden: Beziehung abbrechen oder Sex.

Bloß nicht das Gesicht verlieren
Beim Flirten spielen die jeweiligen Geschlechterrollen einer Gesellschaft eine große Rolle. Wer muss bzw. darf den Anfang machen? Wie direkt oder unauffällig soll das passieren? Im traditionellen China ist es – wie in vielen Ländern – der Mann, der auf die Frau zugeht, erzählt die Chinesin Fei. Er bringt Geschenke und Blumen. Und selbstverständlich sei es seine Aufgabe, die Rechnung im Lokal zu bezahlen. „Die Frau sollte zurückhaltend sein und ihr Interesse nur ganz vorsichtig zeigen. Wir sagen: das ist wie Fischen. Wenn du etwas fangen willst, musst du einen kleinen Köder auswerfen. Ist er zu groß, dann fängst du nichts." Bei den jungen Menschen in der Großstadt sei das aber nicht mehr so streng, sagt Fei. Sie selbst kommt aus Shanghai und hat in Australien Marketing studiert. In ihrer Generation finde langsam ein Kulturwandel statt, erzählt sie. Man beginne, seine Emotionen zu zeigen. Vor allem die Frauen. Auffällig bei chinesisch-westlichen Pärchen: Fast immer sind es chinesische Frauen mit ausländischen Männern. Selten umgekehrt. Das liege einerseits daran, dass chinesische Männer intensive familiäre Pflichten hätten und daher eine Migration ins Ausland nicht so leicht möglich sei, erklärt Fei. Außerdem sei es sehr schwierig für einen chinesischen Mann, mit einer westlichen Frau zu flirten: „Die Männer haben Angst, ihr Gesicht zu verlieren, wenn sie von einer Frau zurückgewiesen werden. Bei einer Chinesin verstehen sie genau die Signale und wissen, ob sie Chancen haben. Aber bei den Westlerinnen kennen sie sich nie aus. Daher ist das ein großes Risiko."

Ein neuer Flirt-Stil
Migranten und Migrantinnen, die nach Österreich kommen, haben mit der hiesigen Flirtkultur manchmal ihre Probleme. Sind sie zu offensiv, ecken sie an. Sind sie zu zurückhaltend, haben sie keinen Erfolg. Lateinamerikanische Frauen erzählen davon, dass sie sich hier ein völlig neues Flirtverhalten antrainieren müssen, weil sie die österreichischen Männer so passiv sind, verglichen mit den Latinos. „Die Österreicher starren dich zwar an – aber sonst tun sie nichts", beklagt die Zahnarztassistentin Luciene. Sie stammt aus der nordost-brasilianischen Hafenstadt Recife und ist vor 18 Jahren nach Wien gekommen – wegen einem Österreicher. Doch die Ehe ist mittlerweile geschieden. So wie die meisten ihrer Freundinnen hat Luciene hier in Österreich begonnen, aktiver zu flirten, erzählt sie. Notgedrungen. „In Brasilien haben wir das nicht nötig, denn die brasilianischen Männer kommen immer zu uns und sprechen uns an. Aber hier ist es so: wenn die Frau nicht aktiv erobert, dann bleibt sie allein. Den österreichischen Männer fehlt meist der Mut."

In Lateinamerika wiederum ist es Aufgabe des Mannes, zu erobern. Ob er will oder nicht, bestätigt auch der Peruaner Edgar. Er selbst hat das nie besonders gern gemacht, versichert er, aber er habe eben keine andere Wahl gehabt: „Ich habe mich oft gefragt: Was soll ich sagen? Aber irgendetwas musste ich ja sagen." Und die Peruanerinnen hätten immer sehr wohlwollend reagiert, erzählt Edgar: „Sie erwarten ja, dass der Mann irgendetwas sagt. Auch wenn es etwas Dummes ist." Als er hier in Österreich dasselbe probierte, erlebte er seine erste herbe Enttäuschung: Die Österreicherinnen drehten sich einfach um und gingen weg. „Die Frauen hier haben eine ganz andere Ausstrahlung als die Frauen in Lateinamerika. Sie sind selbstbewusster", meint Edgar. Er ist überzeugt davon, dass dies auch ökonomische Hintergründe hat. Wenn Frauen ihren eigenen Job haben und unabhängig sind, dann brauchen sie auch nicht unbedingt einen Mann, um abgesichert zu sein.

Latin Lovers, Fußball und Samba
Edgar ist Performance-Künstler, Musiker und macht Projekte im Kultur- und Integrationsbereich. Von Künstlerkolleginnen hat er gelernt, dass es manchmal besser ist, ein wenig cooler zu sein, um hierzulande bei Frauen Erfolg zu haben. Und den hatte er dann auch. Überhaupt ist es in Europa ein Vorteil, wenn man aus Lateinamerika kommt, glaubt der Brasilianer Fabio. Das Klischee des Latin Lovers sei zwar oft falsch, aber es hilft. Oft erntet er schon allein dafür ein Lächeln, dass er aus Brasilien kommt, erzählt er. Und eine Frau zum Lächeln bringen ist für ihn der erste Schritt zum Erfolg: „An ihren Blicken merkst du, ob sie ein wenig Interesse hat oder nicht und auch beim Tanzen. Und wenn ich merke, dass auch nur ein Funken von Interesse da ist, bleibe ich hartnäckig –eine Chance von zehn Prozent reicht mir schon. Ein Blick, ein Lächeln, ein Tanz oder ein Scherz können ein Ausgangspunkt sein." Österreicher werden zu Individualisten erzogen, Brasilianer zu sozialen Wesen, glaubt Fabio. In Brasilien ist man es gewöhnt, ständig mit fremden Menschen zu plaudern – beim Einkaufen oder im Autobus – während die Österreicher oft nicht einmal ihre unmittelbaren Nachbarn kennen. Daher haben Brasilianer und Brasilianerinnen auch einen gewissen Startvorteil, wenn es darum geht, Menschen des anderen Geschlechts kennenzulernen.

Ulla Ebner

Dramatische Liebesgeschichte in 3 Minuten
Viele Frauen zu erobern gehört in Lateinamerika zum Konzept von Männlichkeit. Es ist eine Kunst, böse Zungen sagen: ein Sport, der oft von klein auf trainiert wird. Jeder entwickelt da so seine Technik. „Wenn du dich einer Frau nähern willst, die du nicht kennst, musst du kreativ sein", erklärt Fabio, „du musst dir irgendetwas überlegen, das sie interessieren könnte, um ins Gespräch zu kommen." So habe er schon Frauen erobert, indem er sie auf ihr Tattoo angesprochen hat, auf ein Piercing oder auf ihre Fingernägel. Natürlich gibt es auch schüchterne Latinos und solche, die nicht tanzen können, betont Fabio. Aber generell spielt der Tanz in Lateinamerika eine große Rolle. Und er ist eine gute Gelegenheit, um Körperkontakt aufzunehmen, weiß Edgar aus Peru: „Beim Rhythmus fängt man mit dieser Frau eine Beziehung an. Man umarmt sie, spürt ihre Haut und ihr Herz. Man findet sich im Rhythmus. Wenn man sich da nicht findet, dann passiert auch danach nichts." Doch nicht immer geht es beim Tanz um Sex. Manchmal könne so eine „dramatische Liebesbeziehung" auch nur drei Minuten dauern, sagt Edgar, dann gehe man wieder auseinander und sieht sich vielleicht nie wieder.

Flirtzonen und Tabuzonen
Im Gegensatz zu Lateinamerikanern sind die Klischees bezüglich afrikanischen Männern weniger positiv. Man sagt ihnen nach, uncharmant, plump und direkt zu sein. Schwarzafrikaner haben hier stark mit Rassismus und Vorurteilen zu kämpfen, erzählt Magnigi aus der Elfenbeinküste. Als afrikanischer Mann müsse man stets bereit sein, Fragen zu beantworten nach der Penislänge und der Krankengeschichte der Familie. Und vor allem stehe man immer im Verdacht, durch die Partnerschaft zu einer Österreicherin sein Asylproblem lösen zu wollen.

Magnigi kam 2004 als politischer Flüchtling nach Österreich. Er wollte seinen Aufenthaltstitel aber nie mit Hilfe einer Frau bekommen. Überhaupt hält er wenig vom Heiraten. Bis zu seiner ersten Beziehung dauerte es zwei Jahre. Zu groß die Vorsicht auf beiden Seiten. Magnigi gehört auch nicht zu jenen afrikanischen Männer, die Frauen auf der Straße ansprechen. Das hat er weder in Wien getan, noch in Abidjan, der Hauptstadt der Elfenbeinküste, wo er studiert hat. Bevor du eine Frau ansprichst, solltest du zumindest ihren Namen kennen, findet er. Aber natürlich gibt es auch unter seinen Landsleuten Männer die das anders sehen: "Cowboys" nennt er jene Männer, die auf der Straße auf die Pirsch gehen. „Er sagt Hallo zu Dir. Aber sein Hallo klingt nicht brutal, er versucht süß zu sein mit seinem Hallo", erklärt Magnigi. Und viele von ihnen seien auch erfolgreich. In der Elfenbeinküste verabredet man sich übrigens nicht auf ein Bier, sondern auf ein Aloko: gebratene Kochbananen.

Es ist eben nicht nur das „Wer" und das „Wie", das beim Flirten kulturell unterschiedlich funktioniert. Auch das „Wo", betont Rami aus Tunesien: „in Österreich gibt es ganz bestimmte Plätze, wo man flirten darf. In Discos oder Bars zum Beispiel. Bei uns wird überall geflirtet: Auf der Straße, im Café, in der Straßenbahn, im Taxi." Gerade in dieser Frage kann es manchmal zu Spannungen kommen zwischen Europäerinnen und Migranten aus Afrika. Für eine österreichische Frau kann es verstörend sein, wenn sie auf der Straße von einem unbekannten Mann angesprochen wird. Es ist in Mitteleuropa nicht üblich, sich spontan mit einem Fremden zum

Kaffeetrinken zu verabreden, ihm seinen Namen oder gar seine Telefonnummer zu verraten. Doch das sieht man nicht überall auf der Welt so.

Der Ton macht die Musik
Anders als in Europa ist die Straße in vielen Teilen Afrikas ein sozialer Raum, wo sich Menschen begegnen und miteinander ins Gespräch kommen, erzählt die junge Äthiopierin Bisrat. Sie kam vor 13 Jahren nach Österreich, ursprünglich, um an der TU Informatik zu studieren. „Bei uns ist es so, wenn dich jemand anspricht, dann solltest du antworten. Sonst ist das sehr unhöflich. Und angesprochen wirst du überall: im Taxi oder im Bus. Und da wird auch geflirtet." Allerdings kommt es natürlich sehr auf den Ton an, betont sie. Ein nettes friedliches „Hallo, wie geht es dir? Ich möchte dich kennenlernen" sei völlig in Ordnung. Ein aggressives „du gefällst mir, ich will dich haben" wiederum nicht, erklärt Bisrat. In der Elfenbeinküsten sei es sehr unhöflich, wenn Männer den Frauen auf der Straße nachzischen „Tss Tss" oder ähnliches, erzählt Magnigi. Und so manche afrikanische Frau würde darauf auch ungehalten reagieren: „Warum rufst du mich so? Bin ich dein Hund? Rufst du deine Mutter auch so?"

Strenge Sitten am Land
Trotz der Schüchternheit der österreichischen Männer hatte die Äthiopierin Bisrat nie Probleme, jemanden kennenzulernen. Sie vermutet, das liegt am „Exotik-Faktor", äthiopische Frauen gelten ja hierzulande als besonders schön. Relativ bald hatte sie einen Österreicher geheiratet, 2 Kinder bekommen, ist jedoch wieder geschieden. Im ostafrikanischen Äthiopien wird von Frauen meist erwartet, dass sie sich schüchtern geben, erzählt Bisrat. Sie selbst wurde jedoch sehr liberal erzogen, betont sie. Sie wuchs in der Hauptstadt Addis Abeba auf. Dort wird der westliche Einfluss immer stärker. Mittlerweile sei es sogar in Mode gekommen, Blumen zu schenken – etwas das in Äthiopien eigentlich gar keine Tradition hat. Wesentlich strenger geht es jedoch in den ländlichen Regionen zu. Da seien arrangierte Ehen noch weit verbreitet. Bisrats Großmutter etwa wurde mit 12 Jahren verheiratet und hat um die 10 Kinder bekommen. „So etwas gibt es auch noch. Am Land sollte die Frau immer den Kopf gesenkt halten und zu allem Ja sagen", sagt Bisrat.

Astrologie statt Leidenschaft
Arrangierte Ehen sind auch in Indien ein großes Thema. Schätzungen zufolge werden dort etwa 80 bis 90 Prozent aller Ehen von der Familie arrangiert. Auch bei ausgewanderten Indern, erklärt die indisch-stämmige Monica. Und dieses System findet auch nach wie vor starken Zuspruch bei jungen Menschen. Schließlich ist statistisch nachweisbar, dass solche Ehen weniger häufig geschieden werden. Monica kann auch aus ihrem Familien- und Bekanntenkreis bestätigen, dass solche Ehen genauso oft glücklich oder unglücklich verlaufen, wie Liebesheiraten. Sie vermutet, das liegt daran, dass der vergängliche Faktor Leidenschaft wegfällt und von Anfang an auf Harmonie geachtet wird. Man achtet darauf, dass die Familien zueinander passen und konsultiert einen Astrologen. Monica selbst ist Kosmopolitin, wurde in Kenia geboren und hat in zahlreichen Ländern dieser Welt gelebt: in Afrika, im arabischen Raum, in Australien und Großbritannien. Speziell für Auslands-Inder gibt es eigene Heiratsbörsen im Internet, wo sie ihresgleichen finden. Nur noch in abgelegenen ländlichen Regionen Indiens finden Zwangsehen und Kinderehen statt,

erzählt Monica. Bei der städtischen Mittel- und Oberschicht sucht die Familie zwar nach geeigneten Kandidaten. Die jungen Menschen dürfen sich aber beschnuppern und dann ja oder nein sagen.

Praxis macht den Meister
Monica hat bisher immer nein gesagt. So lange, bis ihre Familie aufgegeben hat. Dort, wo ein Großteil der Ehen arrangiert ist, besteht eigentlich keine Notwendigkeit zu flirten. Daher fehlt es vielen an Praxis, glaubt Monica. Ihre bisherigen Flirtversuche mit indischen Männern waren eher ein Desaster: „Wenn ich mich recht erinnere, wurde ich nicht mal zu einem Getränk eingeladen, sondern sie kommen zu dir und fragen: Bist du verheiratet? Wenn nein, würdest du gerne heiraten?" Ihre frühen Teenagerjahre hat sie in Kuwait verbracht. In dieser streng islamischen Gesellschaft herrscht eine strikte Trennung der Geschlechter. Monica kann sich nicht erinnern, dort je irgendjemanden flirten gesehen zu haben. Sie bezweifelt sogar, dass es das Konzept des „Flirtens" in dieser streng konservativen Gesellschaft überhaupt gibt. Monica lebt jetzt seit 15 Jahren in Wien. Den Traummann hat sie noch immer nicht gefunden. Langsam beginnt sie darüber nachzudenken, ob das mit der arrangierten Ehe nicht doch eine Option wäre, gesteht sie lachend.

***

- **Interkulturelle Beziehungskiste (2) Lost in translation?**

Kommunikationsprobleme sind schon in monokulturellen Beziehung die häufigste Konfliktursache. Wie ist das erst, wenn zwei Partner unterschiedliche Muttersprachen haben? Und was, wenn da noch ein völlig anderes Zeitverständnis, unterschiedliche Familienkonzepte und unterschiedliche Geschlechterrollen dazukommen? Reibungspunkte gibt es zahlreiche in interkulturellen Beziehungen. Doch vermutlich macht sie gerade das so spannend.

Unmännliche Hausarbeit
Brütende Hitze. Eine Europäerin schleppt sich den Berg hinauf zum tunesischen Touristenort Sidi Bou Said. Endlich Schatten. Sie setzt sich vor einem Lokal hin, um zu verschnaufen und überlegt, wie sie es wohl anstellen sollte, im Lokal nicht wieder den dreifachen Preis zu bezahlen. Ein junger Mann bietet ihr Wasser an. „Kostet das etwas?", fragt sie. „Ich war damals schockiert", erzählt Rami heute, „denn wenn in Tunesien jemand fragt ob du trinken willst, ist das natürlich gratis. Ich hatte das Wasser ja eigentlich für mich gekauft. Und sie fragt mich ernsthaft, ob das gratis ist." Das erste Missverständnis also bereits beim Kennenlernen. Es sollten noch einige folgen. 2004 lernt die Ethnologie-Studentin Martina bei einem Studienaufenthalt in Tunesien Rami kennen, den Souvenierverkäufer, der sein Studium der Literaturwissenschaften abgebrochen hat. Die beiden verlieben sich. Bereits ein Jahr später heiraten sie spontan in Tunesien. Rami kommt mit gemischten Gefühlen nach Österreich, denn eigentlich war er mit seinem Leben in Tunesien sehr zufrieden. Mittlerweile haben die beiden eine knapp einjährige Tochter und leben in Wien.

Zwischen den Welten

Immer wenn ich zu Besuch in die Wohnung komme, steht Rami gerade in der Küche. Ob es normal ist für einen tunesischen Mann, soviel Hausarbeit zu machen, frage ich ihn. Er lacht: „Nein, Martina hat wirklich großes Glück gehabt!" Aber alles macht er auch nicht, stellt er gleich klar: „Ich hasse bügeln, das tu ich nicht und besonders putzen, das hasse ich. Aber ich koche gerne und einkaufen tu ich gerne. Ich kann sehr gut einkaufen: Fleisch, Fisch, Gemüse. Das hab ich schon als Kind immer gemacht." Doch in Tunesien läuft das alles ein wenig anders, erzählt Martina: „Dort gibt es ja die Schwestern und die Mutter. Er würde sich als Mann in Tunesien lächerlich machen, wenn er soviel Hausarbeit machen würde, wie hier."

Identitätsbrüche und flexible Navis
Wie muss sich ein richtiger Mann verhalten? Wie muss sich eine richtige Frau verhalten? Geschlechtsspezfische Rollenzuschreibungen sind kulturelle Konstrukte, sagt der Erziehungswissenschafter Dietmar Larcher. Jede Gesellschaft, jede Religion hat eigene Vorstellungen davon und hält diese für natürlich, gottgegeben und absolut richtig. Und das ist einer der häufigsten Reibungspunkte in interkulturellen Beziehungen.

Dominant ist meist die Kultur jenes Landes, in der das Paar gerade lebt. Und der Partner aus der dominanten Kultur habe oft die Macht, seine Rollenbilder als die richtigen zu diktieren, so Larcher. „Da kann man sagen: als Mann musst du so sein, als Frau musst du so sein. Und das wird immer wieder als Entwertung erlebt, als eine Art Identitätsbruch. Denn diese Rollenbilder sitzen ganz tief in der eigenen Identität." Dietmar Larcher ist Experte für interkulturelle Kommunikation. Für sein Buch „Die Liebe in den Zeiten der Globalisierung" hat er zahlreiche interkulturelle Paare interviewt. Darin beschreibt er Kultur als eine Art unsichtbaren Regieplan – etwas das uns lenkt, ohne dass wir es merken. Quasi ein unbewusstes Navigationssystem. Jedoch eines, das ständig umprogrammiert wird, so Larcher. Denn Kultur sei etwas Dynamisches, etwas Veränderliches.

Aus dem kulturellen Korsett befreien
Der US-amerikanische Kulturforscher Edward T. Hall gilt als Begründer der interkulturellen Kommunikation als wissenschaftliche Disziplin. Kultur beeinflusst unser Verhalten, unsere Werthaltungen, unseren Umgang mit anderen Menschen. Für gewöhnlich ist uns dieser unsichtbare Regieplan gar nicht bewusst. Doch sobald sich jemand anders verhält, irritiert uns das. „Ich glaube, in einer interkulturellen Beziehung ist es notwendig, sich in die andere Kultur hineinzudenken", ist der Oberösterreicher Georg überzeugt. Er ist seit vier Jahren mit der Chinesin Fei verheiratet: „Man braucht die Bereitschaft, das eigene zu überdenken und zu reflektieren und man muss auch einmal bereit sein, eine Sache nicht nur auf die österreichische Art zu machen, sondern auch mal anders."

Und genau in dieser Bereitschaft zum „Andersmachen" liegt das Geheimnis einer erfolgreichen interkulturellen Beziehung, sagt Psychotherapeutin Ulrike Blom. Es gehe hier immer darum, sich aus dem jeweiligen Korsett zu befreien und eine eigenen Regeln zu schaffen. Ulrike Blom ist Expertin für interkulturelle Paartherapie und hat in Wien das Centrum für binationale und interkulturelle Paare gegründet. Die Arbeit mit bikulturellen Paaren ist grundsätzlich anders, weil die von Klein auf erlernten Bilder in den Köpfen ganz unterschiedlich sind, erklärt Blom. Bei bikulturellen Paaren gebe es zahlreiche Missverständnisse.

Konfliktthema Kinder
Außerdem sei bei bikulturellen Paaren sehr viel Vorarbeit nötig, so Blom: „Die kommen wegen einem Eheproblem, doch in Wahrheit muss da noch alles Mögliche geklärt werden, bis man wirklich beim aktuellen Problem ansetzen kann." Es geht um Dinge wie: Wo hat man sich kennengelernt? Welcher Druck ist in der Beziehung? Wie war der Migrationsprozess? War der gut vorbereitet oder war das eine Flucht? Steht vielleicht die Frage nach Ausweisung ständig im Raum? – All das wirkt sich auf eine Beziehung aus. Im Centrum für binationale und interkulturelle Paare arbeiten derzeit vier Therapeutinnen und eine Lebensberaterin. Sie bieten Paartherapie in zahlreichen Sprachen an: darunter Englisch, Französisch, Spanisch, Portugiesisch, Polnisch, Russisch, Tschechisch und Serbokroatisch. Die meisten Paare kommen erst dann zur Therapie, wenn Kinder da sind, erzählt Ulrike Blom: „In den ersten Jahren des Zusammenlebens arrangiert man sich meist ganz gut. Doch bei Kindern gehts schon los: Welcher Erziehung? Welcher Name? Taufe oder Beschneidung? Und plötzlich wird man sich bewusst: Hoppla, wir sind ja ganz unterschiedlich."

Der Brasilianer Luiz und seine österreichische Ehefrau Magdalena erwarten gerade ihr erstes Kind. Sie: wohlbehütet aufgewachsen in einer oberösterreichischen Kleinfamilie. Er: in einem Armenviertel von Recife mit zahlreichen Geschwistern. Ob sie die gleiche Vorstellung von Kindererziehung haben, wird sich erst zeigen. Einfach wird es nicht werden, glaubt Magdalena. „Wenn ein Kind hinfällt, dann soll es selber wieder aufstehen", sagt Luiz. Er ist der Meinung, die Kindererziehung in Österreich sei überfürsorglich: „Die österreichischen Kinder sind viel ungeschickter als die brasilianischen und sie sind auch öfter krank. Ich halte gar nichts vom Überbehüten."

Familienkonzepte und Zeitideen
Der niederländische Kulturtheoretiker Alfons Trompenaars unterscheidet sieben Kulturdimensionen, also Bereiche des gesellschaftlichen Lebens die eine Kultur charakterisieren. Zum Beispiel: Stehen Regeln und Gesetze über persönlichen Freundschaften? Sind Leistungen bedeutsamer oder Herkunft? Darf man öffentlich Emotionen zeigen? Steht im Zentrum das einzelne Individuum und seine Freiheiten oder das Wohlergehen des Kollektivs? Daraus leiten sich auch unterschiedliche Konzepte von Familie ab, sagt Dietmar Larcher: „Für viele Menschen in Afrika und Asien besteht eine Familie nicht aus Papa, Mama und vielleicht noch Oma und Opa. Da gehört eine große Anzahl von Menschen dazu." In Teilen Afrikas beispielsweise ist der einzelne dem Familienclan gegenüber verpflichtet. Viele Migranten schicken einen beträchtlichen Teil ihres Einkommens ins Herkunftsland. Dafür haben die Ehepartnerinnen aus dem individualistisch geprägten Europa mitunter nur wenig Verständnis. Vor allem dann, wenn das Geld in der eigenen Kernfamilie knapp ist.

Sowohl Alfons Trompenaars, wie auch der Kulturtheoretiker Edward T. Hall betrachten als wesentliches Merkmal einer Kultur ihr jeweiliges Verhältnis zu Zeit. „Zeit ist – ebenso wie Liebe oder Verwandtschaft – ein kulturelles Konstrukt", sagt auch Therapeutin Ulrike Blom. „Das ist nicht Bosheit, wenn mein Partner immer zu spät kommt, sondern das hängt mit einem anderen Zeitkonzept zusammen." In einer Kultur mit linearem Zeitverständnis ist ein Moment, den wir versäumen, für immer verloren. Ist das Zeitverständnis jedoch zyklisch, dann kann der Moment immer wiederkehren. Und das hat einen völlig anderen Lebensrhythmus zur Folge.

Der unaufgeklärte Rest
Kommunikationsprobleme sind die häufigste Konflitkursache in allen Beziehungen. Man versteht nicht, was das Gegenüber meint. Die Botschaft kommt anders an, als sie abgeschickt wurde. Das passiert auch in monokulturellen Partnerschaften. Noch komplizierter wird es aber, wenn eine Sprachbarriere dazukommt, sprich: verschiedene Muttersprachen. Der Österreicher Georg und seine Chinesische Frau Fei unterhalten sich im Alltag auf Englisch. „Mit ziemlicher Sicherheit sage ich Dinge auf Englisch weniger klar, als ich es auf Deutsch sagen würde", meint Georg. Noch schwieriger ist es für Fei, denn die Logik der chinesischen Sprache funktioniert grundsätzlich anders: „Im Chinesischen sagen wir oft etwas, aber meinen etwas völlig anders. Wenn ich Englisch spreche, versuche ich, das zu vermeiden. Aber es gelingt nicht immer. Ich bin nun mal Chinesin und drücke mich eben anders aus."

Sprachen sind unterschiedlich konstruiert und damit hängt auch eine andere Form des Denkens zusammen. Wie direkt oder verschlüsselt drückt man sich aus? Welche Bilder und Metaphern verwendet man? Sehr unterschiedlich können auch Kulturen der Konfliktlösung sein, erklärt Dietmar Larcher: „Bei uns gibt es spätestens seit dem Psychologie-Boom der 1970er Jahren eine Kultur der Metakommunikation. Gruppendynamik gehört quasi zur Hausapotheke." Doch das ist nicht überall so. In manchen Kulturen gilt es als Tabu, mit anderen über seine emotionalen Befindlichkeiten zu sprechen. Daher sei es ganz wichtig, die Kultur des Partners gut zu kennen, betont Therapeutin Ulrike Blom, und auch die Sprache des anderen zu lernen – zumindest in Grundzügen. Doch, egal wie sehr man sich bemüht: Es werde immer einen unaufgeklärten Rest geben, so Blom. Sie nennt es das "Niemandsland" in einer Beziehung. Doch damit müsse man eben leben lernen.

***

• Interkulturelle Beziehungskiste (3) Beziehungskiller Fremdenrecht

Wir migrieren möchten, sollte Geld haben. Wer seine ausländische Liebe nach Österreich holen möchte, sollte Geld haben. In der globalisierten Welt sollen sich Kapital und Waren möglichst frei bewegen können. Nicht aber Menschen. Der Fremde ist eine Bedrohung – zumindest solange er kein Geld hat. Und den gilt es abzuwehren. Aus Angst vor Scheinehen zur Erschleichung eines Aufenthaltstitel zerstört der Nationalstaat immer wieder das Liebesglück mancher seiner Bürger und Bürgerinnen.

Ulla Ebner

Telenovela mit Happy End
Eine Freundin hat er vorausgeschickt. Die sollte erkunden, ob Magdalena einen fixen Freund habe. "Ab dem Zeitpunkt bin ich auf ihn aufmerksam geworden. Ich habe begonnen, ihn auf eine andere Art zu sehen", erinnert sich die Oberösterreicherin. 2001 hatte sie bei einem Praktikum in der nordostbrasilianischen Hafenstadt Recife den Theologiestudenten Luiz kennengelernt. "Dann waren wir zusammen", erzählt Luiz, "doch im Juni ging sie zurück nach Österreich. Das war traurig. Ich begann, ihr zu schreiben. Gedichte. Und ich nahm ihr Kassetten auf, wo ich Gedichte vorlas. Aber ich wusste: Sie ist weit weg. Das hat alles keinen Sinn." Beinahe wäre nichts geworden aus der Liebe zwischen der Oberösterreicherin Magdalena und dem Brasilianer Luiz. Er angehender Theologe, sie angehende Sozialarbeiterin. Beide in Ausbildung, ohne Geld. Sie brachen die Beziehung ab. Es sei eine sehr schwierige Entscheidung gewesen, berichtet Magdalena: "Ich hab das vom Kopf her entschieden, ganz rational. Aber das Herz stand nicht dahinter." Drei lange Jahre sahen sie einander nicht.

"2004 war mein letztes Jahr an der Fakultät für Theologie", erinnert sich Luiz, "und plötzlich rief sie mich an, sie würde für ein Praktikum noch einmal nach Brasilien kommen. Da hatte ich wieder große Hoffnungen." Und diesmal wurde es ernst. Luiz und Magdalena beschlossen zu heiraten und in Österreich ein gemeinsames Leben zu beginnen. Doch dann begann der bürokratische Hürdenlauf. Dokumente, Stempel, Beglaubigungen. Beinahe unmöglich erscheinende Auflagen. "Damit wir heiraten durften, brauchte ich ein Dokument, das bestätigte, dass ich noch ledig war. Noch nie hatte ich von so einem Dokument gehört. Das gibt es in Brasilien gar nicht. Aber die österreichischen Behörden bestanden darauf."

Die strukturelle Gewalt der Gesetze
So etwas erleichtere das Leben nicht gerade, es habe vielmehr die Beziehung auf eine harte Probe gestellt, berichtet Magdalena. Ganz ähnliche Geschichten erzählen fast alle binationalen Paare, von denen ein Partner Drittstaatsangehöriger ist – also aus einem Nicht EU-Land kommt. Sie erzählen von schlaflosen Nächten, die ihnen das Fremdenrecht beschert hätte, insbesondere die Fremdenrechtsnovelle 2005. "Bei allen Kontakten mit der Behörde ist unterschwellig der Generalverdacht herauszuhören, dass hier eigentlich eine kriminelle Aktivität gestartet wird", kritisiert Georg, der eine chinesische Frau geheiratet hat. "Man fühlt sich verfolgt. Man glaubt: das gibt es doch nicht. Das machen die extra bei mir", erinnert sich XY, Ehemann einer Ukrainerin, "doch dann kommst du drauf, dass es jedem so geht."
Der Erziehungswissenschaftler Dietmar Larcher, Experte für interkulturelle Kommunikation, hat für sein Buch „Die Liebe in den Zeiten der Globalisierung" mit zahlreichen binationalen Paaren in Österreich gesprochen. Er hält das Fremdenrecht für die größte Belastung für interkulturelle Beziehungen überhaupt. Meist sei vor allem der zugewanderte Partner enttäuscht: "In seiner dumpfen Verzweiflung hat man das Gefühl, der Partner habe sich zu wenig bemüht", erklärt Larcher. Wenn ein Partner keine Chance auf Anerkennung in einer Gesellschaft sieht, dann würde er auch häufig an den Zukunftschancen der Beziehung zweifeln: "weil alle Gesetze sich als strukturelle Gewalt über die Beziehungskultur drüberlegen und die Liebe ersticken."

Zwischen den Welten

Liebe unter Druck

Mit derlei Frustrationen hat Ulrike Blom vom Centrum für binationale und interkulturelle Paare immer wieder zu tun. Die Psychotherapeutin ist auf interkulturelle Paartherapie spezialisiert: "Ich denke, das Fremdenrecht ist insofern eine Beziehungskiller, weil viele Entscheidungen unter Druck passieren." Oft haben Paare nicht die Möglichkeit, sich ausreichend kennenzulernen, auszuprobieren, ob sie zusammen leben können oder nicht. Die Aufenthaltsbewilligung nötigt zur Eile: "Darf er hierbleiben? Darf sie hierbleiben? Gibt es die Möglichkeit, zu arbeiten? All diese Dinge können in eine Partnerschaft hineinspielen", so Blom.

Schnell gehen musste es zum Beispiel bei Martina und ihrem tunesischen Freund Rami. Schon bei ihrem zweiten Besuch in Tunesien machte sie ihm nach wenigen Wochen einen Heiratsantrag: "Ich war total verliebt und wusste nicht, was ich sonst tun sollte, um mit ihm zusammenzubleiben. Es war klar, dass ich nicht mehr lange in Tunesien bleiben konnte. Ich musste nach Österreich, um mein Studium fertig zu machen. Und damit er mir nach Österreich folgte - da brauchte es mindestens eine Heirat dafür." Rami wollte eigentlich gar nicht nach Österreich. "Ich hatte ein super Leben in Tunesien. Ich hatte Arbeit, Freunde, Familie. Aber die Beziehung mit Martina war schön. Darum hab ich gesagt: scheißegal. Wir riskieren das jetzt. Es wird eine neue Erfahrung, ein neues Leben. Schauen wir einmal, was dabei herauskommt." Und dann begann der Spießrutenlauf durch den Behördendschungel. 2006 wurde das Fremdenrecht empfindlich verschärft. Bis zu diesem Zeitpunkt war Österreich relativ liberal gewesen, wenn es um die Eheschließung seiner Staatsbürger mit Drittstaatsangehörigen ging.

Straftat Scheinehe

Seit der Novelle 2006 dürfen Anträge auf Zuzug eines Familienangehörigen – also auch: eines Ehemannes oder einer Ehefrau – nur noch im Herkunftsland gestellt werden. Für Rami kein Problem. Schwierig wird es aber, wenn der Bräutigam ein Asylwerber ist, erklärt Getrud Schmutzer von der Fraueninitiative bikulturelle Ehen und Lebensgemeinschaften – kurz: Fibel. Denn da würde sich immer die Frage stellen: Wie gefährdet sind die Asylwerber in ihrem Herkunftsland? Können sie ganz einfach zurückfahren, um dort einen Antrag zu stellen oder riskieren sie damit Leib und Leben? "Es gibt immer wieder welche, die das wagen", erzählt Schmutzer, "in manchen Fällen ist das auch gut gegangen. In manchen aber auch nicht. Es gab Fälle, wo der Partner dann verhaftet wurde."

Asylwerber, denen dieses Risiko zu hoch ist, können natürlich trotzdem heiraten. Nur verzichten sie dann eben auf den Status „Familienangehöriger" und somit auch auf die Arbeitserlaubnis. Wird der Asylantrag negativ entschieden, können sie auch als Ehepartner und Väter österreichischer Kinder abgeschoben werden. Seit 2006 sind die Standesämter verpflichtet, alle Eheschließungen von Drittstaatsangehörigen zu melden. "Und wurde von der Fremdenpolizei bereits ein Ausweisungsverfahren beantragt, kann man nicht ausschließen, dass die Fremdenpolizei am Standesamt auftaucht." Außerdem wurde in dieser Fremdenrechtsnovelle ein neues Delikt geschaffen: Die Aufenthaltsehe, sprich: Scheinehe zur Erlangung eines Aufenthaltstitels. Strafmaß: bis zu einem Jahr Gefängnis. Gerade Asylwerber stehen hier quasi unter Generalverdacht, sagt Getrud Schmutzer: "Meist geht es um die Kombination Mann Asylwerber, Frau Österreicherin. Das ist eine Hochrisiko-Situation." Es gebe bestimmte Herkunftsländer, die einer quasi einer generellen Scheinehe-Verdächtigung ausgesetzt seien, so Schmutzer.

"Liebt er dich wirklich?"
Die Politikwissenschafterin Irene Messinger hat im Rahmen ihrer Dissertation festgestellt: Am häufigsten werden Paare kontrolliert, bei denen der Mann Asylwerber aus Nigeria ist. Besonders verdächtig gelten auch österreichische Staatsbürger mit türkischen oder serbischen Wurzeln, die Personen aus der Türkei oder Serbien heiraten. Diese Gruppen laufen am stärksten Gefahr, dass die Fremdenpolizei im Morgengrauen auftaucht, um nach gebrauchten Socken oder Zahnbürsten zu suchen. Oder sie werden zu fremdenpolizeilichen Einvernahmen geladen. Manche der Beamten würden diese Befragungen sehr korrekt durchführen, berichtet Schmutzer: "Aber es gibt auch welche, die sich da austoben und intime Fragen stellen, die bis ins Schlafzimmer hinein gehen." Verdächtigt werden Asylwerber nicht nur von den Behörden, sondern auch von der Gesellschaft. Von Schwiegereltern, von Frauen, mit denen sie flirten. Diese Erfahrung machte zum Beispiel Magnigi aus der Elfenbeinküste. Er kam 2004 als politischer Flüchtling nach Österreich. Bis zu seiner ersten Beziehung dauerte es etwa zwei Jahre. Zu groß das Misstrauen auf beiden Seiten: "Liebt er dich echt oder will er nur sein Asylproblem mit dir lösen?" - diesen Fragen seien seine Partnerinnen häufig ausgesetzt gewesen, erinnert sich Magnigi.

Für manche Menschen bedeutet Migration Schutz vor Verfolgung, für manche die Hoffnung auf ein besseres Leben. Doch andere wiederum geben für ihre ausländische Liebe sehr viel auf: Freunde, Familie, Berufschancen. Luiz hat in Brasilien ein Theologiestudium abgeschlossen und in den Armenvierteln Sozialarbeit gemacht. Sein Traum war es, als Pastor der methodistischen Kirche zu arbeiten: "Manchmal frage ich mich schon: Was mache ich hier? In diesem Land kann ich meinen Beruf nicht ausüben. In Brasilien habe ich mit alleinerziehenden Müttern gearbeitet. In der Favela, wo Teenager oft schon zwei, drei, vier Kinder haben. Aber meine Erfahrung zählt hier gar nichts. Worauf es hier ankommt, ist der Titel. Egal, ob du je in deinem Leben gearbeitet hast oder nicht. Mit dem richtigen Titel bist du hier Sozialarbeiter. Zu mir sagen sie immer: tut uns leid, aber du bist ja nur Theologe."

Dein Partner ist kein Kleinkind!
Der Akademiker Luiz hat am Westbahnhof die Cateringwagen der ÖBB befüllt, auf geringfügiger Basis Kinder in Parks betreut und er verdient hin und wieder ein paar Euro indem er in kleinen Bars als Musiker auftritt. Auch gut ausgebildete Migranten finden in Österreich oft keinen adäquaten Arbeitsplatz. Das belegen aktuelle Studien der OECD sowie der Wiener Arbeiterkammer. Ursachen seien einerseits Diskriminierung und andererseits die mangelnde Anerkennung ausländischer Berufsqualifikationen. Dadurch entsteht eine ökonomische Abhängigkeit vom österreichischen Partner. Das kann für eine Beziehung sehr belastend sein. Vor allem dann, wenn es die Frau ist, die diese Alleinverdienerrolle übernehmen muss, sagt Dietmar Larcher: "Es ist furchtbar demütigend für einen afrikanischen Mann, wenn er vom Geld seiner Frau

Zwischen den Welten

lebt. Noch dazu, wenn er sie bitten muss, dass sie ihm Geld gibt, dass er nach Hause schicken kann." Denn dort würde oft ein ganzer Familienclan zusammensparen, damit einer ins Ausland gehen kann. "Der möchte hier arbeiten. Doch das kann er nicht. Er schafft es nicht. Diese Menschen werden psychisch immer kleiner."

Abhängigkeit entsteht aber auch anders: der österreichische Teil weiß wie man sich in der gewohnten kulturellen Umgebung verhält. Was man tun darf, was nicht, wie Dinge funktionieren. Vor allem: wie gehe ich mit den österreichischen Behörden um. Meist ist es der österreichische Partner, der oder die sich dann um alles kümmert. Hier besteht die Gefahr, dass der zugewanderte Partner bis zu einem gewissen Grad entmündigt wird, erklärt Psychotherapeutin Ulrike Blom. In ihren Therapiesitzungen müsse sie den österreichischen Partnern und Partnerinnen häufig klarmachen, dass sie es nicht mit "Kindern" zu tun haben, so Blom: "Es ist wichtig - auch wenn es schwerfällt - ganz viel Verantwortung abzugeben. Je mehr man den ausländischen Partnern zutraut, desto mehr Kompetenz erlangen sie. Und damit wächst ihr Selbstbewusstsein. Das ist wichtig für eine Gleichwertigkeit in der Partnerschaft."

Neue Schikanen
Ein bikulturelles Paar darf von Amtswegen nur dann in Österreich leben, wenn es ein Nettoeinkommen von mindestens 1.222 Euro pro Monat vorweisen kann – plus die jeweiligen Mietkosten, plus 126 Euro pro Kind. Das ist vor allem ein Problem vor dem Erstantrag, wenn ja nur der österreichische Teil arbeiten darf. Magdalena war damals teilzeitbeschäftigt als Sozialarbeiterin. Knapp ging es sich aus. Luiz bekam einen befristeten Aufenthaltsstatus als Familienangehöriger. Doch der muss regelmäßig verlängert werden. Jedes Mal aufs neue muss das Einkommen nachgewiesen werden. Derzeit erwarten Magdalena und Luiz ihr erstes Kind. Wenn das nächste Mal die Behörde überprüfen wird, ob die Familie genug Geld hat, um gemeinsam hier in Österreich zu leben, wird sie gerade in Karenz sein. Ob es sich dann ausgeht, ist ungewiss. 2011 wurde das österreichische Fremdenrecht übrigens wieder verschärft. Nach derzeit geltenden Regeln hätte kein einziges der Paare, die in dieser Artikelreihe "Interkulturelle Beziehungskiste" vorgestellt wurden, nach der Hochzeit gemeinsam in Österreich leben dürfen. Denn jetzt heißt es: Deutschlernen VOR dem Zuzug.

Ulla Ebner

• Alles Karma: Wenn Westler der indischen Musik verfallen

Wenn Westler so sehr auf klassisch-indische Musik reinkippen, dass ihr bürgerliches Leben an den Nagel hängen und Jahr für Jahr nach Indien zu ihren musikalischen Gurus pilgern, dann ist das für gewöhnlich nicht geplant. Dann ist das Karma, also Vorherbestimmung. Zumindest sind davon die Musiker und Musikerinnen selbst überzeugt. Und diese höhere Macht kann unerwartet zuschlagen: Am Flussufer des Ganges im indischen Pilgerort Varanasi, in der WC-Schlange eines Flugzeugs oder auch mit einem Tennisschläger.

Zwischen den Kulturen

Oft kann man es sich nicht aussuchen, wann man von der Leidenschaft gepackt wird. Da sitzt man nichtsahnend am Gangesufer im indischen Pilgerort Varanasi, ein Flötenverkäufer kommt zufällig vorbei und schon ist es passiert. Das ist eben Schicksal – oder: Karma, wie die Inder sagen. So geschehen ist es Rina Chandra alias Renate Stroganov, Tochter einer Weinbauernfamilie aus Raggendorf in Niederösterreich. Eigentlich wollte Renate damals, vor mehr als zehn Jahren, nach Nepal in die Berge. Auf der Suche nach Abenteuer. Oder nach Spiritualität. So genau weiß sie das heute selbst nicht mehr. Und weil Indien in der Nähe war, wollte sie auch eine kurzen Abstecher dorthin machen. Ein schicksalshafter Abstecher sollte das werden. Seit mittlerweile neun Jahren hat sie ihr Leben dieser indischen Bambusflöte namens Bansuri gewidmet und pendelt seither zwischen den Kulturen hin und her. Sie ging zunächst nach Delhi, um zu lernen und später nach Mumbai.

Krishnas Flöte

Auf so etwas wie ein geregeltes bürgerliches Leben hat Renate Stroganov verzichtet. In den Sommermonaten arbeitet die ausgebildete Physiotherapeutin als Urlaubsvertretung in einer Klinik in Niederösterreich. Den Winter verbringt sie meist in der indischen Großstadt Mumbai, bei ihrem Guru – so bezeichnet man in Indien einen Lehrer. Ihr Flötenmeister Hariprasad Chaurasia ist einer der bekanntesten Bansurispieler weltweit. Die Bansuri wird als Querflöte gespielt. Sie besteht aus einem Bambusrohr mit sieben Löchern: eines zum Reinblasen, sechs für die Finger zum Greifen. Sie ist eines der ältesten Instrumente Indiens und gilt als das Instrument des Gottes Krishna. Ursprünglich wurde sie eher in der Volksmusik verwendet. Mittlerweile aber auch in der klassischen Musik. Vor ein paar Jahren hat Renate Stroganov gemeinsam mit anderen westlich-indischen Musikern in Wien das indische Musikensemble Alankara gegründet. Sie tritt unter dem Künstlernamen Rina Chandra auf. Manchmal gemeinsam mit dem Tabla-Spieler Gerhard Rosner.

Schicksalshafter Sitznachbar

Gerhard Rosner stammt ebenfalls aus Niederösterreich. Ihn hat vor elf Jahren ein Auslandssemester im Rahmen seines Philosophiestudiums nach Indien verschlagen. Doch die Vorsehung hatte anderes vor. Im Flieger saß neben ihm ein Deutscher, der klassisch indische Musik lernte. Und weil Gerhard Rosner noch kein Quartier hatte, nahm ihn der Deutsche mit zu seinen indischen Freunden. Rein zufällig war das eine Familie von traditionellen Tabla-Spielern. Bis zu diesem Zeitpunkt hatte sich Gerhard Rosner noch nie sonderlich für Perkussionsinstrumente interessiert. Aber das war Liebe auf den ersten Blick erzählt er: „Der Klang hat mich fasziniert und auch diese Virtuosität und Vielfalt, die auf der Tabla möglich ist." Wie besessen übt er jeden Tag sechs Stunden. „Was meinen Händen nicht besonders gut getan hat. Die waren extrem geschwollen. Aber das hat meinem Enthusiasmus keinen Abbruch getan."

Schmerzen ertragen können
Westler, die indische Musik lernen, müssen sich nicht nur an die fremden Klänge gewöhnen. Auch für den Körper ist das eine Herausforderung. Man muss stundenlang auf dem Boden im Schneidersitz verharren – oder in ähnlich ungewohnten Körperhaltungen. Schon oft sind ihm beim Spielen die Beine fast abgestorben, erzählt der Sitar-Spieler Daniel Bradley: „Es gab schon Fälle, wo die Tränen fast geflossen sind. Nicht vor Freude am Musizieren, sondern vor Schmerz." Doch wer Sitar lernen will, muss eben physische Schmerzen ertragen können, sagt Bradley. Auf den Fingern seiner linken Hand hat er eine dicke Hornhaut mit Millimeter-tiefen Furchen, hier haben sich die dicken Saiten der Sitar verewigt. Im Gegensatz zu Renate Stroganov und Gerhard Rosner war der US-Amerikaner Daniel Bradley bereits Musiker, bevor er die Hindustani-Musik für sich entdeckte. Nach Europa kam er in den 1960er Jahren. „Bei uns war damals der Vietnam-Krieg sehr in Mode. Aber ich war noch nie besonders modebewusst", sagt Bradley. Anstatt in den Krieg zu ziehen, studiert er lieber klassischen Gesang. Zuerst in Paris, dann in Wien. Zur indischen Musik brachte ihn ein Tennisschläger, erzählt Bradley.

Ein Schlag auf den Kopf
Nämlich der, den er für einen US-amerikanischen Bekannten bespannte. Tennisschläger bespannen war damals ein kleiner Nebenjob für Daniel Bradley. Die Übergabe findet in einer Bar statt und zufällig taucht dort auch ein Arbeitskollege des Amerikaners auf, der aus Bangladesh stammt. „Wir haben uns kennengelernt und sofort angefreundet", sagt Daniel Bradley. Er taucht ein in die Bangladeshi bzw. ost-indische Community in Wien. Er lernt ein paar Brocken Bengali, trifft Musiker aus Kalkutta, spielt mit ihnen in einem gemischten Musikensemble. Und er hält das erste Mal eine Sitar in Händen. „Nach einer Probe hat mein Freund dann einmal eine LP von Nikhil Banerjee aufgelegt", erzählt Bradley, „ich wusste damals noch nicht wer das war. Aber das war wie in diesen Comicbüchern: Da kommt eine Hand aus der Wolke heraus und haut dir auf den Kopf. Es war – bumm. Und da hab ich gewusst: Das ist es, was ich all die Jahre gesucht hab in der Musik." Bei einem Wien-Konzert lernt Daniel Bradley schließlich den Großmeister persönlich kennen. Er folgt ihm nach Kolkata, und studiert dort sechs Jahre lang Sitar bei Nikhil Banerjee. Bis der Altmeister 1986 schließlich verstirbt.

Selbstfindung in Kolkata
Die Sitar ist ein Zupfinstrument mit etwa 20 Saiten – der Großteil davon Resonanzsaiten, die die typischen Obertonklänge erzeugen. Der international bekannteste Sitar-spieler ist Ravi Shankar, er ist mittlerweile über 90 Jahre alt. Er hat schon in den 1960er Jahren die indische Musik im Westen populär gemacht. Der Geiger Yehudi Menuhin und der Beatle George Harrison zählen zu seinen

berühmtesten Schülern. Alokesh Chandra, der mit bürgerlichem Namen Alex Stroganov heißt, hat damals in seiner Jugendzeit sowohl die Beatles gehört wie auch Ravi Shankar. Alokesh ist Weltenbürger: Geboren in Kiew in einer russischen Familie, aufgewachsen in Israel, die Verwandten verstreut über die Kontinente. Mit 20 fuhr er zur Selbstfindung nach Kolkata und begann dort Sitar zu lernen. Zufällig landete er bei einem Lehrer, der selbst ein Schüler von Ravi Shankar gewesen war: Shyamal Chatterjee. Mehrere Jahre lang fuhr Alokesh Chandra immer wieder nach Kolkata zu seinem Guru.

Ein unerreichbarer Stern
Als er eines Tages, nach einem längeren Aufenthalt, Indien wieder verlassen wollte, kam sein Lehrer auf die Idee, Alokesh solle doch Ravi Shankar kennenlernen. „Du musst dir vorstellen, Shyamalji ist jetzt 82 Jahre alt und für diese Generation ist die Welt irgendwie einfacher. Er dachte sich: oh, Alex fährt ins Ausland. Und Ravi Shankar lebt ja auch dort – im Ausland. Da können sie sich ja treffen", erzählt Alokesh alias Alex Stroganov. Er selbst hielt das aber nicht für besonders realistisch. Schließlich war Ravi Shankar ein Star, ein unerreichbarer Stern am Himmel. Wie sollte er ihn „einfach treffen"? Wie sollte er ihn überhaupt kontaktieren? Damals, in den 1980ern gab es schließlich kein Internet, wo man mal schnell eine Adresse recherchierte und ein e-mail schrieb.

Das Schicksal in der WC-Schlange
Am nächsten Tag am Flughafen sieht Alokesh Chandra einen Tabla-Spieler, den er schon öfters auf der Bühne gesehen hat: Bikram Gosh, der auch häufig mit Ravi Shankar gemeinsam spielt. Sie sitzen im gleichen Flieger. Alokesh traut sich zunächst nicht, ihn anzusprechen – bis die beiden zufällig in der WC-Schlange hintereinander stehen. Bikram Gosh erzählt ihm, dass er gerade auf dem Weg nach London sei, um mit Ravi Shankar auf Tournee zu gehen. „Und dann kam mir plötzlich die Idee, einen Brief zu schreiben", berichtet Alokesh. Der Flug dauerte sieben Stunden und es wurde ein langer Brief. „Darin versuchte ich, all meine Gefühle für die Sitar und die indische Musik auszudrücken. Beim Aussteigen gab ich Bikram Gosh das Kuvert und bat ihn: Können Sie das bitte Ravi Shankar geben?"

Einige Monate später ist Alokesh Chandra wieder in Kalkutta bei seinem Lehrer. Ein enger Freund aus Tel Aviv ruft ihn an. Ein Brief sei gekommen. „Als mein Freund den Brief öffnete, haute es ihn fast um: denn er war von Ravi Shankar. Er schrieb, er hätte sich sehr über meinen Brief gefreut und er würde mich gerne treffen. Er sei dann und dann in Delhi und er schickte mir seine Telefonnummer. So begann das alles." Alokesh wird schließlich ein Schüler von Ravi Shankar. „Es war wirklich ein riesengroßer Zufall und ich glaube, irgendjemand hat das von oben gelenkt", ist er überzeugt.

***

6. Kultur ist politisch

• Hip Hop (1) Wie alles begann

Hip Hop – das ist Sprechgesang, in dem viele schmutzige Wörter vorkommen, die die meisten von uns niemals in den Mund nehmen würden, das sind Macho-Männer mit Sonnenbrillen, Goldketten und Pelzkrägen, die seltsam und übertrieben gestikulieren. Sie fahren in schnittigen Sportwagen und sind stets umringt von leicht bekleideten Damen. Zumindest ist das der Eindruck, wenn man sich die einschlägigen Videos im Fernsehen anschaut. Doch im Hip Hop kann es auch um etwas anderes gehen als Autos und Frauen. Ich habe mich auf die Suche gemacht nach sozialkritischem und politischen Hip HopperInnen in verschiedenen Ländern und dabei Hip Hop als Methode in der Sozialarbeit entdeckt.

Block Parties in der Bronx
Entstanden ist der Hip Hop Mitte der 1970er Jahre in der New Yorker Bronx. Zu dieser Zeit war das Viertel bereits extrem heruntergekommen. Es gab viele leerstehende Häuser, die Arbeitslosigkeit war enorm und gewalttätige Jugendgangs breiteten sich aus. Schuld daran war eine schlechte Verkehrspolitik: Eine Autobahn – der Cross-Bronx-Highway – hatte das Viertel von der restlichen Stadt abgeschnitten. Die Angehörigen der Mittelschicht verließen die Bronx, ebenso viele Wirtschaftstreibende. Zurück blieben die, die es sich nicht leisten konnten, weg zu gehen. Und das waren in erster Linie Migranten und diverse Minderheiten: Puerto Ricaner, Afro-Amerikaner. Die machten aus Nichts etwas. Sie stellten teilweise ihre Plattenspieler ins Fenster und legten drinnen im Wohnzimmer auf. Draußen vor dem Fenster versammelte sich eine kleine Gruppe von Leuten und begann, dazu zu tanzen. Andere stellten ihr gesamtes Equipment auf die Straße, zweigten Strom von irgendeinem Strommasten ab und beschallten den ganzen Häuserblock. „Block Parties" nannte man das Ganze.

Damals wurde in der Bronx am liebsten Funk, Soul und Disco gehört. Es gab fanatische Plattensammler und Leute, die ein Sound System hatten, also mehrere Lautsprecherboxen übereinander türmten. Einer davon war Kool DJ Herc, ein Einwanderer aus Jamaica. Er brachte die Sound-System-Kultur aus Jamaica mit. Ein solches System bestand aus zwei Plattenspielern und einem Mikrophon, wo man Lieder ansagen konnte. Auch Herc hatte Freunde dabei, die ihn als Moderatoren unterstützten. Sie animierten die Leute, auf die Tanzfläche zu kommen und ließen sich dafür kleine Reime einfallen: Der Ursprung des Rap.

Ein folgenschwerer Stromausfall
Gerüchten zufolge dürfte ein Ereignis in der Nacht vom 14. Juli 1977 erheblich zur Verbreitung der DJ-Kultur in der Bronx beigetragen haben. Damals fiel nämlich in ganz New York der Strom aus. Für mehrere Stunden. Das heißt: Beleuchtung und Alarmanlagen funktionierten nicht. Am nächsten Tag hatten plötzlich die ärmsten Leute zwei Plattenspieler, Boxen und Verstärker. Zunächst war der

New Yorker Hip Hop vor allem Party. Trotzdem beschrieben manche Rapper das triste Umfeld, in dem sie lebten, wie zum Beispiel Grandmaster Flash, ein Migrant aus Barbados.

Überall zerbrochenes Glas, Leute pissen auf die Stiegen. Ich ertrage den Gestank nicht mehr. Auch nicht den Lärm. Aber ich habe kein Geld wegzuziehen. Ratten im vorderen Zimmer, Kakerlaken im hinteren. Im Gang die Drogensüchtigen mit dem Baseballschläger. Es ist wie im Dschungel, und ich frage mich, wie ich es schaffe, hier nicht unterzugehen.
(aus: Grandmaster Flash: The Message)

Rappen statt Schießen
Der erste, der das Potential des Hip Hop als eine Art Sozialarbeit erkannte war Afrika Bambaata. Er gilt neben Kool DJ Herc und Grandmasta Flash als einer der Erfinder des Hip Hop. In seiner Jugend war Afrika Bambaata Mitglied der gefürchteten New Yorker Straßengang „Black Spades". Doch nachdem einer seiner engsten Freunde im Bandenkrieg erschossen worden war, begann bei ihm ein Umdenken. Er gründete die Organisation Zulu Nation. Dort sollten die Jugendlichen mit Tanz, Sprechgesang und Spraydosen gegeneinander antreten, statt mit Waffen. Aus ehemaligen Schlägern wurden plötzlich Tänzer, Sprayer, Rapper und DJs. Und genau daher kommt die „Battle-Kultur" im Hip Hop. Es gab Wettbewerbe und wer gewann, wurde von den anderen respektiert. Von der Straße der Bronx gelangte die Hip Hop Musik in die Tonstudios in Manhatten und Harlem und verbreitete sich weiter in andere Städte.

Das schwarze CNN
Ende der 1980er kam an der Westküste, im kalifornischen Los Angeles ein neuer Stil auf. Gangsta-Rap. Hier ging es weniger um Spaß, hier wurde knallhart – und zum Teil auch überspitzt – die brutale Wirklichkeit in den Schwarzenghettos beschrieben. Von Rassentrennung, fehlenden Perspektiven und Ganggewalt war die Rede. Bands wie NWA („Niggers with Attitude") erzählten harte Geschichten aus dem Ghetto-Alltag der Afro-Amerikaner. Das war zunächst ungewohnt für mitteleuropäische Ohren. Chuck D, Rapper der New Yorker Band Public Enemy sagte einmal, Rap ist das schwarze CNN – pure, ungefilterte Geschichten aus der Realität. Von nun an war Hip Hop eng verbunden mit fetten Goldketten, dicken Limousinen und knapp bekleideten Frauen. „Motherfucker" wurde zum Lieblingswort. Einige Rapper waren selbst Gang-Mitglieder, kamen wegen Drogengeschichten ins Gefängnis oder wurden erschossen. Andere wiederum sprangen ganz einfach auf das Gangster-Klischee auf, um Geld zu machen.

Rapper als Comic-Helden
Warum wurde gerade diese alberne Form des Hip Hop kommerziell so erfolgreich? „Für amerikanische Medien ist es vermutlich leichter, diese Stereotype von Afro-Amerikanern zu zeigen", glaubt Hip Hop DJ und FM4-Moderator Phekt alias Alexander Hertel, „Drogendealer, die angeben mit Geld, hübschen Frauen, großen Autos und Villen. Das ist sicher bequemer, als wenn man in den Medien von den harten Lebensbedingungen der Afroamerikaner sprechen muss und sich quasi permanent Sozialkritik anhört." Für die österreichische Hip Hopperin Mieze Medusa sind Gangster-Rapper so etwas wie Comicfiguren: „Die sind überzeichnet, schrill und vom Denken her

sehr schwarz-weiß. Und ich glaube, dass das Kindern, Jugendlichen und erwachsenen Kindern einfach gefällt."

Dreht sich alles nur um Autos und Frauen?
Auch der deutschsprachige Hip Hop erlebte eine ganz ähnliche Entwicklung, wie der US-amerikanische. Zunächst ging es um Party-Spaß: Bands wie die Fantastischen 4 oder Blumentopf schrieben Reime über Autos und Frauen, Herzeleid und das Wetter. Und irgendwann kamen sozialkritische Hip Hopper dazu. Zu den ersten erfolgreichen deutschen Conscious-Rappern zählte beispielsweise die Band Advanced Chemistry. Mit ihrem Lied „Fremd im eigenen Land" erregten sie damals im Jahr 1992 viel Aufsehen.

Ich habe einen grünen Pass mit 'nem goldenen Adler drauf. Dies bedingt, dass ich mir oft die Haare rauf'. Jetzt mal ohne Spaß: Ärger hab' ich zuhauf, obwohl ich langsam Auto fahre und niemals sauf'. All das Gerede von europäischem Zusammenschluss! Fahr' ich zur Grenze mit dem Zug oder einem Bus, frag' ich mich, warum ich der Einzige bin, der sich ausweisen muß, Identität beweisen muss! Ist es so ungewöhnlich, wenn ein Afro-Deutscher seine Sprache spricht und nicht so blass ist im Gesicht?
(aus: Advanced Chemistry, „Fremd im eigenen Land")

Am Markt durchgesetzt haben sich aber schließlich deutsche Gangster-Rapper. Das Plattenlabel Aggro machte Leute wie Sido und Bushido zu Stars. Je aggressiver die Texte, umso besser. Immer wieder landeten gewaltverherrlichende, frauen- und schwulenfeindliche Lieder auf dem Index der Bundesprüfstelle für jugendgefährdende Medien. „Es ist leider nicht so, dass Hip Hop per se politisch ist", sagt Mieze Medusa, „allerdings eignet sich Hip Hop mehr als alles andere zum politischen Arbeiten, wenn man es möchte. Und das hat mit der Silbenanzahl zu tun. Du kannst in einem 4-Minuten-Song mehr Message unterbringen, als du das in einem gleich langen Pop-Song tun kannst. Daher glaub ich, kommt das auch, dass Hip Hop im Black Empowerment so eine große Rolle gespielt hat."

***

Ulla Ebner

• Hip Hop (2) Brasilien: Frauenrechte, Black Power und Antikapitalismus

„Hip Hop ist nicht das, was uns die USA verkaufen wollen: ein Musikstil. Hip Hop ist eine Bewegung, eine Form des Kampfes. Rap und DJeing ist unsere Musik, Graffiti unsere bildende Kunst und Breakdance der körperliche Ausdruck. Und dann gibt es noch ein fünftes Element: die Sozialkritik." (Duendy Primeiro)

Rap über Gesundheit und Sexualität

„Es ist einfach, mich zu verurteilen, mit dem Finger auf mich zu zeigen. Doch, nur ich kenne den Schmerz in mir. Meine Schuld, meine Todsünde. Horrorszenen in Echtzeit, dort im Krankenhaus. Die Ärzte, die Schwestern, alle verachteten mich. Doch ich wollte nur, dass die Zeit vergeht, mich niemand bestraft und niemand mehr Kommentar abgibt"

... rappt die junge Hip Hopperin Rúbia aus Rio de Janeiro. Tatsächlich seien die heimlichen und schlecht gemachten Abtreibungen in Brasilien die vierthöchste Todesursache bei Schwangeren, sagt Denise Viola von der brasilianischen Frauenorganisation CEMINA: „Jedes Jahr landan an die 250.000 Frauen im Krankenhaus, weil bei einer illegalen Abtreibung etwas schief gegangen ist. Doch viele hier in Brasilien wollen dieses Thema unter den Tisch kehren. Der Einfluss der Kirchen ist ja sehr stark. Und die üben Druck auf die Politik aus. Das heißt, eine Sache, wo es eigentlich um Menschenrechte und öffentliche Gesundheit geht, wird hier fast nur auf religiöser Ebene diskutiert."

Hip Hop und Sozialarbeit

Abtreibung ist im katholischen Brasilien streng verboten. Einzige Ausnahmen: Vergewaltigung oder schwere gesundheitliche Indikationen. Frauengruppen fordern seit vielen Jahren eine Legalisierung. Gerade in den Armenvierteln, den sogenannten Favelas ist die Rate an Teenagerschwangerschaften hoch. Sozialarbeiterinnen von CEMINA haben vor ein paar Jahren mehrere Hip Hop-Workshops für junge Frauen aus den Favelas organisiert. Zunächst wurde über diverse Probleme rund um Liebe und Sexualität gesprochen. Gemeinsam wurden dann Rap-Texte erarbeitet und im Tonstudio aufgenommen: „Es ist oft schwierig, mit Jugendlichen über Homosexualität, Teenagerschwangerschaften oder Abtreibung zu sprechen. Aber wenn du ihre Sprache verwendest und ihre Musik, dann öffnen sich ganz neue Wege des Dialogs", erklärt Denise Viola.

Gewalt in der Favela

„Ich werde nicht mehr still sein. Ich habe ihn angezeigt " heißt es in einem anderen Song, der im Rahmen eines solchen Workshops entstanden ist. Denn gerade Gewalt gegen Frauen ist eines der Hauptprobleme in den brasilianischen Armenvierteln, erzählt Denise Viola. In Brasilien gibt es Sprichwörter, die quasi die Gewalt gegen Frauen bzw. das Wegschauen legitimieren, kritisiert sie.

„Steck deinen Löffel nicht in den Streit zwischen Mann und Frau", heißt es zum Beispiel. „Aber das ist falsch", ärgert sich Denise Viola, „solche Streits kosten Jahr für Jahr viele Frauen das Leben. Daher muss man sich einmischen und die Polizei einrufen!" Und das wollten sie auch den jungen Frauen in der Favela klar machen. Eine Sammlung von Lieder entstand unter dem Motto „Hip Hop gegen Gewalt".

Mitte der 1990er erreicht der Hip Hop die Armenvierteln Brasiliens, die sogenannten Favelas. Auch hier gibt es Drogenbanden und Gewalt, auch hier ist die Mehrheit der Bewohner dunkelhäutig - ganz ähnlich wie in der New Yorker Bronx, dem Geburtsort des Hip Hop. Viele Kids der Favela konnten sich mit dieser neuen „black music" gut identifizieren, erzählt Hip Hopper Duendy Primeiro. Er stammt aus Itinga, einem Vorort der Drei-Millionen-Stadt Salvador da Bahia an der Nordostküste Brasiliens und er ist über die politische Schwarzenbewegung zum Hip Hop gekommen.

Crack – die Droge der Armen
Von kommerziellem Gangsta-Rap hält Duendy Primeiro überhaupt nichts: „Dieser amerikanische Traum von Autos und Reichtum... das ist furchtbar. Hier interessiert das nur eine Minderheit der Hip Hopper. Den meisten geht es um die soziale Frage. Wir wollen Informationen in die Favela bringen. Und die Leute von den Drogen fernhalten. Denn ich glaube die schlimmste Krankheit, an der Brasilien derzeit leidet ist das Crack. Weil es eine billige Droge ist. Ja, um solche Sachen gehts im Hip Hop hier in Bahia."

> *Ich bin Makulele, Capoeira de Angola, Rastazöpfe und Widerstand. Ich bin die revolutionäre Bewegung von Steve Biko und all der schwarzen Kämpfer. Ich kämpfe für soziale Gleichheit, gerechte Verteilung des Reichtums. Ich bin der Dieb, der aus Not heraus stiehlt. Von der Gesellschaft werde ich zum Mörder und Entführer erzogen, ich bin das Opfer der korrupten Polizisten. Ich studiere auf der Fakultät des Verbrechens, die sie Gefängnis nennen, ich bin die Verzweiflung, der Hunger, die Armut, das Ergebnis der Unterdrückung durch die Europäer.*
> (siehe: http://www.youtube.com/watch?v=uZK37h4TEeA)

Das, was 1888 in Brasilien geschah, sei eine falsche Sklavenbefreiung gewesen, sagt Duendy: „Denn was fehlte, war eine Landreform. Prinzessin Isabel unterzeichnete dieses Papier und sagte: ihr seid frei. Doch, was sollten die Menschen tun? Ohne Geld, ohne Land... Was ist das für eine Freiheit? Einige kehrten zu ihren ehemaligen Besitzern zurück und arbeiteten für Kost und Logie. Andere gingen betteln. Und viele besetzten irgendwo Land und bauten ihre Hütten dorthin. Und so entstanden die Favelas. Unser Hip Hop spricht auch von diesen Dingen."

Geschichtslektion durch Sprechgesang
Duendy Primeiro war mit seiner Band Furia consciente („Bewusste Wut") einer der ersten Hip Hopper im Großraum Salvador. Mit einigen Freunden aus der Szene hat er Mitte der 1990er die Organisation „Posse de conscientização e expressão" (Gemeinschaft für Bewusstseinsbildung und

Ausdruck) gegründet. Dort organisieren sie unter anderem Workshops für Jugendliche.

Über den Sprechgesang sollen die jungen Afrobrasilianer etwas über ihre Geschichte lernen, sagt Duendy: „Zuerst reden wir ein wenig über den Panafrikanismus, wie wir versklavt wurden von den Europäern, den Sklavenaufstand von Zumbí, dass Prinzessin Isabel uns gar nicht befreit hat. Dann sprechen wir auch über die Geschichte des Hip Hop. Und dann beginnen sie, selbst ihre eigenen Texte zu reimen. Es geht vor allem darum, bei den Jugendlichen Neugierde zu wecken. Auch für aktuelle Themen: Politik, Gesellschaft, ihre Rechte, die Polizeigewalt, die sozialen Probleme." Zunächst waren es fast nur männliche Jugendliche in der Hip Hop-Bewegung. Doch mittlerweile gebe es bereits viele Rapperinnen: „Die Frauen haben sich ihren Platz erobert", erzählt Duendy, "sie interessieren sich auch sehr für die sozialen Themen. Und sie haben längst bewiesen, dass auch sie sehr gut reimen und tanzen können und gute DJanes sind."

Viva Zapata! Viva Zumbí!
Etwa 800 Kilometer weiter nördlich, in der Hafenstadt Recife, der Hauptstadt von Pernambuco, lebt der Hip hop Musiker und Graffiti-Künstler Galo de Souza. Er ist ist Mitbegründer eines Netzwerkes von politisch motivierten Hip HopperInnen, dem Rede de Resistencia Solidaria (Netzwerk des solidarischen Widerstandes). Er selbst ist in einer Favela von Recife geboren und aufgewachsen. Schon mit 12 war er ein stadtbekannter Graffiti-Sprayer, erzählt er. Zum Hip Hop ist er über die Manguebeat-Bewegung gekommen, ein lokaler Musikstil, der in den 1990ern in Recife entstanden ist und lokale afrobrasilianische Rhythmen mit Rock, Funk und Sprechgesang vermischt hat: „Pernambuco erlebte eine musikalische Revolution mit der Manguebeat Bewegung. Ihr Begründer – Chico Science – war ein revolutionärer Musiker. Seine Ideen haben mich sehr beeinflusst. Niemals zuvor hatte ich jemanden singen gehört: Es lebe Zapata! Es lebe Zumbi! Es lebe Sandino! Denn in Recife hörte man vor allem Liebeslieder und diesen dümmlichen Sertanejo, der die amerikanische Country-Musik imitiert."

Raubmord für ein Paar Markenschuhe?
1997 stirbt Chico Science bei einem Verkehrsunfall. Mit ihm sei auch das Revolutionäre in der Manguebeat-Bewegung gestorben, sagt Galo de Souza. Die heutigen Manguebeat-Gruppen leben längst in Sao Paulo und hätten den Kontakt zur Favela verloren. Beim Hip Hop sei das anders. Er selbst sei nie daran interessiert gewesen, Popstar zu werden. Ihm gehe es darum, über seine Kunst mit den Menschen in der Favela zu kommunizieren. Exito d' Rua (Erfolg der Straße) heißt seine Band. Die Kids in der Favela wollen alle teure Markenkleidung. Das sei das Problem am Kapitalismus, sagt Galo: „Wir haben hier auch in einem Gefängnis gearbeitet: alle wollen sie teure Kleidung. Und dafür begehen sie dann Überfälle. Und landen im Gefängnis. Oft töten sie sich gegenseitig. Und das alles nur wegen der Markenkleidung."
Aktiv werden statt anhimmeln
Sprechgesang, Graffiti-Sprühen und Tanzakrobatik als Sozialarbeit: Das Netzwerk des solidarischen Widerstandes in Recife veranstaltet Workshops für Gefängnisinsassen, Schüler und für Kinder in den Favelas. Als Jugendlicher bewegte er sich selbst oft am Rande der Kriminalität, erzählt Galo. Heute besprüht er statt Hauswänden lieber Leinwände – die dann in Ausstellungen hängen. Und

er betreibt sein eigenes kleines Plattenlabel: In Bolada Records, benannt nach einem lokalen Musikstil im Nordosten bei dem zwei Männer Schellentamburims spielen und dazu spontan kurze Strophen dichten. Brasilien ist reich an Musiktraditionen und Hip Hopper greifen gerne darauf zurück: Marcelo D2 aus Rio vermischt Sprechgesang mit Samba, die Rapper in Bahia, wie Duendy Primeiro, lassen sich von Rhythmen der afrobrasilianischen Religion beeinflussen. Galo de Souza ging es dabei nie um Erfolg. Er möchte andere Menschen inspirieren: „Absolut jeder kann das machen, was ich mache. Ich glaube nicht an Talent. Ich will auch nicht, dass mich irgendwer bewundert. Ich glaube, darin besteht meine Provokation: ich will Menschen dazu bringen, dass sie selbst handeln anstatt irgendwen anzuhimmeln."

***

• Hip Hop (3) Palästina: Worte schleudern statt Steine

„Hip Hop ist der Stein in meiner Hand" – Sprechgesang als Steinschleuder, das ist eine Metapher, die man immer wieder im Zusammenhang mit palästinensischem Hip Hop zu hören bekommt. Relativ spät, nämlich so gegen Ende der 1990er hat sich die Hip Hop-Kultur auch unter palästinensischen Jugendlichen verbreitet. Und der palästinensische Rap ist bis heute sehr politisch. Hauptthema: die israelische Besatzung.

Hip Hop als Steinschleuder

Ein brütendheißer Sommertag in Ostjerusalem – jenem Teil der Stadt, der mehrheitlich von Arabern bewohnt wird und um den bei Nahost-Verhandlungen heftigst gestritten wird. Die Palästinenser würden diesen Teil gerne zur Hauptstadt eines künftigen Palästinenserstaates machen, Israel will die Stadt nicht teilen. Nach einer kleinen Odyssee in einem klapprigen Autobus und leichten Verständigungsproblemen mit dem arabischen Fahrer, finden wir endlich das Lokal, wo wir verabredet sind. Die drei Rapper von DAM sitzen im Gastgarten des Lokals und rauchen eine traditionelle Wasserpfeife (Shisha). „Meine Waffe heißt Hip Hop", sagt Bandleader Tamer Nafar„aber ich kann ja auch ins Tonstudio gehen und meine Lieder aufnehmen. Andere können das nicht, weil es da eine Grenze gibt und Soldaten, die auf sie schießen. Also werfen sie eben Steine."

Seit 50 Jahren leben wir als Gefangene hinter den Gitterstäben von Paragraphen
Mit Friedensabkommen, die nichts verändern...
Ihr könnt unsere Hoffnung nicht mit einer Mauer begrenzen
Auch wenn dieses Hindernis zwischen mir und meinem Land steht, werde ich immer mit Palästina verbunden sein, wie ein Embryo mit der Nabelschnur.
(aus: DAM, Mali Huriye – I don't have freedom)

Ulla Ebner

Probleme, die viele Araber betreffen
Die Gruppe DAM ist eine der ersten und zweifelsfrei die bekannteste palästinensische Hip Hop-Formation. DAM bedeutet soviel wie „da arabian MCs", also: die arabischen Rapper. Sie sind die Idole vieler palästinensisch-stämmiger Jugendlicher – in Israel, in den besetzten Gebieten, in den Flüchtlingslagern. „Wir sind die Pioniere des palästinensischen Hip Hop", sagt Suhell Nafar, der Bruder von Tamer, „jeder hier weiß, wer DAM ist. Denn wir singen über Dinge, die die Menschen berühren. Wir sprechen Probleme an, die viele Araber betreffen. Darum empfinden sie etwas bei unserer Musik. Die drei Mitglieder von DAM stammen selbst nicht aus den von Israel besetzten Palästinenser-Gebieten, sondern aus Lod, einer Kleinstadt in der Nähe von Jerusalem. Das heißt, sie sind zwar Palästinenser, haben aber israelische Pässe. Das hat es ihnen ermöglicht, mit israelischen Musikproduzenten zusammenarbeiten, Auslandstourneen zu machen und internationale Bekanntheit zu erlangen. Die Kollegen in den besetzten Gebieten, wie „Ramallah Underground" aus dem Westjordanland oder „Palestinian Rappers" aus dem Gaza-Streifen, hatten es diesbezüglich schwerer.

Solidarität mit Afro-Amerikanern
Palästinensische Jugendliche entdeckten den Hip Hop erst relativ spät für sich, nämlich gegen Ende der 1990er. Damals waren die drei Rapper von DAM noch Teenager. Sie sahen US-amerikanische Videoclips im Fernsehen. Und so kam es, dass ausgerechnet eine amerikanische Jugendkultur von den sonst so USA-feindlichen Palästinensern übernommen wurde. So unlogisch ist das gar nicht, sagt Suhell Nafar: „Mich haben diese amerikanischen Videoclips sehr berührt, vor allem die harten Songs wie von 2Pac. Denn da haben wir diese Stadtviertel gesehen und die Probleme, die die schwarze Minderheit in den USA im alltäglichen Leben erleiden muss. Und wir haben eine tiefe Verbundenheit zwischen den Kulturen gespürt. Nicht nur musikalisch – auch politisch. Und so wie wir etwas über ihren Kampf lernten, wollten wir, dass sie etwas über unseren Kampf erfahren. Hip Hop ist unser gemeinsames Werkzeug. Aber wir haben dabei begonnen, unseren eigenen Weg zu finden, nicht nur zu kopieren." Er hat schon als Kind Hip Hop gehört, erzählt Mahmoud Jreri. Damals hatte er aber keine Ahnung, dass sich diese Musik Hip Hop nannte: „Es hat mir einfach gefallen, dass die Leute da sehr schnell mit vielen Wörtern singen. Ich schrieb damals auch. Aber keine Rap-Texte sondern Gedichte."

Poesie der Steine
Sprache, Dichtung und Literatur haben seit jeher einen sehr hohen Stellenwert in der palästinensischen Gesellschaft erklärt Julia Grosinger. Sie hat im Rahmen ihres Politikwissenschaftsstudium im Westjordanland zum Thema Hip Hop geforscht. „Die meisten Jugendlichen, die ich getroffen habe, können ad hoc ein Gedicht rezitieren". Allerdings seien sie durch die Sprachgewalt der großen Dichter auch ein wenig eingeschüchtert. Diese schreiben noch dazu auf Hocharabisch, das per se als eine Art Kunstsprache gibt. Hip Hop-Texte wiederum werden im Dialekt geschrieben und das kommt den Jugendlichen sehr entgegen: „So können sie ihre Gefühle besser ausdrücken als mit standardisiertem Hocharabisch." „Poesie der Steine" nannte man die Widerstandsliteratur während der Ersten Intifada, erklärt Julia Grosinger, dem Volksaufstand der Palästinenser in den späten 1980ern. Das Bild des steinewerfenden

Palästinenserbuben prägte seit damals die westlichen Medienbilder. Jugendliche hätten in den Interviews fast immer vom Stein in ihrer Hand gesprochen, erzählt die Politikwissenschaftlerin. Sie hat mit Jugendlichen Rappern in der Stadt Bethlehem und im palästinensischen Flüchtlingslager Balata, nahe der Stadt Nablus gesprochen.

Enge, Angst und Stress
Das Lager Balata wurde im Jahr 1950 errichtet, für Palästinenser, die im Zuge der kriegerischen Auseinandersetzungen nach der Gründung des Staates Israel vertrieben worden waren. Heute leben dort 30.000 Menschen. Auf einem Viertel Quadratkilometer. „Um Balata mit wenigen Worten zu beschreiben: Es ist Enge, Platzmangel, Angst und Stress", sagt Julia Grosinger. Durch manche Straßen kommt man überhaupt nur durch, wenn man den Bauch einzieht und seitlich geht. Man kann überall in die Fenster der Menschen hineinsehen, teilweise wohnen 10-15 Menschen auf einem Platz von 25 m2. Außerdem gilt Balata als Ort des Widerstandes. Dort gab es die vermutlich blutigsten Auseinandersetzungen zwischen der israelischen Armee und den Bewohnern. Hausdurchsuchungen durch Soldaten stehen an der Tagesordnung. Etwa drei Viertel der Menschen im Flüchtlingslager sind arbeitslos, Internet und Fernseher sind kaum verbreitet. Hip Hop wurde hier vor allem von Sozialarbeitern hereingetragen, erzählt Julia Grosinger. Die wollten den Jugendlichen mit Hilfe von Kultur ein Ventil geben, ihren Frust gewaltfrei abzubauen.

Rap gegen die Abrissbirne
Doch auch im Kerngebiet Israels wird mit Hilfe von Musik und Sprechgesang Friedensarbeit betrieben, erzählt der österreichische Hip Hop-DJ Alexander Hertel, alias Phekt. Gemeinsam mit der deutschen Rapperin Fiva MC nahm er selbst vergangenes Jahr an einem solchen Projekt teil. Acht Tage lang musizierten deutsche, israelisch- jüdische und palästinensische Jugendliche miteinander. „Gerade für die Jungs aus Palästina war Rap ganz wichtig", sagt er. Phekt verfolgt die Arbeit der jungen Palästinenser-Rapper nach wie vor via Facebook. In ihren Texten erzählen sie aus ihrem Alltag: „Die singen zum Beispiel: Bei unserem Nachbarn wurde gestern das Haus niedergerissen, obwohl seine Tochter noch drinnen geschlafen hat." In den Palästinensergebieten ist es verboten, Häuser auszubauen. Wenn sich jemand nicht daran hält, dann kommen die Bagger und reißen alles nieder. Das Israeli Committee Against House Demolitions protestiert immer wieder gegen diese Praxis. „Gerade für solche Geschichten ist Rap die optimale Sprache", sagt Alexander Hertel.

Mauern und Checkpoints
In den meisten Ländern funktioniert Hip Hop-Kultur als eine Art Abgrenzung gegenüber anderen – privilegierteren – Schichten der eigenen Gesellschaft, erklärt Politikwissenschafterin Julia Grosinger. Auch räumliche Abgrenzung spielt eine große Rolle: fast immer ist vom „Ghetto" die Rede. Der palästinensische Hip Hop wiederum richtet sich gegen einen äußeren Feind: die Besatzungsmacht Israel. Und die besetzten Gebiete werden als ein großes Ghetto betrachtet. Seit dem Jahr 2003 baut Israel ja auch eine Mauer rund um das Westjordanland. Ein Thema, das die jungen Rapper vor allem in Bethlehem sehr beschäftigt hat, erzählt Julia Grosinger: „Sie haben sich in ihren Texten immer wieder auf die Mauer bezogen. In Balata wiederum gibt es keine Mauer.

Dort sind es die Checkpoints, die überall präsent sind im öffentlichen Raum. Ein Jugendlicher aus Balata, der in der wenige Kilometer entfernten Nablus in die Schule geht, muss an die fünf Checkpoints überqueren." Checkpoints sind Kontrollposten der israelischen Armee. Ein paar hundert davon sind quer übers Westjordanland verteilt – vor allem in der Näher israelischer Siedlungen. Für die Bewohner des Westjordanlandes bedeutet das: permanent Schlange stehen und Schikanen durch Soldaten ausgesetzt sein.

Who's the terrorist?
Die Rapper von DAM sahen sich nicht von Anfang an als politische Band, erzählt Mahmoud Jreri: „Am Anfang hatten wir gar nicht vor, gegen die Mächtigen zu kämpfen, unsere Botschaft war nicht: zur Hölle mit der Besatzung. Wir haben einfach über unser Lebensumfeld geschrieben. Durch die Musik haben wir viel über unsere Kultur gelernt und auch über die Widerstandsbewegung. Und irgendwann haben wir realisiert, dass wir jetzt auch eine gewisse Verantwortung haben." Im Jahr 2000 bricht die zweite Intifada aus – der gewaltsame Palästinenser-Aufstand gegen die Besatzung. Selbstmordattentäter verüben Anschläge in israelischen Städten. Die Armee schlägt hart zurück und tötet dabei auch viele palästinensische Zivilisten. In ihrem umstrittenen Song „Min Irhabi" fragten DAM damals: „Wer ist hier eigentlich der Terrorist?". Und wurden damit zu Stars in der arabischen Welt.

Freedom for my Sisters
Heute kritisieren sie nicht nur die Besatzung, sondern auch Unterdrückung und Ungerechtigkeit innerhalb ihrer eigenen Gesellschaft, sagt Tamer Nafar, Bandleader von DAM: „Wir sind nicht gegen die israelische Besatzung, weil das Juden sind. Wir sind keine Antisemiten. Wir bekämpfen die Besatzung, weil sie falsch ist. Wir stehen gegen alles auf, das wir falsch finden, egal ob von Juden, Christen oder Arabern. In unserer Gesellschaft werden zum Beispiel die Frauen schlecht behandelt, und wir halten es für richtig, auch das anzusprechen."

> *Diese Worte sind für all unsere Mütter und Schwestern,*
> *die verloren sind in unseren Bräuchen – primitiven und dummen Bräuchen...*
> *Was mir verboten ist, ist auch ihr verboten,*
> *was mir erlaubt ist, ist ihr verboten*
> *was ist ihr überhaupt erlaubt?*
> *Das wort „erlaubt" existiert gar nicht in ihrem Wörterbuch*
> *(aus: DAM, Al Huriye Unt'a – Freedom for my Sisters)*

• Hip Hop (4) Wien: Geschichten vom prekären Leben

„Für mich war die Kombination aus Beats und vielen vielen Wörtern, die man da dazwischenknallen kann von Anfang an sehr verführerisch", sagt die österreichische Hip Hopperin Mieze Medusa. Und auch Sozialarbeiter haben längst die Macht des Sprechgesangs entdeckt: in Brasilien, im Westjordanland und ebenso in Wien Favoriten. Im Vereinslokal von Back on stage 10, der mobilen Jugendarbeit im zehnten Wiener Gemeindebezirk haben jugendliche Rapper und Rapperinnen die Möglichkeit, ihre selbst geschriebenen Lieder aufzunehmen.

Mikrophon statt Drogen?
„Musik ist das, wo man Jugendliche dort abholt, wo sie stehen. In ihren Lebensbedingungen, in ihrem Umfeld", erklärt Streetworker Andi Glaser, „das heißt, bevor sie in irgendwelchen düsteren Wohnungen abtauchen, wo sie mit irgendwelchen Substanzen in Kontakt kommen, können sie bei mir relativ unkompliziert Aufnahmezeit haben." Reccorner nennt sich das Projekt. Jeder Jugendliche kann irgendetwas, auch wenn den jungen Menschen oft das Gegenteil vermittelt wird, sagt Andi Glaser. Und sie alle hätten etwas zu sagen. Wenn sie ihre eigenen Songs aufnehmen können und den Freunden vorspielen, ist das gut für ihr Selbstbewusstsein. Andi Glaser selbst war zunächst DJ und ist über die Musik zur Sozialarbeit gekommen. Als Streetworker trifft er die Jugendlichen dort, wo sie sich eben aufhalten: im Wettbüro, auf der Straße, im Park.

Gangstergeschichten aus Favoriten
„Der Andi und seine Kollegen sind von Park zu Park gezogen und da haben wir zufällig geplaudert", erzählt Jung-Rapper Akin, Künstlername: Akeen, „die von Back on Stage 10 helfen Jugendlichen, Arbeit zu finden, aber man kann dort auch Musik machen und sich kreativ austoben. Da haben wir uns gedacht, wir kommen mal daher. Und dann sind wir öfter gekommen." Er hat vor kurzem seine Lehre im Einzelhandel abgebrochen und ist jetzt arbeitslos. Ärger mit dem Chef hatte es gegeben, wegen nicht-bezahlter Arbeitsstunden. Akeen rappt auf Deutsch und trifft sich manchmal mit Freunden zum Üben. Da rappen sie freestyle-mäßig, erzählt er. Im Tonstudio war er auch schon oft, allerdings in letzter Zeit nicht so oft, denn sein Produzent sitzt gerade im Gefängnis. Warum weiß Akeen nicht so genau, jeder erzählt eine andere Geschichte.

Grundsätzlich dürfen die Jugendlichen hier rappen, was sie wollen, erklärt Andi Glaser. Aber er sieht seine Aufgabe als Sozialarbeiter auch darin, Denkanstöße zu geben. Kreative Betätigung kann helfen, sich mit dem eigenen Leben und dem eigenen sozialen Umfeld auseinander zu setzen. Und das sei wertvoller, als irgendwelche Klischeebilder der Musikindustrie zu kopieren. Es komme schon des öfteren vor, dass 12-13-jährige Burschen oder Mädels total arge Texte schreiben, „wo halt weiß Gott wie viele Mädels vergenusszwergelt werden, zahlreiche Leute erschossen und alles mögliche vercheckt", erzählt Glaser. Wenn das Ganze aufgenommen ist, spricht er mit den Jugendlichen darüber und hinterfragt mit ihnen, was sie so aussagen wollen. „Und dann fängt bei den meisten der Prozess des Nachdenkens ein – was habe ich da geschaffen?", so Glaser. Und dann passiere es oft, dass die folgenden Arrangements ganz anders ausschauen.

Bist Mann oder Frau, Oida?
Natürlich müssten Rap-Texte ein wenig machomäßig sein, sagt der 21-jährige Kamil alias Skindevil: „Das musst du machen, sonst werden dich die anderen diskriminieren. Sie sagen: Bist du Mann oder Frau? Das ist einfach peinlich im Hip Hop." Skindevil stammt aus Ungarn und lebt seit elf Jahren in Österreich. Im echten Leben ist er aber gar kein Macho, versichert er. Da arbeitet er als Feinkostverkäufer und beim Interview hat er seine Frau und seine ein-jährige Tochter dabei. In seinen Texten geht es aber auch um Armut in Ungarn, erzählt er: „Weil ich hab in Bezirken gewohnt, die schon relativ heftig waren. So etwas will ich für meine Tochter nicht."

Früher in der Schule war er aber nicht so nett, sagt Skindevil. Da hat er sich öfters mit Mitschülern geprügelt. So wie der 16-jährige Malerlehrling Cem, MC-Name: O-Cem. Auch er war früher oft in Schlägereien verwickelt, erzählt er: „Das war cool damals, ein Schlägertyp zu sein." Meistens ging es dabei um „Weiber", aber manchmal auch um „Gang-Sachen". Inzwischen hat er sich geändert, versichert Cem. Überhaupt findet er, dass die heutige Jugend sich oft nicht so korrekt benimmt. Sich ständig „fetzen" und dann vielleicht auch noch „kiffen", das findet er blöd. Cem ist in Wien geboren und aufgewachsen, trotzdem rappt er lieber auf Türkisch. Zum Hip Hop ist Cem wegen seiner Freundin gekommen. „Ich wollte ihr einmal einen Text schreiben. Das hat sich gut gereimt, dann hab ich herumprobiert, einen Beat gefunden, das Ganze aufgenommen und spontan ins Internet gestellt." Der Freundin gefiel das Ganze zwar grundsätzlich gut, aber sei hatte auch Zweifel, erzählt Cem: „Sie hat gefragt: Warum ist mein Name nicht dabei? Das Lied war für sie, aber sie glaubt nicht recht, dass ich es wirklich für sie geschrieben habe."

„Wir sind so wie ihr, aber nur auf dem Papier"
Viele der Jugendlichen erzählen Geschichen aus ihrem alltäglichen Leben, sagt Streetworker Andi Glaser: „Alltagsrassismus zum Beispiel. Sie merken, dass sie es aufgrund ihres Aussehens und ihres Namens schwerer haben, am Arbeitsmarkt unterzukommen. Sie haben es auch schwieriger beim Einkaufen, in der Straßenbahn. Es geht hier um ihre gefühlte Schwierigkeit." Nicht alle Kids, mit denen die Streetworker von Back on Stage 10 arbeiten, haben einen sogenannten Migrationshintergrund, sagt Andi Glaser. Da seien auch alteingesessene Österreicher dabei, brave Schüler ebenso wie Schulabbrecher und auch Kids mit Drogenproblemen oder Vorstrafen.

Gangsta-Rap mit Kopftuch?
Großteils sind es Burschen, die bei Andi Glaser ihre Hip Hop Songs aufnehmen. Aber ein paar Mädchen sind auch darunter. Zum Beispiel Meliiqe. Sie ist als 6-jährige aus Anatolien nach Wien gekommen. Heute ist sie 16 und geht in die AHS. Früher haben die Jungs in der Schule sie manchmal blöd angeredet: ich glaub, ohne Kopftuch wärst du hübscher – und solche Sachen. Aber das war ihr egal. Nach der Matura möchte sie Medizin studieren. Meliiqe singt über Liebe und Trennung. Aber eigentlich mag sie auch ganz gerne bösen Gangsta-Rap: „Dieses underground-mäßige mit vielen Beschimpfungen und so – das wollte ich früher auch machen. Aber dann hab ich

mir gedacht, es ist komisch für ein Mädchen mit Kopftuch, Beschimpfungen zu rappen. Das ist nicht so gut angesehen, darum mach ich halt Liebes-Rap."

Und das tut sie in Zusammenarbeit mit Freunden und Freundinnen in der Türkei. Das Internet machts möglich: Sie schicken sich gegenseitig halbfertige Lieder und jede singt ihren Part ein. „Und dann haben wir ein Lied, so als wären wir gemeinsam im Studio gestanden", sagt Meliiqe. Nur ihre Familie darf das nicht so genau wissen. Übertrieben streng sind ihre Eltern zwar eh nicht, betont sie, aber sie machen sich halt Sorgen: erstens, dass sie von der Schule abgelenkt wird und zweitens wegen des Geredes der Leute: „Ihre Tochter geht zuviel spazieren, sie geht zuviel raus. Oh nein, sie hat die Schule nicht geschafft. Meine Eltern haben halt Angst, dass die Verwandten und die Nachbarn über mich reden."

Schreibworkshops für Mädchen
Sich hinzustellen und etwas zu tun sei immer mehr Empowerment, als sich nicht hinzustellen und nichts zu machen, sagt die österreichische Hip Hopperin Doris Mitterbacher alias Mieze Medusa: „Wenn man dann aber gleichzeitig nur kopiert, was man irgendwo gesehen hat oder als Klischeevorstellung irgendwo hernimmt, dann sind das nur Denkbausteine, die irgendwie zusammengebaut werden." Auch sie arbeitet manchmal mit Jugendlichen. Sie gibt Hip Hop Workshops für Mädchen, wo es darum geht, eigene Texte zu schreiben und diese dann in Rap, also Sprechgesang, umzusetzen. Die Rapperin, Buchautorin und Veranstalterin von Poetry Slams macht Hip Hop gemeinsam mit Philipp Diesenreiter, alias DJ Tenderboy. Er ist für den musikalischen Teil, also: die Beats zuständig. Tenderboy kommt ursprünglich aus der Heavy Metal-Szene, aber hat irgendwann in den 1990ern seine Liebe zum Hip Hop entdeckt: „Ich bin dann dabei geblieben, weil es eine coole Ausdrucksform ist, die man ohne viel Aufwand machen kann. Denn da muss man keine vier Leute koordinieren, die sich ein einem Proberaum treffen, sondern kann daheim arbeiten. Vor sich hinfreakeln und sich im Sound verlieren."

Der Sound der Generation Praktikum
Hip Hop ist gut, wenn er authentisch ist, meint Mieze Medusa. In ihren Texten geht es um Dinge, die sie bewegen: das Scheitern, Frau-sein in der Gesellschaft, Politik. Und: Was sie als Vertreterin der sogenannten Generation Praktikum, sowie als freischaffende Künstlerin besonders beschäftigt: prekäre Arbeitsbedingungen. „Wir sitzen ja alle einem Irrtum auf, wenn wir glauben, dass die eigene Tüchtigkeit uns etwas erschaffen kann." Sie selbst ist eine große Anhängerin des altmodischen Wortes „Fleiß" und auch davon, sich anzustrengen. „Aber man muss immer mitdenken: Wer will mich da gerade nicht gewinnen lassen?" Bei diesem Ausgangspunkt fängt für sie der Feminismus an, aber auch die Gewerkschaftsbewegung – die sich im übrigen dringend mal neu erfinden sollte, sagt Mieze Medusa.

Tanzbare Lyrik für den Club?
Als Frau, Feministin und Intellektuelle mit Universitätsabschluss fühlt sie sich in der männer- bzw. macho-dominierten Hip Hop-Szene schon manchmal wie ein Fremdkörper, sagt Mieze Medusa. Kommerzielle Pseudo-Gangster-Rapper sind für sie so etwas wie Comic-Helden, künstliche

Phantasiefiguren. Doch gerade diese platte Gangster-Attitüde hat das Image der ganzen Hip Hop-Szene geprägt. Viele Konzertveranstalter mit anspruchsvollerem Publikum würden sofort abwinken, wenn man ihnen mit Hip Hop kommt, sagt Tenderboy: „Mir ist es manchmal ein wenig peinlich, wenn ich sage, ich mache Hip Hop. Denn ich weiß genau, das Gegenüber denkt dann: ach, schon wieder einer, der fick-deine-Mutter-Texte hat. Daher versuch ich das Wort zu vermeiden." Auf ihrer Homepage schreiben Mieze Medusa und Tenderboy, sie machen elektronische Musik links der Mitte. Oder: Lyrik für den Club. Reiner Schmäh für die Konzertveranstalter? Bei Hip Hop gingen halt manchmal die Ohren zu. Wenn man sagt, man macht elektronische Musik mit Spoken Words-Performance, ist das etwas ganz anderes. „Aber das ist gelogen. Wir machen Hip Hop", sagt Mieze Medusa.

***

- **Clowngeschichten (1) Hofnarren und Hanswürste**

Viele zeitgenössische Clowns sehen sich selbst in der Tradition des Hofnarren. Denn angeblich war der Narr der einzige, der ungestraft Kritik an der Politik des Herrschers üben durfte. Wahrheit oder Mythos? Komische, clowneske Figuren tauchen in verschiedenen Kulturkreisen und in verschiedenen Epochen auf. Im Europa des Spätmittelalters und der Frühen Neuzeit trifft man sie in Gestalt von Gauklern und herumziehenden Schauspieltruppen, sowie auf Fürstenhöfen. Viele Herrscher hielten sich sogenannte Hofnarren. Sie dienten der Repräsentation des Fürsten, waren quasi so etwas wie „Luxusgüter" für ihn. Ihre Aufgabe war es, die Hofgesellschaft zu unterhalten und deren derbe Späße über sich ergehen zu lassen.

Beschränkte Narrenfreiheit

> *Schon vielmal hab ichs mir vorgenommen gehabt, und habe beym heiligen Antoni darzu geschworen, ich will mein Maul halten, aber es will halter nicht zu bleiben. Ich habe mit der Faust mich druf geschlagen, doch nit daß mirs weh that, und hab gesagt: Du verwünschte Fozn, willst schweigen, willst noch nit schweigen? Na! Schaffts. Nun, was soll ich halt machen? Mein Maul will die Wahrheit reden, und man wills nit leiden.*
> *(aus: Politischer Kehraus, Dresden 1871)*

Diese Worte legt ein unbekannter Autor im 18. Jahrhundert in Dresden dem Hofnarren Joseph Fröhlich in den Mund: Er kann nicht anders, als die Wahrheit sagen, der Narr. Auch wenn es ihn und andere in Schwierigkeiten bringt. Oft ist davon die Rede, dass der Hofnarr der einzige gewesen sein soll, der dem Fürsten ungestraft die Wahrheit sagen durfte, ihn kritisieren, ihm Volkes Stimme überbringen. In Wahrheit dürfte diese sprichwörtliche Freiheit der Narren aber gar nicht so groß gewesen sein, glaubt der Historiker Martin Scheutz vom Institut für österreichische Geschichtsforschung der Universität Wien. Denn schließlich waren diese Hofnarren sehr stark abhängig von der Gunst ihres Herren. Verliert ein Hofnarr diese Gunst, ist er seinen Beruf los. Hofnarren standen außerhalb der strengen höfischen Hierarchie und hatten daher keinerlei

Zwischen den Welten

Sicherheitsnetz. Sie waren so etwas wie private Prestige-Objekte des Herrschers, erklärt Historiker Scheutz.

Natürliche und künstliche Narren
Ab dem Spätmittelalter tauchen in Europa die ersten Bilder von Hofnarren auf. Zunächst in Oberitalien und schließlich verbreitet sich diese Mode in ganz Mitteleuropa. Im Wiener Hofregister von 1527 sind neben „Zwergen" auch „Narren" namentlich aufgelistet. Zunächst dürften das Menschen mit geistiger Beeinträchtigung gewesen sein, sagt Martin Scheutz. „Natürliche Narren" wurden sie genannt. Es gehörte zum Amüsement der höfischen Gesellschaft, diese Menschen zu verspotten und grausame Späße mit ihnen zu treiben. In der frühen Neuzeit kommen zu den „natürlichen" sogenannte „künstliche" oder „Schalksnarren" dazu: Menschen, die berufsmäßig den Narren spielten. Über die Hofnarren kann man viel über die Repräsentationsgeschichte von Herrschern erfahren, sagt Scheutz. Auf den Hofnarrenporträts des Spätmittelalter sieht man prächtig gekleidete Narren. Soviel man weiß, wurden sie finanziell ganz gut ausgestattet. Durch ihren unmittelbaren Zugang zum Herrscher waren sie auch für andere Menschen interessant, die über das Vehikel Hofnarr beim Monarchen etwas erreichen konnten. Von manchen Hofnarren ist überliefert, dass sie immer wieder von Leuten Bittbriefe bekamen, die sie vertrauensvoll dem Fürsten überreichen sollten.

Hässliches Traktieren
Was sonst so ihre täglichen Aufgaben waren, ist nicht ganz klar. Wortwitz und Schlagfertigkeit dürften jedenfalls gefragt gewesen sein. Manchmal auch Singen, Tanzen und kleine Zaubertricks. „Es gibt aber keine Job Description für Hofnarren. Wir kennen keine Instruktionen, wie sich ein ordentlicher Hofnarr zu benehmen hätte oder auch ein unordentlicher. Wir wissen nur einige Dinge aus Selbstzeugnissen und Briefen." Und aus solchen Quellen geht hervor, dass so ein höfischer Spaßmacher einiges an seelischen und körperlichen Grausamkeiten ertragen musste, erklärt Historiker Martin Scheutz. Der schlesische Reisende Zacharias Allert nahm im Jahr 1627 an einem Abendessen des Grafen von Montecuccoli in Wien teil. Später vermerkte er in seinem Tagebuch:

... mit dabei ein Narr, den sie mit Nasenstübern, Maultaschen hässlich tractirt und Kurzweil getrieben. Insonderheit dem armen Teufel vom Grafen Montecuculi, nachdem er die Backen aufgeblasen, ein solcher Backenstreich gegeben, dass ihm die Augen im Kopf vergangen. Darauf ihm ein gut Bisslein zwar, aber dermassen gepfeffert und gesaltzen gereicht, dass sich der arme Mensch gar übel befunden und gesagt: „Du Hundsfott, schlägst Du doch wie ein sakramentischer Bärenhäuter, möchtest auch das Ding selber fressen."
(aus: Tagebuch des Zacharias Allert)

Handschuhverkäufer und Hoftyroler
Einer der wenigen Hofnarren, dessen Lebensgeschichte gut dokumentiert ist, war der Tiroler Peter Prosch, dessen Autobiographie erstmals im Jahr 1789 verlegt wurde. Prosch wurde 1744 in Ried im Zillertal geboren. Damals war die wirtschaftliche Lage in der Region schlecht. Viele der jüngeren

Bauernsöhne – die beim Hoferbe leer ausgegangen waren – sahen sich gezwungen, auf Wanderschaft zu gehen und sich woanders ein Einkommen zu suchen. Peter Prosch zum Beispiel verkaufte als fahrender Händler edle Handschuhe. Er tingelte auf diversen Fürstenhöfen des deutschen Reichs herum. Um sein Geschäft anzukurbeln, betätigt er sich nebenbei als Hofnarr. In den Quellen wird er oft auch „Hoftyroler" genannt. Historiker Scheutz berichtet von geschmacklosen Späßen, die die Hofgesellschaft mit Peter Prosch getrieben hat. Demnach wurde er einmal zu einem „Wettklistieren" mit einem „Hofjuden" aufgefordert: „Ihnen wurden Einläufe verabreicht und der ganze Hof hat sich darüber erheitert, wer nun rascher in höchster Eile den Hof verlassen musste, um sein Geschäft zu verrichten".

Semper fröhlich, numquam traurich
Wer hart genug war, diese Grausamkeiten zu ertragen, für den zahlte sich das Leben als Hofnarr aber aus, finanziell gesehen. Die Fürsten sorgten gut für ihre Prestige-Objekte. Noch heute steht am Neustädter Markt in Dresden eine metallene Statue. Sie zeigt Peter Fröhlich, Hofnarr von Kurfürst August dem Starken. Sein Nachlassregister zeigt, dass es sich um einen wohlhabenden und gebildeten Mann gehandelt haben muss. Er hinterließ 142 Bücher, wertvolles Porzellan, edle Kleider und Narrenkostüme. In seinem Besitz waren auch mehrere Mühlen. Ursprünglich war Peter Fröhlich nämlich ein Müllersohn aus Altaussee im Salzkammergut. Er beherrschte alle möglichen Taschenspielertricks mit denen er die Dresdner Hofgesellschaft bei Laune hielt. „Semper fröhlich, nunquam traurich" lautete sein Wahlspruch.

Königliche Höfnärrin
„Joseph Fröhlich tritt immer in Steirertracht auf", erzählt Martin Scheutz, „es gibt Beschreibungen, wo er auf einem gefleckten Pferd reitet mit einem Spitzhut. Diese auffällig Erscheinung gehörte zum Erscheinungsbild von Hofnarren". Auf älteren Darstellung tragen Narren oft Hauben mit Eselsohren, Schellen und einen Narrenkolben in der Hand, der das königliche Zepter imitieren sollte: der Narr als lächerliche Imitation des Fürsten. Manchmal tauchen in historischen Quellen auch Närrinnen auf. Dabei dürfte es sich aber um sogenannte „natürliche Närrinnen" gehandelt haben, also geistig behinderte Frauen, vermutet der Wiener Historiker Martin Scheutz. Der Beruf des Schalksnarren war Männersache. Einzige bekannte Ausnahme: die französische Hofnärrin Mathurine im 16. Jahrhundert. Zunächst war sie Kantinenwirtin in der Armee. Als kräftig gebaut wird sie beschrieben und als eine, die fluchen konnte wie ein Mann. Das gefiel dem französischen König Heinrich III. – und offenbar auch seinen beiden Nachfolgern Heinrich IV. und Ludwig XIII.

Gauklertruppen auf der Flucht
Nicht nur an Fürstenhöfen traf man komische Figuren, sondern auch auf Marktplätzen. Fahrende Gauklertruppen zogen durch das Land und gaben mehr oder weniger improvisierte Stücke für das einfache Volk zum Besten. Manche wurden auch an die Höfe eingeladen. In Italien entstand im 16. Jahrhundert die Commedia dell'arte, die später vor allem in Frankreich sehr beliebt wurde. Clowneske Figuren spielen dabei wichtige Rollen: der naiv-fröhliche Arlequino, der verschlagene Brighella, der tollpatschige Pagliaccio, die lebenslustige Colombina. Sie alle sind Diener, die durch – absichtliche oder unabsichtliche – Tollpatschigkeit ihren Herren viele Probleme bereiten. Die

ersten Berufsschauspieler, die im heiligen römischen Kaiserreich deutscher Nation auftauchten, kamen allerdings aus England. Und die hatten es zunächst gar nicht so leicht, erzählt Theaterwissenschaftlerin Eva-Maria Hanser. Wollten sie in einer Stadt spielen, mussten sie eigene Verträge unterzeichnen, in denen die Stadt festlegte, wie viel Eintrittsgeld sie verlangen durften, was sie an die Stadtverwaltung abliefern mussten. „Manche Gruppen mussten sich sogar verschulden", sagt Hanser, „man liest oft in Quellen, dass sie ganz schnell die Stadt verlassen mussten, um ihre Schulden nicht zu zahlen."

Völlern, saufen, herumhuren
Haupt- und Staatsaktionen nennt man diese Stücke im deutsch-sprachigen Raum. Es gab eine große Haupthandlung: in der ging es meist um einen grausamen Tyrannen, den am Ende seine gerechte Strafe ereilte, um Hofintrigen und Liebesgeschichten. Damit sich die Schauspieler zwischen den Szenen umziehen konnten, wurde die Haupthandlung unterbrochen. In diesen Pausen traten Gaukler auf. Sie unterhielten das Publikum durch akrobatische Einlagen oder kleine Sketches. Erst nach und nach wurden diese komischen Elemente in die ernste Haupthandlung eingebaut. Und was in Italien der Arlequino war, das war im deutschsprachigen Raum der Hanswurst: ein tollpatschiger Diener. Hanswurst-Figuren haben viele Namen, erklärt Eva-Maria Hanser: Hans Knappkäse, Hans Leberwurst, Hans Supp, Wursthänsel, Pickelhering, Stockfisch. Auch charaktermäßig sind sie nicht einheitlich, sagt Hanser:„was aber allen gleich ist: sie sind sehr ihren Affekten verfallen. Sie wollen völlern, saufen und sich sexuellen Begierden hingeben." Manche sind sehr parodistisch, sie kommentieren mit scharfer Zunge die Szenen, die vorher in der Haupthandlung gespielt wurden, andere sprechen Latein, um die Bildungssprache zu parodieren. Meist spielten sie aus dem Stehgreif. Unter dem österreichischen Theatermacher Josef Anton Stranitzky wurde Hanswurst dann zum Salzburger Sau- und Krautschneider. Doch ihrer Meinung nach kann es Stranitzkys Figur in Sachen Wortwitz nicht mit manchen seiner historischen Vorgänger aufnehmen, sagt Theaterwissenschaftlerin Hanser.

Affektabfuhr statt Revolution
Immer wieder werden in den Haupt- und Staatsaktionen gekrönte Häupter verhöhnt. Doch ähnlich wie die Hofnarren, waren auch die Theatergruppen abhängig von der Gunst des Fürsten, durften sich also nicht zu weit aus dem Fenster lehnen, sagt Theaterwissenschaftlerin Eva-Maria Hanser. In ihrer Dissertation geht sie der Frage nach, inwieweit man diese Stücke als subversiv betrachten kann. Ihrer Ansicht nach rufen die Haupt- und Staatsaktionen nämlich ganz und gar nicht zur Revolution auf. Häufig spielt man darin dem Volk vor, dass es sich gar nicht auszahlt, einen König zu stürzen, dass es keinen Sinn macht, sich Herrschaft anzueignen: „Der Status Quo bleibt immer erhalten. Die komische Figur verliebt sich vielleicht in eine Prinzessin, aber macht sich dadurch lächerlich und wird sie nie bekommen." Hanser glaubt, dass es bei diesen derben Stücken wohl eher um eine Art Katharsis gegangen sei: Schenkelklopfen zur Affektabfuhr.

Schluss mit Lustig
Im Zeitalter der Aufklärung verschwanden die komischen Figuren langsam. Der ostpreußische Literaturprofessor Johann Christoph Gottsched forderte ab 1730 eine Reform für das deutsche

Theater. Es sollte nicht belustigen, sondern moralisch belehren. Der derbe Hanswurst wurde von der Bühne verbannt. Kaiser Joseph der Zweite untersagte 1790 in der Habsburgermonarchie Stegreifkomödien und possenartige Hanswurstspiele. Davor hatte bereits Frankreich während der Französischen Revolution die Commedia dell'arte verboten. Zu dieser Zeit galt es auch längst nicht mehr als schicklich für einen Fürsten, sich zu Repräsentationszwecken mit Hofnarren zu umgeben, erklärt der Historiker Martin Scheutz: „Für den großen Aufklärer Voltaire etwa war der Hofnarr in seiner Beschreibung der deutschen Höfe ein Rest der Barbarei, ein Relikt aus einer vergangenen barbarischen Zeit." In diesem Sinne lässt der schlesische Historiker Carl Friedrich Flögel, in seiner „Geschichte der Hofnarren" aus dem Jahr 1789 einen Hofnarren klagen:

> „Ich diente ihm in meinem Amte so redlich, als ihm gewiß nie ein Premier-Minister in dem seinigen gedient hat und dorch ward ich abgedankt. Und wissen Sie warum? blos, weil ihm die Grill in den Kopf kam, es wäre Schande, zu unsern Zeiten noch Hofnarren zu halten. Ich seh und begreif das nicht, wie das Schande seyn kann. Wenn er das von seinen Mätressen gesagt hätte, so möchte es gehen, aber von einem Hofnarren – das ist mir zu hoch."

***

- **Clowngeschichten (2) Die Clownin**

Till Eulenspiegel, der aggressive Clown, die ausgefuchste Narrengestalt aus der Literatur des deutschen Spätmittelalters. Er trägt meist eine bunte Narrenkappe mit Eselsohren und scheut nicht davor zurück, blinde und behinderte Menschen auszutricksen. Der sanfte, edle, schöne Pierrot aus Frankreich mit seinem weißen Gesicht und den wallenden Gewändern. Immer unglücklich verliebt. Der dumme Augustin, der immer hereingelegt wird. All diese archetypischen Clownfiguren haben eines gemeinsam: Sie sind männlich.

So wie die Nase eines Mannes...
Das sei kein Zufall, glaubt Johannes Galli, denn der Clown spiegle die Autorität. Der Hofnarr ist quasi ein lächerlich verzerrtes Spiegelbild des Herrschers und solange die Macht in der Gesellschaft männlich dominiert ist, sind auch Clowns männlich. „Wenn wir in einer weiblich dominierten Gesellschaft leben würden, dann wäre die Clownin vermutlich eine Big Fat Mama. Und ich vermute, die wäre dann nicht durch eine rote Nase als Clownin erkennbar, sondern durch einen großen roten Mund". Die rote Nase ist für Johannes Galli ein Phallussymbol – allerdings für einen gescheiterten Phallus.

Mittlerweile dringen Frauen sowohl in die Sphären der Obrigkeit vor, wie auch in die Welt der Clowns. Die erste bekannte Clownfrau war Annie Fratellini, sie wurde 1932 in Algier geboren, entstammte einer berühmten Artistenfamilie und arbeitete großteils in Frankreich, wo sie 1997 verstarb. Für Annie Fratellini waren Clowns geschlechtslose Wesen. Die US-amerikanische Clownin Hilary Chaplain sieht das anders: „Die Menschen, die als Clowns arbeiten, haben ja ein Geschlecht

– auch wenn manche vielleicht eher neutral rüberkommen. Aber ich finde es sehr spannend, wenn Männer mit ihrer Männlichkeit arbeiten und Frauen mit ihrer Weiblichkeit. Wenn du das Geschlecht ausklammerst, dann leugnest du einen Teil von dem, was du bist. In der Clownerie geht es um Wahrheit: um deine persönlichen Erfahrungen in der Welt und darum, wer du wirklich bist. Vielleicht eine maskuline Frau oder ein femininer Mann. Egal. Wie auch immer du bist, so ist auch dein Clown."

Clownin oder Transvestit?
Hilary Chaplain begann in den 1980ern als Clownin zu arbeiten. Damals gab es fast überhaupt keine weiblichen Clowns, erzählt sie. Doch in den letzten 10 Jahren hätten diese stark aufgeholt. Heute gibt es bereits drei internationale Clownfrauen-Festivals: in Andorra, in Rio de Janeiro und seit 2006 auch eines in Wien. Und das brachte in den vergangenen Jahren zahlreiche Clownfrauen aus aller Welt hierher. Zum Beispiel die Gruppe „As Marias da Graça" aus Brasilien – zu Deutsch: die Marien voll der Gnade. Die vier Frauen hatten sich 1991 im Rahmen eines Workshops kennengelernt und performen seither gemeinsam. Meistens auf den Straßen von Rio de Janeiro. Und das sei damals in den frühen 1990ern gar nicht so einfach gewesen, erzählt Clownin Geni Viegas: „Für das Publikum war das etwas komplett Neues. Am Anfang hielten sie mich einmal für einen Transvestiten. Und ich sagte: nein, ich bin eine Clownin! Ich wollte zeigen, dass ich eine Frau bin. Es gab schon viel Widerstand gegen uns. Einige Männer riefen: Geht nach Hause Essen kochen und Wäsche waschen! Und lauter solche Sachen."

Weder Prinzessin, noch Heilige
Andere wollten den Clowninnen die roten Nasen wegnehmen, erzählen die vier Marias: Ihr seid doch so hübsch, warum setzt ihr so alberne Nasen auf, hieß es. Auch die männlichen Straßen-Clowns wollten nichts wissen von der weiblichen Konkurrenz. Aber die Marias da Graca haben ihr Territorium abgesteckt, betonen sie. 2003 gründeten sie einen Verein für Clowninnen und seit 2005 veranstalten sie das Clowninnen-Festival „Esse Monte de Mulher Palhaça" – zu Deutsch: ein Haufen Clownfrauen. „Die brasilianische Frau muss immer perfekt sein", sagt Clownin Carla Conká, „beim Mann ist das anderes. Er geht arbeiten und hat das Recht, Fehler zu machen. Sie bleibt zuhause und hat dieses Recht nicht. Wenn er nach Hause kommt, muss das Haus aufgeräumt sein, die Wäsche gemacht und das Essen muss gut schmecken. Außerdem sollte sie immer hübsch aussehen. Wenn jetzt aber die Clownin ins Spiel kommt, ist alles anders: Sie wird das Essen anbrennen lassen, die Wäsche auch, nichts wird aufgeräumt sein, alles wird schief gehen. Als Clowninnen können wir die Geschlechterrollen verändern. Dann dürfen wir Fehler machen und etwas anderes sein als immer nur Prinzessinnen und Heilige." As Marias da Graca veranstalten auch Clown-Workshops speziell für Unternehmerinnen und andere gestresste Frauen. Dort dürfen diese nach Herzenslust scheitern und Fehler machen.

Clowninnen in Militär-Uniformen
„Guns and Noses. Clowns im Krieg" nennt sich das bekannteste Stück der Clownfrauentruppe Igrarama aus Israel. Die Clowninnen tragen auf der Bühne Armee-Uniformen und rote Nasen. Eine Uniform zu tragen, sei für sie nichts Ungewöhnlich, erzählen die Clowninnen von Igrarama,

schließlich muss in Israel jeder zum Militär, egal ob Bursch oder Mädchen. Umso ungewohnter war die rote Nase. Auch für das israelische Publikum, denn clowneskes Theater habe dort kaum Tradition, sagt Clownin Maayan Winstok: "Es gibt viele Bühnenstücke in Israel, die die Armee kritisieren und die Politik. Doch meist passiert das mit erhobenem Zeigefinger. Nein nein nein, dies darfst du nicht und das darf nicht sein, so darf man nicht denken. Der Clown hat da ganz andere Möglichkeiten. Wir erforschen und entdecken alles neu, mit ganz naivem Blick. Und dann nehmen das die Leute auch besser an. Sie bleiben und hören zu. Unsere Kritik kommt nicht mit dem Holzhammer von wegen: ihr seid alle schlecht und die Armee ist auch schlecht." Die vier Frauen von Igrarama haben sich 2006 auf der Schauspielschule in Paris kennengelernt und sind vermutlich die ersten Clowninnen Israels. Weibliche Role Models gab es für sie nicht, als ihr größtes Vorbild betrachten sie Charly Chaplin, sagt Maayan Winstok: „Das schöne an der Figur des Clowns ist: Er gibt dir einen sehr philosophischen Blick auf die Welt. Er bohrt ganz tief in eine Sache hinein und dann kommt das Absurde an die Oberfläche. Und das wollen wir sagen mit unserem Stück: der Krieg ist absurd."

***

• Clowngeschichten (3) Globalisierungskritik mit roter Nase

Auf großen internationalen Demonstrationen von GlobalisierungskritikerInnen tauchen seit einigen Jahren immer wieder Clowns und Clowninnen an vorderster Front auf. Sie schummeln sich spielend durch Polizeiabsperrungen, schenken brustgepanzerten Spezialeinheiten Blümchen und fangen dafür auch gelegentlich Prügel ein. Und das gibt ein hässliches Zeitungsbild: Polizisten, die einen fröhlichen Clown niederknüppeln.

Militärgrün mit Pink
Die Clandestine Insurgent Rebel Clown Army (CIRCA) wurde 2003 von GlobalisierungskritikerInnen in London gegründet. Sie vermischt clowneskes Theater mit politischem Aktivismus und ist häufig auf großen Demonstrationen anzutreffen. Ihre grüne Militärkleidung verzieren die Clowns und Clowninnen mit rosa Plüsch oder Blümchen, als Utensilien haben sie meist dabei: Seifenblasen, Kreiden, Dinge zum Vermessen oder Kategorisieren. Inzwischen gibt es die Clown Army in vielen europäischen Städten. Auch in Wien. „Ich hab den Weg zu den Clowns gefunden, weil ich gemerkt hab, dass es mehr Spaß macht, sich mit einer roten Nase im Gesicht die wichtigen Fragen der Welt zu stellen, als vielleicht im grauen Anzug", erzählt der Wiener Clown Christian.

Investigative Clowns im Gerichtssaal
Die rebellischen Clowns betrachten die ganze Welt als ihre Bühne: die Straße, die U-Bahn, den Supermarkt oder auch den Gerichtssaal in Wiener Neustadt, in dem 2010/11 einer Gruppe von Tierschützern der Prozess gemacht wurde. Ihnen wurde vorgeworfen, sie wären Mitglieder einer kriminellen Organisation im Sinne des österreichischen Anti-Mafia-Paragraphen 278a. In den Augen der Clown Army eine clowneske Farce. Und da staunte die gestrenge Richterin wohl nicht

schlecht, als man ihr am Vormittag des 22. Juli plötzlich zuflüsterte, einige Personen im Zuschauerraum hätten Clownsnasen auf. Die Clowns begannen, ihre eigenen „Ermittlungen" anzustellen und suchten den Saal mit Feldstechern ab, andere bliesen Luftballons auf. Die Richterin unterbrach die Verhandlung und ließ die Clowns und Clowninnen gewaltsam aus dem Saal entfernen.

Provozieren und deeskalieren
Ansonsten tritt die Clown Army häufig im Rahmen von großen Demonstrationen auf. So sorgten etwa im Jahr 2007 ein paar hundert Clowns bei den Kundgebungen gegen den G8-Gipfel in Heiligendamm für Medienaufmerksamkeit. In Wien traten sie zum Beispiel bei den Studentenprotesten gegen den Bologna-Prozess in Erscheinung. Schließlich sind viele Mitglieder der Wiener Clown Army selbst Studierende. Manchmal malen sie Herzen vor die Füße der Polizisten, singen Liebeslieder oder flüsten Polizisten Liebesgedichte ins Ohr, erklären die beiden Clown-Frauen Wirr und Leonardo. Ihr Ziel: Verwirrung stiften, aber auch deeskalieren, sagt Clown Christian. Er selbst genießt die Rolle des Clowns insbesondere in Situationen, wo die Stimmung etwas aufgeheizt ist, erzählt er: „Wenn Demonstranten längere Zeit irgendwo eingepfercht sind, dann werden sie nervös. Auch wenn sie diese Übermacht von hunderten Polizisten spüren. Und wenn da ein paar Clowns mit Seifenblasen zwischen den Fronten herumtanzen, die das alles nicht so wild nehmen, dann schafft das eine ganz angenehme Stimmung."

Autoritäten lächerlich machen
Bei der Polizei wiederum findet man die Clown Army etwas weniger lustig. Vielen Polizisten geht es naturgemäß auf die Nerven, wenn Clowns auf Tuchfühlung gehen oder wenn sie von Clowns nachgeäfft werden. Für Polizeisprecher Oberstleutnant Johann Golob benimmt sich die Clown-Army eigentlich gar nicht Clown-konform. Ähnlich wie Bankräuber, die eine Clown-Maske tragen, missbrauchen sie eine an sich sehr sympathische Figur für ihre eigenen Zwecke: „Diese Wahrhaftigkeit, die Clowns an und für sich haben, dieses kindlich-naive, wo viele sagen, es sei ein Spiegelbild der menschlichen Seele – das wird als Vorwand benutzt. Das geht hin bis zu Provokationen. Sie versuchen eine Unordnung in die polizeiliche Situation hineinzubringen. Insbesondere, wenn eine Kamera in der Nähe ist."

Der falsche Clown im Palast
Doch was ist eigentlich ein wahrhaftiges Clown-konformes Verhalten? Zirkusclowns etwa bringen Kinder zum Lachen, indem sie über ihre eigenen Füße stolpern. Die Hofnarren des Mittelalters und der frühen Neuzeit hatten eine andere Funktion: Sie sollen ja - der Legende nach - die einzigen gewesen sein, die sich ungestraft über den Fürsten lustig machen durften und unliebsame Wahrheiten übermitteln konnten. In dieser Tradition sieht sich auch die Clown Army. Als 2003 US-Präsident George W. Bush auf Staatsbesuch nach Großbritannien kam, verfasste die britische Clown Army ein Protest-Kommunique:

> *Wir, die Männer und Frauen der geheimen, aufständischen, rebellischen Clown-Armee, feiern die verheißungsvollen Neuigkeiten, dass zum ersten Mal seit 500 Jahren, wieder ein*

Hofnarr in offizieller Mission in den Buckingham Palast geladen wird. Jedoch hat uns die Nachricht erreicht, dass es sich bei diesem neuen Narren um keinen geringeren als den amerikanischen Präsidenten George W. Bush handelt.

Und Bush sei nicht würdig, dieses Amt zu übernehmen, so die Clown Army. Königin Elisabeth II. wird aufgefordert, die Bestellung Präsident Bushs als Hofnarren zu widerrufen und stattdessen einen ehrenhaften Clown für dieses Amt zu ernennen.

Die Meister des Scheiterns

Auch in anderen Kulturkreisen kennt man solche clownesken Figuren, zum Beispiel bei den Hopi-Indianern in Nordamerika. Chühü'wimkya hießen sie dort, erzählt Klaus Werner-Lobo. Er ist Journalist, Buch-Autor, Grün-Politiker und ausgebildeter Clown. „Bei den Hopi ist der Clown neben dem Häuptling und dem Schamanen die dritte wichtige Funktion." Seine Aufgabe war es, den Häuptling oder den Schamanen lächerlich zu machen, indem sie ihn ungeschickt nachahmten. Früher hielt Klaus Werner-Lobo ernsthafte Vorträge über die Machenschaften multinationaler Konzerne. Seit zwei Jahren erzählt er dieselben Inhalte in Form von Clown-Shows. Früher seien die Leute deprimiert und mit einem Gefühl der Machtlosigkeit aus seinen Veranstaltung gegangen, erzählt er: „Heute stell ich mich auf die Bühne und mach mich selbst zum Idioten und die Leute sagen: Der weiß genau, dass die Welt schlecht ist, aber hat sich trotzdem eine Lebensfreude erhalten. Was der Vollidiot kann, das kann ich auch."

Für ihn geht es bei der Clownerie darum, die Angst davor zu verlieren, sich selbst lächerlich zu machen. „Der Clown ist der geborene Loser, der kein Problem damit hat, immer auf die Nase zu fallen. Denn das Verlieren ist eine Grundkonstante des menschlichen Lebens." Ist man einmal Clown, ist man immer Clown. Und mit dieser Einstellung geht der Grün-Abgeordnete Klaus Werner-Lobo auch in die Politik, betont er. Denn gerade in der Politik hätten alle permanent Angst davor, sich lächerlich zu machen. „Wenn man als Politiker so tun muss, als hätte man keine Fehler, dann kann man auch keine Empathie für Menschen empfinden, die nicht perfekt sind." Die Aufgabe des Clowns ist primär, zu irritieren, sagt er. Und außerdem fürchten die Mächtigen nichts mehr, als Menschen, die lachen. Denn wer lacht, hat keine Angst.

Links:
- Clandestine Insurgent Rebel Clown Army: http://www.clownarmy.org/
- Klaus Werner Lobo: http://klauswerner.com/

***

7. Sinti und Roma: Europas ungeliebteste Minderheit

• Romanistan: Ein Kulturprojekt gegen Antiziganismus

Sie leben ausgegrenzt in Elendsvierteln, haben keine Arbeit und ihre Kinder werden in Sonderschulen abgeschoben. Die Rede ist von der europäischen Minderheit der Roma und Sinti. Allerdings: Einige von ihnen arbeiten aber auch in Banken, in Ministerien oder in Schulen. Und andere sind Schauspielerinnen, Free-Jazz-Musiker oder choreographieren zeitgenössischen Tanz. Roma-Kulturarbeit jenseits von Folklore und Klischees steht im Zentrum des EU-Projekts „Romanistan", an dem Roma-Kulturvereine aus Österreich, Deutschland und Spanien beteiligt sind.

Jenseits des Flamenco-Klischees
Gypsy-Balkan-Musik und Flamenco; naive Malerei und Sozialrealismus: Das Kulturschaffen von Roma werde meist als Folklore wahrgenommen und von zeitgenössischen Roma-Künstlern wiederum erwarte man quasi immer, dass sie sich mit der tristen Lebensrealität der Volksgruppe auseinandersetzen, kritisiert Hamze Bytyci vom der Roma Jugendorganisation Amaro Drom aus Berlin: „Die Medien schaffen ein Bild, das mit der Realität wenig zu tun hat. Jeder Künstler sollte die Freiheit haben, seine eigene Realität frei zu erfinden".

Hamze Bytyci selbst ist Schauspieler. Die Organisation Amaro Drom aus Deutschland ist, neben dem Roma Kulturzentrum Wien, eine der Initiatoren des Kulturprojekts Romanistan. Eine andere ist die Föderation katalanischer Roma-Vereine aus Barcelona, kurz FAGIC. Dessen Präsident Jose Santos Silva ärgert sich über das Roma-Bild, das viele Medien transportieren. Es schüre quasi den Antiziganismus: „Die Zeitungen schreiben nicht: da gab es eine Auseinandersetzung zwischen zwei Männern, sondern sie schreiben sofort zwei Zigeuner. Oder: Der Zigeuner Antonio Fernandez hat ein Geschäft ausgeraubt. Warum müssen sie das so schreiben? Genau das wollen wir vermeiden. Denn so zerstören sie in zwei Minuten unsere Aufklärungsarbeit von fünf Jahren."

Räuber, Ordnungsbrecher, Messerstecher
Die Romafeindlichkeit in Europa sei in den vergangenen zehn Jahren stark angestiegen, sagt Pedro Aguilera von der Europäischen Kommission gegen Rassismus und Intoleranz (ECRI) – eine Menschenrechtsstelle des Europarats. Schuld daran seien Hassreden von Politikern: in Ungarn etwa hetze die rechtsextreme Jobbik ohne Unterlass gegen Roma, in Italien habe der Bürgermeister von Treviso gemeint, er habe eine Idee, wie man alle Romakinder eliminieren könne und in Belgien sorgte Filip Dewinter vom rechtsextremen Vlaams Belang für Aufregung, indem er Roma folgendermaßen buchstabierte: das R stehe für Räuber, das O für Ordnungsbrecher, das M für Messerstecher und das A für aggressive Menschen. „Das muss man sich einmal vorstellen. So etwas sagt ein Abgeordneter während der Plenarsitzung des belgischen Parlaments", empört sich Aguilera.

Die Europäische Kommission gegen Rassismus und Intoleranz hat heuer Empfehlungen für die europäischen Regierungen erarbeitet, etwas gegen den Antiziganismus zu unternehmen. Neben der Segregation von Roma in Ghettos und Sonderklassen, beunruhige ihn besonders die Einschränkung der Bewegungsfreiheit, sagt Pedro Aguilera. Denn eigentlich haben alle EU-Bürger das Recht, sich frei innerhalb der Union zu bewegen. Trotzdem schickte der französische Präsident Sarkozy vergangenes Jahr fahrende Roma zwangsweise zurück nach Bulgarien und Rumänien.

Alte und neue Minderheiten
Rechte, die nationale Roma-Minderheiten in West- und Mitteleuropa für sich erkämpft haben, gelten meist nicht für die zugewanderten Roma aus Osteuropa, beklagt auch Jose Santos Silva aus Katalonien: „Wenn wir, die autochthonen Roma, die wir in Spanien schon seit 600 Jahren für unsere Integration kämpfen, kaum wahrgenommen werden, dann können Sie sich vorstellen, was die Zugewanderten an Diskriminierung ertragen müssen. Sie werden doppelt verachtet: als Roma und als Immigranten. Man erlaubt ihnen nicht, zu arbeiten. Sie müssen von der Mildtätigkeit der Leute leben. Natürlich tut uns das weh." Im April 2011 stellte EU-Justiz-Kommissarin Vivane Reding einen EU-Rahmen für nationale Strategien zur Integration der Roma bis 2020 vor. Darin werden alle Mitgliedsstaaten aufgefordert, für die im Land lebende Roma-Minderheit den Zugang zu Bildung, Arbeitsmöglichkeiten und Gesundheitsversorgung zu schaffen. Diesen EU-Rahmen möge sich auch die deutsche Regierung zu Herzen nehmen, sagt Daniel Strauß von der Sinti und Roma-Organisation Romnokher in Mannheim, denn die Diskriminierung von Roma sei keineswegs eine Spezialität osteuropäischer Länder. Doch die deutsche Regierung sehe das anders: „Die deutsche Regierung hat uns die Antwort bereits gegeben. Sie sagen: Sinti und Roma sind in Deutschland bereits integriert und wir brauchen keine nationale Strategie."

Die Überlebenden des Naziterrors
Eine Studie der deutschen Gesellschaft für Antiziganismus-Forschung über die Bildungssituation der Sinti und Roma in Deutschland zeigt ein anderes Bild: 13 Prozent der Befragten haben nie in ihrem Leben eine Schule besucht, nur etwa ein Fünftel hat eine Berufsausbildung. Doch, das war nicht immer so, sagt Daniel Strauß. Mitschuld an der schlechten Bildungssituation war das NS-Regime. Roma und Sinti wurden damals systematisch vom Schulsystem ausgeschlossen. Etwa 90 Prozent der Volksgruppe wurden in Konzentrationslagern getötet. „Die 10 Prozent, die überlebt haben, das waren die Jugendlichen, die stark genug waren, das Martyrium zu überstehen", erklärt Strauß, „Und das waren genau die Jugendlichen, die nicht geschult waren. Das heißt, das Dritte Reich hat quasi eine Generation von Analphabeten produziert, hat sie dem klischeehaften Zigeunerbild gleich gemacht."

Und plötzlich staatenlos
Auch in den österreichischen Sinti und Romafamilien wurde ein Großteil der Menschen ermordet. „Für eine Kultur, die auf dem Prinzip Großfamilie basiert, ist das eine Katastrophe", sagt Nicole Sevik vom oberösterreichischen Roma-Verein Ketani. Die österreichische Regierung habe sich nach 1945 kaum um Wiedergutmachung gekümmert. Ganz im Gegenteil: einige der überlebenden Roma seien danach plötzlich nicht mehr als österreichische Staatsbürger anerkannt worden. Zum

Beispiel ihre eigene Großmutter, erzählt Nicole Sevik: „Das müssen Sie sich einmal auf der Zunge zergehen lassen: Sie kommen als junger Mensch ins Konzentrationslager, sie haben Glück und kommen durch. Dann kommen sie heraus und schauen, wer alles überlebt hat und stellen fest: ich habe niemanden mehr. Und jetzt habe ich auch keine Staatsbürgerschaft mehr. Das heißt, ich habe auch keine Rechte in diesem Land."

Die Traumatisierung durch die Verfolgung sei selbst in der dritten Generation noch spürbar, sagt Sevik. Nach jahrelangem Kampf von österreichischen Roma-Verbänden gibt es jetzt für Angehörige der Minderheit psychotherapeutische Betreuung. Doch, auch im Österreich des Jahres 2011 werden Roma ausgegrenzt. Nicole Sevik berichtet von Fällen, wo Schuldirektoren den Eltern erklären, sie könnten den Sprössling nicht mehr aufnehmen, weil sonst die Klasse geteilt werden müsste. Alles gelogen, zeigt später ein Anruf beim Landesschulrat. Und mit dem falschen Nachnamen, brauche man sich auch gar nicht für eine Genossenschaftswohnung anmelden, so Sevik: „Natürlich, sind die Menschen nicht so mutig, dass sie so etwas schreiben würden. Aber am Telefon hören wir schon Dinge wie: Entschuldigen Sie, aber jemand von der Familie Karolyi bekommt bei uns keine Wohnung."

Links:
- Amaro Drom: http://amarodrom.de/
- FAGIC: http://fagic.org/
- Romnokher: http://romnokher.de/Romnokher/Willkommen.html
- Gesellschaft für Antiziganismus-Forschung: http://www.antiziganismus.de/
- Verein Ketani: http://www.sinti-roma.at/ketani.htm

***

• Die Pendel-Bettler aus Hostice

Sie sitzen oder knien an den Straßenrändern der Grazer Innenstadt und bitten um Almosen: Bettelnde Roma aus Osteuropa erhitzen seit Jahren die steirischen Gemüter. Angeblich sollen sie alle Opfer einer Mafia sein. Im Frühling 2011 beschloss der steirische Landtag, Betteln unter Strafe zu stellen. Wer am Straßenrand sitzt und die Hand aufhält, sollte 2.000 Euro zahlen. Wer das nicht kann, dem drohe eine Ersatzfreiheitsstrafe. Menschenrechtsorganisationen waren empört: Man möge lieber die Armut bekämpfen, anstatt die Armen, sagten sie.

„Mir is lieber, sie schlafen wie die Sardinen"
Das VinziNest in Graz. Eine Notschlafstelle speziell für Ausländer – denn ihnen bleiben ja die meisten anderen Notunterkünfte in Österreich verschlossen. Für einen Euro können sie hier im geheizten Schlafsaal übernachten und bekommen ein warmes Abendessen. Der Großteil der hier Schlafenden sind Bettler und Bettlerinnen aus Osteuropa, die tagsüber in der Grazer Innenstadt

sitzen. Es ist ein kalter ungemütlicher Frühmärztag mit Schneeregen. An solchen Tagen ist immer viel los, erzählt Portier Gustl Eisner. Elf Leute warten schon wieder auf eine Notmatratze, weil es zu wenig Betten gibt. „Aber ich schick niemanden weg. Mir ist lieber, sie schlafen wie die Sardinen nebeneinander, als sie schlafen draußen bei diesem Wetter", sagt er. Zurzeit sind etwa 100 Männer und 25 Frauen im VinziNest untergebracht.

Seit 19 Jahren arbeitet Gustl Eisner bereits ehrenamtlich für die Vinzenzgemeinschaft rund um den Grazer Armenpfarrer Pucher. Die Notschlafstelle VinziNest ist nur eines von vielen Sozialprojekten der Vinzenzgemeinschaft. Die meisten Bettler und Bettlerinnen, die hier übernachten stammen aus dem südslowakischen Dorf Hostice, nahe der ungarischen Grenze. Sie sind Roma und gehören außerdem der ungarischen Minderheit an. Viele von ihnen kennt Gustl Eisner schon seit Jahren, unter anderem von seinen zahlreichen Besuchen in Hostice. „Gerade vorhin war ein Mädel da, die hab ich schon als Zweijährige herumgetragen."

Eine schlechte Nachricht
Um 18 Uhr ist Essensausgabe im Speisesaal. Spinatnockerlsuppe, Geschnetzeltes und Buchteln stehen am Speiseplan. Zwölf Euro hat sie heute bekommen, erzählt eine slowakische Bettlerin, dafür ist sie den ganzen Tag im Schneeregen vor der Grazer Gebietskrankenkasse gesessen. Ihr Mann hatte weniger Glück, er hat nur zwei Euro bekommen, sagt sie. Die beiden pendeln zwischen Hostice und Graz hin und her. Zwei Wochen hier, zwei Wochen dort. Sie weiß, dass Betteln ab Mai verboten sein wird. Doch was sie dann tun wird, das weiß sie noch nicht. Die Stimmung unter den Bettlern und Bettlerinnen im VinziNest ist gedrückt. Sie sehen der Zukunft mit großer Besorgnis entgegen. „Das ist eine ganz schlechte Nachricht für uns", sagt Gesa Perky, der ebenfalls aus Hostice stammt, „denn wir haben Kinder zuhause. Unsere Situation in der Slowakei ist nicht so gut. Alles, was wir kaufen, bezahlen wir von diesem Geld, das wir hier in Graz verdienen."

„In Slowakei keine Chance"
Lieber würde er arbeiten als betteln, sagt er, aber das ist in der Slowakei nicht so einfach. Gesa Perky hat Matura und spricht relativ gut Deutsch. Arbeit bekommt er trotzdem nicht, denn er ist Roma. „Es gibt sehr viel Rassismus in der Slowakei. Die Leute schauen nicht, was ich kann, sondern welche Farbe meine Haut hat." Auf der Straße in Graz verdient er durchschnittlich zwischen 12 und 20 Euro pro Tag. „Mehr nicht. Leider." Desider Bohan hatte früher Arbeit. Mit 16 musste er aus Geldgründen die Schule abbrechen und am Bau arbeiten. Das war in den 1980ern. Doch einige Jahre später kam die Wende in Osteuropa. Mit dem Ende des Kommunismus gingen viele Betriebe bankrott. Auch der Arbeitgeber von Desider Bohan. Seither hat er keine Arbeit mehr gefunden. Seit etwa 12 Jahren kommt er immer wieder nach Graz, um zu betteln. „In Slowakei keine Chance", sagt er im gebrochenen Deutsch.

Sehnsucht nach dem Kommunismus
Dieser Fall ist ganz typisch, erklärt Barbara Tiefenbacher. Sie ist Slawistin und arbeitet an einem Forschungsprojekt des Instituts für Geschichte der Universität Graz mit, das die Hintergründe der

Grazer Bettler und Bettlerinnen untersucht. Viele der Roma in Hostice arbeiteten vor der Wende auf einem naheliegenden Kolchosebetrieb. Doch der Zusammenbruch des Kommunismus machte sie zu Bettlern. Viele der befragten Roma wünschen sich den Kommunismus zurück, erzählt Barbara Tiefenbacher. Gemeinsam mit dem Historiker und Kulturwissenschafter Stefan Benedik hat sie zahlreiche Interviews mit slowakischen und bulgarischen Bettlern und Bettlerinnen geführt und das Dorf Hostice besucht.

Die Wissenschaftler kommen zu einer etwas unerwarteten Schlussfolgerung: das Betteln in der Steiermark könne für die Roma einen nachhaltigen Ausweg aus den schlechten Lebensbedingungen im Herkunftsland darstellen. Denn mit dem erbettelten Geld werde Wohnraum geschaffen und die Ausbildung der Kinder finanziert. Stefan Benedik erzählt von einer bulgarischen Bettlerin, die ihrem Sohn das Gymnasium finanziert: „Das heißt nicht nur Geld für den Schulbus, Schulgeld, Bücher, Verpflegung und so weiter. Sondern das bedeutet auch, dass sie den Buben doppelt so gut anziehen muss, wie die sogenannten weißen Kinder, um zu vermeiden, dass er in der Schule rassistischen Attacken ausgesetzt ist."

Ausweg aus der Lethargie
In Hostice könne man heute einen deutlichen Unterschied im Lebensstandard sehen zwischen jenen Menschen, die regelmäßig nach Graz betteln fahren und jenen, die das nicht tun, erzählen die beiden Forscher. Ein zweiter Effekt: Den betroffenen Menschen werde bewusst, dass sie ihre miserable Situation durch Eigeninitiative verändern können, sagt Stefan Benedik, und das sei eine Signalwirkung, die nicht zu unterschätzen sei: „Gerade im Zusammenhang mit der der Roma-Minderheit in ex-kommunistischen Ländern. Denn plötzlich sehen die Leute, dass das eine bessere Lösung ist als nur lethargisch zuhause zu sitzen und auf die Sozialhilfe zu warten. Sie stellen fest, dass sie ihr Leben selbst verändern können." Natürlich sei Arbeit besser als Betteln. Aber Betteln besser als Nichtstun.

Doch diese „inneuropäisch exportierte Armut" lasse sich nicht in der Grazer Innenstadt lösen, sagt der steirische Landeshauptmann Franz Voves (SPÖ). Und 50 der 56 Abgeordneten im steirischen Landtag sahen das ebenso. Manche meinen sogar, gerade das soziale Engagement der Vinzenzgemeinschaft und Armenpfarrer Pucher habe Graz zur „Bettelhauptstadt Europas" werden lassen. Ab Mai ist Betteln in der Steiermark verboten. Wer dann am Straßenrand sitzt und die Hand aufhält, muss 2.000 Euro zahlen. Wer das nicht kann, dem droht eine Ersatzfreiheitsstrafe. Passend zum zehnjährigen Jubiläum als Menschenrechtsstadt will sich die steirische Landeshauptstadt also von ihrer schönsten Seite präsentieren: als eine saubere Stadt, in der es offenbar keine Armut gibt.

***

Ulla Ebner

• Ist Betteln ein Menschenrecht?

Im März 2011 hätte der steirische Menschenrechtspreis verliehen werden sollen. Doch Landeshauptmann Franz Voves verschob die Zeremonie aus Angst vor Protestkundgebungen. Nicht gegen den Preis, sondern gegen das absolute Bettelverbot, das der steirische Landtag einige Wochen davor beschlossen hatte. Zwei Mitglieder der Jury des Menschenrechtspreises haben aus Protest gegen das Bettelverbot ihr Amt zurückgelegt. Ein Land, das so eine Verordnung erlässt, habe kein Recht, Menschenrechtspreise zu vergeben, sagen sie. Noch dazu, wo Graz gerade sein 10-jähriges Jubiläum als Menschenrechtsstadt feiere. Kurz nach der Steiermark haben auch Kärnten und Oberösterreich ihre Bettelverordnungen verschärft.

Fremdschämen

Die Landtagssitzung, in der im Februar das steirische Bettelverbot beschlossen wurde, verlief emotional. Aktivisten hielten im Zuschauerbereich Transparente hoch mit den Aufschriften „Armut ist nicht kriminell" und „Rassismus", woraufhin der Vorsitzende die Sitzung für eine halbe Stunde unterbrach. Die Grünen Abgeordneten trugen T-Shirts mit der Aufschrift „Fremdschämen". „Für uns ist klar, dass der öffentliche Raum allen Menschen zur Verfügung stehen muss und dass die Bettler und Bettlerinnen den öffentlichen Raum auch benützen dürfen", sagt Sabine Jungwirth, Sozialsprecherin der steirischen Grünen. Doch mit dieser Meinung standen die Grünen, die Kommunisten und ein einzelner unbeugsamer Jung-Sozialdemokrat im steirischen Landtag alleine da. Mit großer Mehrheit wurde das absolute Bettelverbot in der Steiermark beschlossen. Doch was genau ist eigentlich das Problem, wenn Menschen still auf der Straße sitzen und um Hilfe bitten? Warum brauchen österreichische Bundesländer so etwas wie ein Bettelverbot? Die offiziellen Begründungen der Politiker sind unterschiedlich.

Mafiapaten im Mercedes

Da wäre zum Beispiel die vielzitierte Bettelmafia, aus deren Fängen man die Bettler befreien möchte. Seit die ersten Roma-Bettler vor etwa 15 Jahren in Graz aufgetaucht sind, gibt es Gerüchte über Bettelmafia-Paten mit Anzug und Mercedes. Was es damit auf sich hat, ist höchst umstritten und hat oft mehr mit Glauben (wollen) als mit Wissen zu tun. Während die einen davon überzeugt sind, dass hinter jedem Bettler irgendwelche kriminellen mafiösen Organisationen stecken – auch wenn polizeiliche Ermittlungen hundertmal das Gegenteil ergeben, streiten die anderen die Existenz von Hintermännern auch dann noch ab, wenn diese bereits verhaftet sind. In Wien hat die Polizei vergangenes Jahr 17 Rumänen festgenommen. Sie sollen behinderte Menschen aus Rumänien nach Wien zum Betteln gebracht und den Großteil des Geldes einkassiert haben. Laut Angaben der Wiener Polizei wartet auf die Hintermänner ein Prozess in Rumänien. Sollte es so etwas vergleichbares in der Steiermark je gegeben haben, so dürfte es sich wohl um Einzelfälle handeln. Denn generell sieht die „Bettlerszene" in Graz völlig anders aus.

Soziale Probleme mit Sanktionen lösen?

Die Mehrheit der Bettler und Bettlerinnen kommt aus ein- und demselben Dorf: aus Hostice in der

Südslowakei. Sie reisen gemeinsam mit Nachbarn und Verwandten an und werden in Graz von Armenpfarrer Wolfgang Pucher versorgt. Seit Jahren sind sie den Behörden bestens bekannt. Von Ausbeutung und kriminellen Hintermännern könne hier keine Rede sein, sagt die Grazer Polizei. Sie hat immer wieder Untersuchungen angestellt – zuletzt im Zusammenhang mit einer behinderten Bettlerin aus Bulgarien. Krimineller Hintergrund wurde keiner festgestellt. Trotzdem argumentiert vor allem die steirische FPÖ weiterhin beharrlich mit der Bettelmafia. Diese Logik entspreche eben einer Law-and-Order-Partei, erklärt der Politologe Peter Filzmaier: „Wenn man den Standpunkt vertritt, man könne soziale Probleme mit Strafen und Sanktionen lösen, dann muss man quasi zu der Schlussfolgerung kommen, dass hier eine kriminelle Vereinigung dahinter steckt. Sonst würde das ja keinen Sinn machen. Soziale Bedürftigkeit kann man mit Polizeiuniformen nur schlecht lösen."

2.000 Euro Strafe fürs Ausgebeutetwerden
Doch völlig unabhängig davon, ob es Hintermänner gibt oder nicht – die Bettelmafia ist ein Scheinargument, das sich bei der Bevölkerung gut verkaufen lässt. Den Betroffenen hilft ein Bettelverbot nämlich auf keinen Fall. Angenommen man hätte es wirklich mit Opfern von Menschenhandel zu tun: Warum würde man dann diesen mutmaßlichen Opfern auch noch Verwaltungsstrafen aufbrummen wollen oder sie gar ins Gefängnis sperren? Und gäbe es die große Mafia im Hintergrund, so würde die sich wohl kaum wegen eines steirischen Landesgesetzes von ihren Geschäften abhalten lassen. Sie würde ihre Opfer eben nach Deutschland oder auch ins Burgenland schicken. Mit Bettelverboten fängt man keine Hintermänner. Dafür ist das Strafgesetzbuch zuständig – beispielsweise Paragraph 104a gegen Menschenhandel. Auch die 17 Rumänen in Wien wurden mit Hilfe dieses Paragraphen verfolgt.

Pharisäismus und Sparpakete
Eine andere beliebte Argumentationslinie: In Österreich habe es niemand nötig zu betteln, auf der Straße sitzen sei zudem eine unmenschliche Tätigkeit, aus der man diese Menschen befreien müsse. Anstatt den Menschen das Betteln zu gestatten, solle man lieber Arbeit für sie schaffen. Am besten in ihrem Heimatort. Und überhaupt sei in Sachen „Roma-Problematik" die EU gefragt. Der steirische Landeshauptmann Franz Voves (SPÖ) versprach im Landtag vollmundig Investitionen für Roma-Beschäftigungsprojekte. Die SPÖ brachte einen entsprechenden Antrag ein, die ÖVP stimmte zu. Konkrete Summen wurden selbstverständlich nicht genannt. Das wäre auch schwer. Schließlich hat die Steiermark gerade ein schmerzhaftes Sparpaket beschlossen: der Gratis-Kindergarten wurde gestrichen, bei Behindertengeldern und Jugendwohlfahrt wird gespart und hunderte Sozialjobs sind in Gefahr.

Der Grazer Armenpfarrer Wolfgang Pucher bezeichnet diese Art der Argumentation als „Pharisäismus" – ein biblischer Ausdruck für „Heuchelei". Die Politiker wollten etwas Hässliches – nämlich die Vertreibung von Bedürftigen – schönreden mit leeren Versprechungen. Natürlich würde er es sehr begrüßen, wenn das Land Steiermark künftig Roma-Beschäftigungsprojekte finanzieren würde. Nur allein, ihm fehlt der Glaube.

„... schlechtes Gewissen, nichts zu geben bzw. das Gefühl, dass es einem selbst besser geht, ... kann stilles Betteln nicht aus sozialschädliches Verhalten darstellen." (Österreichischer Verfassungsgerichtshof zur Verordnung des Fürstenfelder Gemeinderates gegen unerwünschte Formen des passiven Bettelns, 2006)

Gegen die Handaufhalter

Worum es hier wohl tatsächlich geht, ist ein unangenehmes Gefühl in der Magengegend. Das verspüren nämlich viele Menschen, wenn sie Bettler auf der Straße sitzen sehen müssen. Dieses emotionale Unbehagen hat verschiedene Ursachen, erklärt der Sozialpsychologe Klaus Ottomeyer von der Universität Klagenfurt: Es geht hier um schlechtes Gewissen, verdrängte Ängste und Neidkomplexe. In unserer Gesellschaft ist es grundsätzlich nicht akzeptabel, Geld zu bekommen, ohne dafür eine Leistung zu erbringen in Form von Arbeit. Doch viele Menschen haben das Gefühl, dass es Gruppen gibt, die einfach nur die Hand aufhalten und kassieren und dass das im Hintergrund oft auch noch mafiöse Organisationen die Fäden ziehen. Und dieser Verdacht habe ja reale Hintergründe, sagt Ottomeyer: „Denken Sie nur an den Herrn Meischberger und seine Kollegen, die auch nur die Hand aufhalten und mitschneiden." Nachdem man gegen die Großen machtlos sei, verlagere man seine Aggressionen gerne auf die Kleinen. Der Bettler wird zum Symbol für alle die nur die Hand aufhalten. Nach unten spuckt es sich halt leichter als nach oben.

Angst vor dem eigenen Abstieg

Ein zweiter Aspekt seien verdrängte Abstiegsängste, sagt Klaus Ottomeyer. Und die seien vor allem in Zeiten von Wirtschaftskrise und Sparpaketen stärker vorhanden. Wir sehen im Bettler im weitesten Sinn jemanden, der wir selbst einmal werden könnten. In unserer Vorstellung hat es niemand nötig zu betteln, da gibt es ein soziales Netz, das jeden auffängt. Auch innerhalb der EU zahlen die reichen Länder für die ärmeren. Armut hat keinen Platz im modernen Europa. Der Bettler zerstört diese Vorstellung einer heilen Welt durch seine bloße Anwesenheit. Der dritte Grund ist ganz einfach schlechtes Gewissen. Irgendwie habe man das Gefühl, diesen armen Kreaturen helfen zu müssen. Aber eigentlich wolle man nicht oder fühle sich ganz einfach überfordert. „Auch die, die ein Bettelverbot fordern, haben ein schlechtes Gewissen, wenn sie diese zerlumpten Gestalten sehen", sagt Ottomeyer. Und die Vorstellung, man helfe den Bettlern, indem man sie vertreibe, sei ganz hilfreich, das schlechte Gewissen zu bekämpfen.

Klagen vor dem Verfassungsgericht

Nur weil es manchen Menschen unangenehm ist, Bettler anzusehen, dürfe man den Betroffenen nicht ihre wichtigste Einnahmequelle verbieten, ärgert sich der Grazer Armenpfarrer Pucher. Er hält das Bettelverbot für menschenrechtswidrig und reichte eine Klage beim Verfassungsgericht ein. Vorbereitet hat die Klage der Verfassungsexperte Christian Brünner von der Universität Graz. Er ist der Meinung, ein absolutes Bettelverbot verstoße gegen die europäische Menschenrechtskonvention: „Artikel 8 garantiert die Freiheit auf ein Privatleben und Familienleben. Dazu gehört auch die freie Wahl des Lebensstils." Der europäische Gerichtshof für Menschenrechte schützt den besonderen Lebensstil von ethnischen Minderheiten, wie eben der Roma. Nachtrag: Die Kläger sollten schließlich Recht bekommen. Im Jänner 2013 erklärt der österreichische Verfassungsgerichtshof das allgemeine Bettelverbot in der Steiermark für verfassungswidrig.

***

• Zwischen Fremdenhass und Förderung: Roma in Ungarn

In den neuen EU-Staaten leben überdurchschnittlich viele Roma, die meisten davon unter miserablen Bedingungen. In den letzten Jahren wurde viel Geld in Projekte zur Integration dieser Minderheit gesteckt. Mit welchem Erfolg? Ein Lokalaugenschein in Ungarn.

Das geteilte Dorf
Das Dorf Hidas im Südwesten Ungarns, wenige Kilometer von der Stadt Pecs entfernt, hat 2.600 Einwohner. Ungefähr 150 davon sind Roma. Ein Wellblechzaun trennt die oberste Straße vom restlichen Dorf. Hier oben ist das Roma-Ghetto von Hidas, in dem 19 Familien leben. Einige der Häuser stehen seit Jahrzehnten als unverputzte rohe Ziegelbauten herum; in manchen Türstöcken flattern weiße Vorhänge anstelle von Haustüren. Im unteren Teil des Dorfes, wo die "ungarischen" Ungarn leben, gibt es alles: Gas, Strom, Wasserleitungen, auch ein Kanalsystem, erklärt Sándor Orsós, Präsident der lokalen Roma-Selbstverwaltung. Aber das alles ist nie so richtig hier nach oben gekommen. In den 55 Jahren, in denen diese "Zigeunersiedlung" bereits besteht, ist die Müllabfuhr kein einziges Mal in diese Straße eingebogen. Die gesamte Wasserversorgung bestand bis vor kurzem nur aus zwei Gemeinschaftsbrunnen.

Der Kapitalismus und seine Verlierer
Niemand weiß genau, wie viele Roma in Ungarn leben. Die ethnische Zugehörigkeit darf nämlich nicht offiziell erfasst werden, um Diskriminierungen zu verhindern. Schätzungen zufolge sind von den zehn Millionen Ungarn und Ungarinnen an die 600.000 Roma. Die Mehrheit lebt im Nordosten und im Südwesten des Landes, sowie in der Hauptstadt Budapest. Es ist keine homogene Gruppe – weder sprachlich, noch sozial, noch politisch.

Die Roma gehören zu den großen Verlierern und Verliererinnen der Wende in Ungarn. Unter dem kommunistischen Regime gab es Arbeit für alle, für Roma insbesondere in der staatlichen Schwerindustrie, in der Bauwirtschaft, im Bergbau. Auch in Hidas wurde früher Braunkohle abgebaut. Heute ist die Mine stillgelegt. Die Arbeitslosigkeit in vielen Roma-Siedlungen beträgt bis zu 80 Prozent. Die meisten der Bewohner und Bewohnerinnen leben von der Sozialhilfe und die ist umso höher, je mehr Kinder man hat – mit ein Grund, weshalb Roma-Familien meist sehr kinderreich sind.

Ulla Ebner

Ghetto-Auflösungen mit Hindernissen
Das Roma-Ghetto von Hidas soll jetzt abgeschafft werden. 60 Millionen Forint – umgerechnet 250.000 Euro – hat die ungarische Regierung zur Verfügung gestellt, um neue Häuser im "ungarischen" Teil des Dorfes zu bauen und Roma-Familien dorthin umzusiedeln. Diese "Siedlungsabschaffungen" sind Teil eines umfassenden Roma-Integrationsprogramms der ungarischen Regierung. Seit 2005 hat man sich bereits in 33 Dörfern daran gemacht, die Roma-Ghettos aufzulösen, erklärt Andor Ürmös, Abteilungsleiter für Romaintegration im Sozialministerium. Ürmös ist überzeugt davon, dass es in der Folge auch zu Verbesserungen im Bereich Bildung und Gesundheitsversorgung kommen wird, wenn die Roma erst einmal integriert mitten unter den Mehrheits-Ungarn leben,.

Doch diese Ghetto-Auflösungen verlaufen selten konfliktfrei. Im Nachbarort Váralja etwa haben einige "ungarische" Einwohner mit einer Volksabstimmung gegen das dortige Siedlungsabschaffungs-Projekt gedroht. Sie wollen die "schmutzigen" Roma nicht als Nachbarn haben, erzählt József Búzás von der lokalen Roma-Selbstverwaltung in Váralja. Das würde dem Image des Ortes schaden, hieß es. Für Andor Ürmös aus dem Sozialministerium ist die Engstirnigkeit der ungarischen Mehrheitsgesellschaft derzeit die größte Hürde bei der Umsetzung der Integrationsprogramme.

Rechtsextreme Aufmärsche und Molotow-Cocktails
Dieser Meinung ist auch Viktória Mohácsi, eine von zwei ungarischen Romafrauen, die derzeit für Ungarn im EU-Parlament sitzen. Sie ist Expertin für Bildungsfragen und Menschenrechte. Mohácsi ist besorgt über die zunehmende Roma-Feindlichkeit im Land. Im Laufe des Jahres 2008 häuften sich gewalttätige Übergriffe. Immer wieder wurden Molotow-Cocktails auf Wohnhäuser von Roma-Familien geworfen. Im November wurden zwei Menschen bei solch einem Anschlag getötet. Die Polizei vermutet meist keine rassistischen Motive, beschwert sich Mohácsi, und das, obwohl in den meisten Fällen die rechtsextreme ungarische Garde vor den Anschlägen durch die jeweiligen Roma-Siedlungen marschiert ist. Ihrer Meinung nach ist für Roma Ungarn derzeit das zweigefährlichste Land in Europa – nach Italien. Das alles stehe im Zusammenhang mit einer zunehmenden Polarisierung der ungarischen Gesellschaft und einem wachsenden Rechtsradikalismus.

Ghettoisierung in den Schulen
Bevor Viktória Mohácsi nach Brüssel ging, hat sie in Ungarn ein Gesetz durchgeboxt, das verbietet, Romakinder in gesonderte Klassen zu stecken. Anders als in manchen anderen osteuropäischen Ländern achtet Ungarn zwar darauf, dass alle Kinder in die Volksschule gehen – auch die Romakinder -, aber die Qualität der Ausbildung ist das Problem, erklärt Mohácsi. Viele Romakinder werden von vornherein in Sonderklassen für Kinder mit Lernschwierigkeiten gesteckt, ohne dass jemand überprüfen würde, ob sie überhaupt Lernschwierigkeiten haben. Andere kommen in gesonderte Klassen für "Normale", aber der Unterricht dort ist viel schlechter. Das alles ist seit dem Jahr 2003 in Ungarn verboten, doch Mohácsi schätzt, dass mindestens 400 Schulen weiterhin illegale Sonderklassen betreiben. Das größte Problem bei der Umsetzung des Gesetzes

sind die Eltern der Mehrheitsungarn, ist Katalina Szajbély vom Büro des Ombudsmannes für Minderheitenfragen in Budapest überzeugt, denn viele Eltern wollen nicht, dass ihre Kinder neben den Romakindern in der Klasse sitzen. Sobald ein Schuldirektor beginnt, die Klassen zu durchmischen, melden viele Eltern ihre Kinder ab und schicken sie in Schulen, wo es keine Roma gibt, erklärt sie.

Einzigartige Minderheitenrechte
Dabei hat Ungarn einzigartige Minderheitengesetze. Die 13 anerkannten Volksgruppen, die im Land leben, haben die Möglichkeit, eigene Schulen zu gründen, in denen ihre Minderheitensprachen unterrichtet werden, sowie ihre eigene "ethnische Selbstverwaltung" zu wählen. Wenn lokale Regierungen Gesetze erlassen wollen, die eine Minderheit besonders stark betreffen, müssen sie sich mit der ethnischen Selbstverwaltung beraten. Überhaupt liegt die Diskriminierung der Roma in Ungarn nicht an schlechten Gesetzen, sondern an deren Umsetzung, betont Katalin Szajbély vom Büro des Ombudsmannes für Minderheiten.

Verbesserungen in Sicht?
Was also tun, damit die Mehrheitsgesellschaft – Bürgermeister, Schuldirektoren – die Gesetze umsetzen? Was tun, damit Integrations-Programme wirklich greifen? In Hidas und Váralja versucht man es mit Dialog und Sensibilisierung der Mehrheitsbevölkerung. Larry Olomoofe vom European Roma Rights Center hingegen glaubt nicht an Sensibilisierung der Bevölkerung. Es spielt keine Rolle, ob Menschen die Rechte der anderen gern oder ungern einhalten, sagt er, man müsse sie dazu zwingen. Dass sich in den nächsten ein bis zwei Generationen die Lage der Roma in Europa merklich verbessern wird, bezweifelt er, aber der Kampf der Roma für ihre Rechte wird in Zukunft radikaler werden, ist er überzeugt.

***

i want morebooks!

Buy your books fast and straightforward online - at one of world's fastest growing online book stores! Environmentally sound due to Print-on-Demand technologies.

Buy your books online at
www.get-morebooks.com

Kaufen Sie Ihre Bücher schnell und unkompliziert online – auf einer der am schnellsten wachsenden Buchhandelsplattformen weltweit! Dank Print-On-Demand umwelt- und ressourcenschonend produziert.

Bücher schneller online kaufen
www.morebooks.de

 VDM Verlagsservicegesellschaft mbH
Heinrich-Böcking-Str. 6-8   Telefon: +49 681 3720 174   info@vdm-vsg.de
D - 66121 Saarbrücken   Telefax: +49 681 3720 1749 www.vdm-vsg.de

Printed by Books on Demand GmbH, Norderstedt / Germany